異言語間コミュニケーションの方法

媒介言語をめぐる議論と実際

木村護郎クリストフ

大修館書店

KIMURA Goro Christoph

Igengokan komyunikêsyon no hôhô

——baikaigengo o meguru giron to zissai

Tokyo : Taishukan 2021

まえがき

人類は，数千とも言われるさまざまな言語を使っている。ことばの違いをこえて意思疎通をはかるための手段として，まず思い浮かぶのは英語だろうか。言うまでもなく，今や英語は国際共通語として他の追随を許さない圧倒的な存在感を持っている。

しかしその一方，多少なりとも英語を話すのは地球の人間のほぼ3，4人に1人とされる。すなわち，依然として人類の大多数は英語を話さない。そのような人々がみな一つの言語を使ってその言語を共有する集団の中でのみ生活しているわけではない。世界各地で日々無数の異言語間コミュニケーションが行われており，その大部分は，国際機関や国際会議場といった場よりも，諸地域の生活の中で行われている。そこでは，英語以外のさまざまな手段が用いられているのである。また，英語を使うことができる人の間でも，国際会議においても商売や日常生活の場面においても，他の手段が用いられることが少なくない。それは，それぞれの手段にその手段なりの利点があるからだと考えられる。

英語以外の手段としては，通訳がすぐに思いつくだろう。近年では，とりわけ機械翻訳が目覚ましい進展をみせている。また，自分が関心や関係を持つ国や地域の言語を学んで使うこともある。さらに，それぞれが異なる言語で話すことによって複数の言語で意思疎通をはかったり，言語を混ぜて使ったり，新しく共通の言語を生み出したりすることも行われてきた。

しかしこれまで，これらのさまざまな異言語話者間の媒介手段は，大方，個別にとりあげられて考察されてきた。個別の手段に注目が向けられる反面，異言語間コミュニケーションにそもそもどのような手段があるのかという全体像は，不思議なことにほとんど意識されてこなかった。またそれぞれの手段が持っている特徴の比較検討や，具体的な場での使い分けの実態に関する調査研究もあまりなされてこなかった。とりわけ日本では，「国際化」，「グローバル化」というかけ声のもと，しばしば「国際化＝英語」という等式が自明視され，それ以外の手段は周辺化されてきた。一方，昨今は，機械翻訳こそが言語の壁を取り払うといった論調がみられることもある。

本書がめざすのは，このような単一の手段のみに注目していては見えてこない異言語間コミュニケーションの諸相に光をあてることである。そのために，本書では，ヨーロッパにおける異言語間コミュニケーションをめぐる議論と実際を検討する。ヨーロッパにおいては，多言語の尊重を掲げつつヨーロッパ統合をめざすという方針のもと，単一の共通語のみに頼らない異言語間コミュニケーションの可能性が追究され，さまざまな言語的媒介手段について世界で他に例をみない集中した議論が行われて，実際に多様な手段が活用されてきた。

このような議論と実際をあわせて考察するため，本書は，主に二部で構成されている。第一部では，異言語間コミュニケーションにそもそもどのような手段があるかを概観したうえで，それぞれの手段について主にヨーロッパで行われてきた議論を検討する。第二部では，各手段が実際にどのように使われているのかを，ドイツ・ポーランド国境地域の事例から検証する。

ヨーロッパでも特にこの国境地域をとりあげることには理由がある。第二次世界大戦後，両国の国境は，それまでドイツ領であった地域内に引かれた。ドイツ人は国境の西側に移住させられ，東側には他地域からのポーランド人が移り住んだ。こうして，オーダー川・ナイセ川に沿って引かれたために「オーダー・ナイセ線」として知られるこの国境は，それまで相互に無縁だった，相互に全く通じない言語を話す人々が川をはさんで暮らすという，ヨーロッパの言語境界地域のなかでも最も社会言語的に断絶した境界線となった。ところが，ヨーロッパ統合の流れのなかで近年，国境をこえた交流が急速に増加し，今では異言語間コミュニケーションが日常的にみられる。その際，共通語が存在しないためにさまざまな手段が用いられ，理論上考えられるすべての言語的媒介手段が実際に観察される。異なる言語を話す人がお互いに意思疎通するためにさまざまな工夫を行ってきた同地域は，多様な手段の特徴を直接に比較検討することができる格好の場といえるのである。

結論部では，理論的な面と実際の使用をまとめるとともに，異なる地理的・社会的文脈，とりわけ日本への示唆についても考えたい。

本書は，異言語間コミュニケーションの諸手段を体系的・網羅的に考察する初めての試みであるとともに，特定の地域におけるそれらの使われ方を社会言語学的に記述・記録する初めての事例研究でもある。これらの理論的・実際的な検討をとおして，言語の違いをどう乗り越えるかという人類の基本課題に関する議論の基盤づくりに寄与するのが本書の目的である。

目次

凡例

- 日本語以外の文献は，日本語訳がある場合はそれを参照し，そうでない場合は筆者が訳した。
- 原文のイタリックなどの強調は訳文に傍点を付した。
- 本書の文脈では，「ポーランド人」，「ドイツ人」は，それぞれポーランド語，ドイツ語を自言語とする人を指す。言うまでもなく，国籍上のドイツ人やポーランド人には両言語を第一言語とする人もいれば，どちらでもない第一言語を持つ人もいる。しかし，「ポーランド人」，「ドイツ人」は現地で通常使われる表現であり，現地において言語と民族（国民）の言語イデオロギー的なつながりが持続している実態に即している。この同一視から外れる人や，この区分自体を疑問視する声はその都度，とりあげる。
- 第二部で「国境地域」というのはドイツ・ポーランド国境を指し，「両市」は調査地であるフランクフルト / スウビツェを指す。
- 筆者によるインタビューや参与観察のデータなどの場合，日付はフィールドノートに記された，当該の出来事やインタビューの日付を指す。インタビューの際はその旨を付記した。
- 言語や方略の選択に考察の焦点があるため，基本的に当該言語での正書法どおりに記載した。
- 使用例等においては，日本語訳は（ ），状況や補足説明は〔 〕内に記した。
- 使用言語を区別して示す場合，ドイツ語は **Deutsch**，ポーランド語は *Polski*，英語は English，イタリア語は italiano，フランス語は français として区別している。言語混合でドイツ語とポーランド語が重なる場合，ゴシック体と斜体を合わせて用いる。
- 聞き取れなかった箇所は XX としている。
- 会話例の発話者表記において，D はドイツ語第一言語話者，P はポーランド語第一言語話者。
- 現地調査データ中の人名は変えてある。

異言語間コミュニケーションの方法

媒介言語をめぐる議論と実際

第一部
異言語間コミュニケーションの諸方略
――ヨーロッパの議論から

第1章
先行研究と本書の枠組み

1.1　媒介言語論とは何か

比較媒介言語論に向けて

本書では，異文化間コミュニケーションの一側面としての言語の次元に焦点をあてる。異文化間コミュニケーションの研究では，これまで必ずしも言語は注目されてこなかった。ケリー（2011）は，その一つの背景として，アメリカ合州国で発達した異文化間コミュニケーション研究が，英語が共通語であることを前提として進められたことをあげている。このような，言語への意識の欠落した異文化間コミュニケーションモデルに対して，ヨーロッパにおいては「言語の差異に取り組むことは異文化コミュニケーションのきわめて重要な部分となっている」（同上：110）。本書がヨーロッパを参照する理由はまさにここにある。言語的側面を考察の対象とすることを示すため，本書では「異言語間コミュニケーション」という表現を用いる。もちろんコミュニケーションをとるのは言語ではなく人間なので，厳密には，異なる（とみなされる）言語を使う人の間のコミュニケーションということである。

異言語を使う人同士のコミュニケーションにおいてどのような言語がどのように使われるかを研究する領域として，媒介言語論をあげることができる

（木村 2009）。ここでいう媒介言語は，「異言語間コミュニケーションで使用される言語」を指す総称である。媒介言語の使用に関して選択肢となる手段は「言語的媒介方略」（方略はストラテジーの訳である）と呼ぶことができる。

媒介言語論的な問題意識においては，言語的媒介方略に関心を持つものの，さまざまな方略を横断する視点が長らく希薄であった。その理由として，フェテス（Fettes 2003: 38）は，「不幸なことに，この領域における研究や考察は今日まで大方，個々の手段の擁護者，開発者や実践者によって占められてきた」と指摘している。たとえば英語業界（ここでいう「業界」は研究者・教育者を含む）は英語が国際語であることを自明視して英語コミュニケーションの研究に邁進し，通訳業界は通訳の重要性を前提に通訳研究に取り組む，といった具合である。それぞれの関係者の利害も絡み，自覚的か無自覚かを問わず，特定方略を支持する護教論的な見解に分断される傾向がみられるといえよう。

このような研究状況に対して，媒介言語論を研究領域としてうちたてるためには，より「客観的」な調査研究姿勢が求められるだろう。ここで「客観的」というのは，あらかじめ特定の方略を推すのではない姿勢を指す。筆者は，特定の方略をはじめからとりわけ優れているとみなすのではなく，「各形態の特徴をよりよく理解し，それぞれの限界を見極めるとともに可能性を生かし合うための新しい研究領域」（木村他 2013：93）を比較媒介言語論と呼んでいる。近年，ヨーロッパでは，比較媒介言語論的な発想に基づく共同研究が多く行われるようになっている。本書は，その流れをふまえて，より明確に比較媒介言語論を打ち出すことによって，異言語間コミュニケーションに関する議論を一歩先に進めることをめざすものである。

以下，本章では，媒介言語論をより大きな社会言語学的な研究動向のなかに位置づけたうえで，ヨーロッパにおける比較媒介言語論的な視点に基づく研究の流れを確認して，本書における考察の枠組みを提示する。

社会言語学における媒介言語論の位置づけ

では，まず研究領域としての媒介言語論の位置づけを検討する。ライト（Wright 2016）は，言語研究において二つの言語観があるとしている。一つは「自律的な体系としての言語」であり，もう一つは「対話的な創造性としての言語」である。前者は，近代化に向かう国家形成過程の一環として言語の統一化・標準化を進めるなかで重視された言語観であり，言語学はまさにそこでめざされた，相互に区切られた「言語」の成立に寄与してきた。しかしグローバル化が進む現在，言語研究において，このような，使う前にあらかじめ存在する「体系としての言語」から対話によって創造される「実践としての言語」への言語観の転換がみられるという。

社会の中で言語がどのように使われるかに注目してきた社会言語学は，後者の言語観と親和性が高いようにみえる。しかし，実際には体系としての言語を前提にしてきたことが問い直されている。社会言語学において転換を主張する旗手の一人といえるのが，ブロムマールトである。ブロムマールト（Blommaert 2010）は，言語学的に定義された「言語」を扱う「分布の社会言語学」，「不動な言語の社会言語学」（sociolinguistics of distribution, sociolinguistics of immobile languages）に対して，「現実の社会文化的・歴史的・政治的文脈で活用される実際の言語資源」を扱う「移動の社会言語学」，「可動的な資源の社会言語学」（sociolinguistics of mobility, sociolinguistics of mobile resources）を対置させて，グローバル化する世界を把握するために後者を採用する意義を強調する。そして，ひとまとまりの全体として特定の共同体や時空と結びつけられて固定された「言語」に代わって，分析のための単位として打ち出されるのが，話者が持つ可動的かつ断片的な「レパートリー」である。このような転換について，尾辻（2016）は，移動性と混合性が進む後期近代においては，さまざまな言語資源が複雑に絡み合って実際に用いられることばを形成していることを指摘する。そして，その状況は，複数の「言語」が並列的に運用されているという従来の見方ではとらえられないとして，次のようにまとめている（尾辻 2016：33）。

> ことばを語る単位として「言語」ではなく，「言語」の一部と見なされがちな単語，表現，文法，発音などの「言語資源」が使われるようになってきている。そして，その言語資源の総体をレパートリーと称し，昨今，社会言語学，応用言語学において主流の概念単位となっている。

尾辻が列挙する，近年盛んに使われるようになっている「トランスリンガリズム」，「メトロリンガリズム」，「ヘテログロシア」，「ポリリンガリズム」といった概念は，「○○語」という名称をつけて相互に区別して数えられる言語を考察単位とする「分別的かつモノリンガル的なイデオロギー」（同上：36）を克服するために提起されている。また近年の英語での諸研究において，固定化された「言語」（language）に対して言語行動による生成を強調するために「ことばる」（languaging）が多用されることも，このような方針の表れである。同様の観点からヨーロッパの言語状況を考察するヒュルムバウアーとザイドルホーファー（Hülmbauer & Seidlhofer 2013: 401）は，言語コミュニケーション研究における問いの立て方を「どれだけ多くの，またどの区分された言語をヨーロッパの効果的なコミュニケーションの枠組みに含むかという問いから，言語資源がどのような諸方法でどのように効果的なコミュニケーションのために実現されているかという問いに」変えなければならないとする。

以上のような転換のなかで媒介言語論はどう位置づけられるのだろうか。言語体系ではなく実践のあり方，また特定の共同体と結びつけられた言語使用ではなく共同体をこえる可動的なコミュニケーションに焦点をあてる点で，媒介言語論は，この転換に沿うといえよう。また従来の社会言語学がしばしばとりあげてきた言語選択というよりも方略選択に焦点をあてる点で，言語資源のレパートリーという発想と共鳴する。他方，上述のとおり，媒介言語論は，異なる言語を使う人同士のコミュニケーションに注目する。このことは，異なる言語や集団の存在を仮定している。これは，区切られた単位としての「言語」に疑問を投げかける近年の社会言語学における潮流に反するようにみえる。「言語」の区分が消えてしまえば，「異言語間」という観点も雲散霧消するので，媒介言語論という領域を立てる必要性もなくなる。

しかし，それでよいのだろうか。エドワーズ（Edwards 2012: 36）は，「ことばる」といった概念を強調して「言語」を否定しようとする潮流は，言語や人々のレパートリーには明確な境界がないという，社会言語学が遅くとも1960年代から前提にしてきたことをさも新しいことかのように再提示するだけで何も新しい知見を提供しないどころか，現存する区別を覆い隠すにすぎないとして，厳しく批判する。エドワーズによれば，「これは，（一部の）学者と一般大衆が乖離する場合において後者の方が正確であることが明らかになった絶好の例である。すべてのふつうの意図や目的には，区別された言語が実際に存在し，その言語のなかには区別される変種が実際に存在するのである」（同上）。人々の生活実感とかけ離れた社会言語学への疑問といえよう。グラン（Grin 2018）もこれらの潮流でもてはやされる新しい概念は有害無益であるとして，人々の実践の混質性や言語レパートリーの複雑さがあるからといって，「言語」が存在しないとか命名された「言語」は分析に不要であるということにはならないとくぎをさす。

「言語」の均質性を望ましいとする近代的な言語イデオロギーが人々の自由な言語使用を抑圧してきたことへの批判は妥当である。ネウストプニーが，画一的な標準語の確立を特徴とする近代に対して，多様性を尊重（美化）し，言語使用の多様性に価値を見出す傾向を後近代の特徴として整理したように[1)]，現代は確かに，標準語を追求してきた近代とは異なる動向がみられる。ここで検討した研究の新しい潮流は，その変化を敏感にくみ取っていることは間違いない。ただし，言語の現代的動向は，近代の産物が無化されることを意味しない。バッジオーニ（2006: 40）の秀逸な比喩を使えば，近代ヨーロッパにおいては，所与の空間を敷石（＝標準となる一言語によって統一される国民国家）で舗装する大工事〔舗装工事〕が行われた。そしてそのような舗装工事は世界中でめざされるようになった。舗装はもとより完璧なものではなく，またその後，舗装にほころびが生じ，他所から飛んできた草木が生えたりするなど，空間は変容している。しかし移動を含む社会生活は舗装された空間を前提として行われているのであり，舗装で空間を埋め尽くしてしまうことに問題があるからといって舗装を剝がせば問題が解決するかは疑問である。ましてや舗装がないかのようにふるまうのはごまかしである[2)]。多くの言語の境界が明確でなかった中世的言語世界が言語的近代において整理された後，現代，再び中世的と呼べるような傾向が評価されるようになったとすれば，それは，近代の整理を経たうえでの「新しい中世」であり，近代以前の言語状況とは本質的に異なるのである（木村 2019）。ヨーロッパの言語状況を考察する本書の言語理解は，ヨーロッパにおける英語を多角的に調

1）ファン（2014: 318）にネウストプニーがあげた各時代の特徴の簡潔なまとめが掲載されている。

2）あたかも，固定的なジェンダー観を問い直すあまりに男女の区別自体を否定する論と似ている。男女についての固定的なイメージに基づいて，個人をそのイメージにあてはめることは問題である。また男女の境界が生物的にも社会的にもあいまいであることも事実である。しかし，そのことをもって，男女の区別が生物学的，社会的に存在すること自体を否定するのは，現実から目をそらすだけで，何の解決にもならない。「言語」の区分を否定するかのような社会言語学における傾向は，区別を意識しないようにすれば不平等がなくなって自由になれるかのような安易な発想の，言語研究における表れに思われる。「言語」不要論の問題についての詳細な検討は本書の主題から逸脱するので別稿を用意したい（『社会言語学』誌掲載予定）。

査する共同研究についてリン（Linn 2016: 10–11）が述べる次のような見解と一致する（MacKenzie (2014: 48–49) も参照)。

> 私たちは，言語使用とは実際には個人が固有の文脈ごとにさまざまな形態や特徴を選びとっているありさまであるという言語観を支持し，その実態を調査する。しかし一般のヨーロッパ人にとって（社会言語学者と異なって！)，国家や国籍や宗教や言語といった伝統的な構造がなお構成的な原則となっていることをも認めるものである。

以上検討したように，媒介言語論は，可動的な言語資源の実践に注目しつつ，「言語」の区分を軽視するように受け取られかねない研究言説には疑問を抱く。すなわち，「言語」が社会的に有意味な存在として構築されつづけていることを見据えたうえで，言語の境界をこえる動きが盛んにみられる状況をとらえようとする研究領域として，現代の言語研究のなかに位置づけることができる。

1.2 比較媒介言語論の枠組み

これまでの研究動向

次に，比較媒介言語論を考察する枠組みについて検討する。現代ヨーロッパほど，異言語間コミュニケーションを含む多言語主義の諸相が集中的に検討された地域はないだろう（Rindler-Shjerve & Vetter 2012: 6)。その一つの背景は，ヨーロッパ統合という動きの特徴に見出すことができる。人，物，サービス，資本の移動の自由化をはかってきたヨーロッパ連合（EU）にとって，言語の違いは障壁となる。それにもかかわらず，加盟国のアイデンティティにも関わるとして，通貨などの他の障壁と異なって，言語の違いは取り払って統一すべきではないとされてきた。そこで，EU が掲げる「多様性の中の統一」という課題を最も明確に体現する領域として，言語の多様性を尊重しつつどのように相互に意思疎通をはかるかが言語をめぐる議論の一つの焦点となってきたのである[3]。

それらの議論は，近年ではとりわけ，EU の助成を受けて展開された，多

3) 近代化における言語の整理によって言語間のさまざまなつながりが断ち切られたことがかえって近年の盛んな議論を生み出したと考えることもできる。

言語主義に関する大規模な共同研究企画において集約されている。ここでは，これらの先行研究に示された比較媒介言語論的な観点を確認したうえで，本書の土台となる考察の枠組みを提示する。

まず，21 世紀に入ってから EU の助成を得て行われた多言語主義に関する二つの大規模な共同研究企画があげられる。LINEE（Languages in a Network of European Excellence, 2006–2010）と DYLAN（Dynamique des langues et gestion de la diversité / Language Dynamics and Management of Diversity, 2006–2011）である。前者は，ヨーロッパ統合の鍵となる課題としての多言語主義を多角的に提示し，細分化され別個に行われてきた研究をつないで多言語主義関連諸分野の研究者ネットワークを築くことをめざした。後者では，言語的に多様な EU においていかに経済的に競争力があり社会的結束性も高い知識基盤社会を作ることができるかを検討して多言語主義の学問的な根拠を明確にすることが目的とされた[4)]。

LINEE は，ヨーロッパの多言語主義の一環として，「国家をこえるコミュニケーションの諸問題」（transnational communication issues）という媒介言語論的な観点を含む調査を行った。たとえば，ヨーロッパの多言語主義における英語の役割についての調査では，英語を教育言語とするプログラムでの非英語圏への留学が現地語学習につながる面があるなど，共通語と多言語主義が矛盾しないことが提起された。ただし同共同研究では，諸方略の比較には直接手をつけるに至らず，「言語的多様性の尊重を，さまざまな言語間の効果的なコミュニケーションを通じてどのように実現できるか」（Rindler-Schjerve & Vetter 2012 : 14）は今後の課題として残された。

DYLAN は，組織や個人は言語の多様性とどう向き合っているかについて，ヨーロッパの企業や機関，高等教育での複数言語使用の利点を，より具体的な言語使用に即して検証した。そして，異言語間コミュニケーションについては，諸方略が相互に排他的なものではなく，「状況によって，最も適したコミュニケーション方略はいつも同じではない」（Berthoud et al. 2013 : 432）ことを明らかにし，とりわけ共通語と多言語使用が相互補完的に協働することで「多様性の中の統一」をより効果的かつ公正に行うことができると提起し

4）それぞれ，成果報告の小冊子（Werlen 2010, Berthoud et al. 2012）に主な成果がまとめられている。より詳しい報告書は LINEE については Rindler-Schjerve & Vetter（2012）および Studer & Werlen（eds.）（2012），DYLAN については Berthoud et al.（eds.）（2013）。

た。

欧州委員会の翻訳総局がまとめた文書（European Commission 2011: 50–51）が異言語間コミュニケーションについて次のように述べていることは，これらの研究動向をふまえている。

> 単一の解決はもはや実行可能ではない。逆に，幅広い方略の一式が，異なる需要に応じるために用いられ，これらの新しい挑戦に効率的に，開かれた実用的な態度で取り組まれるべきである。（…）この目的のため，可能な限りの言語資源や方略が決断力と創造力をもって使われるべきである。

DYLAN に中心的に関わったグラン（Grin 2008: 78）は，英語の公用語化や多言語間通訳など，EU について提案されてきたさまざまな言語編制を検討したうえで，「どのような基準を採用するかや各基準にどのような相対的な重みをもたせるかによって，どの編制についても，それが一番よいという結論を導き出すことができる」と述べて，比較媒介言語論的な観点を明確にしている。グラン（Grin 2013: 643–644）は，具体的な例をあげて，多様な方略を組み合わせることが望ましいとしている。

> 言語的に画一化された世界を支持するのでない限り，ヨーロッパにとっては，（…）複雑な言語政策を策定する方が合理的だろう。その政策においては相互に補完的ないくつかの方略が組み合わされる。すなわち，効果的な異言語教育を行うこと，英語のようなリンガ・フランカモデルにもある程度依存しつつ，エスペラントのような，より費用対効果が高く差別的ではない代替案の余地を残すこと，〔類縁言語の間の理解可能性を活かす〕間言語理解（intercomprehension）を支援すること，そして目的を明確にした翻訳や通訳を，洗練された言語技術とともに広く用いることである。

この問題意識は，グランが代表者となった次の大規模な共同研究 MIME（Mobility and Inclusion in Multilingual Europe, 2014–2018）に受け継がれた。直接，媒介方略の比較に焦点をあてた初めての共同研究「ヨーロッパにおけるトランスナショナルなコミュニケーションのための道具箱」（A Toolkit for Transnational Communication in Europe； 以下 Toolkit; Jørgensen（ed.）（2011），Backus et al.（2013））の成果も組み込まれたことによって，MIME では比較媒介言語論的な観点がより明確に前面に出された。MIME の成果報告には，諸方略の特徴に関する項目が多く含まれている[5)]。

このように，2000 年代半ば以降，比較媒介言語論的な観点を持つ研究が著しく進展し，問題意識も明確になっている。本書のもととなった調査は，これらの研究グループと情報交換や交流をしつつ進められたものである。次章以下の議論では，上記の共同研究に携わった研究者が繰り返し登場する。しかしこれらの研究にはなお二つの大きな限界がある。一つは，いずれも，いくつかの主な諸方略を列挙するものの，どのような方略がありうるかの体系的な整理がなされておらず，全体像が提示されていないことである。すなわち，比較の前提となる枠組みがない。二つめは，おおむね異なる研究者が異なる文脈で異なる方略を調査するにとどまっていて，諸方略の特徴の比較や使い分けが部分的にしか考察されていないことである。

そこで本書においては，より包括的かつ直接の比較を可能にするため，①考えうるすべての方略を網羅的に含む枠組みを提示し，それに基づいて諸方略の特徴を考察するとともに，②同一の地理的・社会的文脈で各方略の実際を検討する。こうして，現行の主要な方略を補う代案の可能性を含めて検討するとともに，使い分けの可能性をより具体的に提示するのが，類似する方向性を持った研究とは異なる本研究の意義である。なお，本書で焦点をあてる，言語使用の選択に関わる方略という側面は異言語間コミュニケーションの全体像ではないことはあらかじめ断っておきたい。たとえば，イントネーションやリズム，間合い，声質といった音声的な特徴などのパラ言語（周辺言語），またジェスチャーや視線といった非言語的な要素は，方略間の比較という観点に注目する本研究では後景に退いている。本書でこれらの側面を直接とりあげないのは，これらがコミュニケーションにおいて果たす役割を軽視するということではなく，限られた紙面で考察の焦点を明確にするためである。

5）Special Issue “Mediation Strategies”, *Language Problems and Language Planning*（42: 3, 2018），Grin（ed.）（2018）。ただし前者では「仲介（mediation）」を，あらゆる言語的媒介を指す用語として使っており，本書でとりあげる，主に通訳・翻訳を指す用法とは異なる（第 4 章参照）。

比較媒介言語論の枠組み

考察対象となる言語的媒介方略を網羅的に整理するため，本書では，使用言語の種類によって分類する枠組みを用いる（木村 2018a, 2020）。その枠組みでは，使用言語は，当事者との関係によって 3 種類に分けられる。まず，コミュニケーション当事者の言語（当事者言語）として，自言語（自身が通常幼少期より慣れ親しんでよく理解し使用することができる言語）と相手言語（相手にとっての自言語）がある。本書では基本的にこの用語を用いるが，自言語について「第一言語」や，とりあげる論者の用法にしたがって「母語」を使う場合もある[6)]。たとえば英語の native speaker は「母語話者」と訳す。いずれの用語も，該当する言語が個々の話者にとって一つであることを前提とはしない。当事者言語に対して，当事者のいずれの自言語でもない言語（追加言語）を異言語間コミュニケーションのために用いる場合がある。

たとえば，自分が日本語を自言語とする日本人，相手が韓国人，追加言語として英語とエスペラントという可能性があるとすると，自分と相手が話す言語の組み合わせは，自分の観点からは表 1 のようになる。

表 1　日韓の主な言語的媒介方略（【　】が使用言語；相手の自言語である朝鮮半島の主要言語（朝鮮語＝韓国語）は，ここでは便宜上，「韓」と略す；追加言語が一つのみ用いられる場合としては英語の例をあげる）

相手（韓）／自分（日）	自言語	相手言語	追加言語
自言語	相互に自言語【日／韓】	単一の当事者言語【日】	自言語／追加言語【日／英】
相手言語	単一の当事者言語【韓】	相互に相手言語【韓／日】	相手言語／追加言語【韓／英】
追加言語	追加言語／相手言語【英／韓】	追加言語／自言語【英／日】	単一の追加言語【英】
			複数の追加言語【英＋エス】

6）欧州評議会言語政策局（2016: 89）は次のように説明する。「第一言語とは学術的な起源を持つ用語であり，日常的には概して**母語**と呼ばれるものを指すが，より厳密には，2,3 歳までの幼児期初期に習得された言語変種を意味する。この言語変種は子どもにとって特別な地位を占めるものになる。というのもそれは，初めて社会に組み込まれていく枠組みのなかで，世界の探求を保証する言語となるからである。」強調は原文。

これらの組み合わせの可能性を，通訳を入れる場合や言語を混ぜる場合を含めて，3人以上が参加する場合をも念頭において一般化した理念型を表したのが表2である。大きく分けて，当事者言語使用，追加言語使用，当事者言語と追加言語の組み合わせ，言語混合の4種類に分けられる（それぞれ背景を塗り分けてある）。同じ組み合わせのタイプは一つだけ記載している。

表2　言語的媒介の諸方略

<table>
<tr><th rowspan="2" colspan="2">他の当事者
一方の当事者</th><th colspan="2">当事者言語</th><th rowspan="2">追加言語（A）</th><th rowspan="2">言語混合（N/P/A）</th></tr>
<tr><th>自言語（N）</th><th>相手言語（P）</th></tr>
<tr><td rowspan="2">当事者言語</td><td>自言語（N）</td><td>Ⅰ　相互に自言語（N＋N）</td><td></td><td rowspan="2" colspan="2">（同じ組み合わせ省略）</td></tr>
<tr><td>相手言語（P）</td><td>Ⅱ　単一の当事者言語（N＝P）</td><td>Ⅲ　相互に相手言語（P＋P）</td></tr>
<tr><td rowspan="2" colspan="2">追加言語（A）</td><td>Ⅵ　自言語／追加言語（N＋A）</td><td>Ⅶ　相手言語／追加言語（P＋A）</td><td>Ⅳ　単一の追加言語（A）</td><td rowspan="2"></td></tr>
<tr><td colspan="2">Ⅷ　自言語／相手言語／追加言語（N＋P＋A）</td><td>Ⅴ　複数の追加言語（A＋A）</td></tr>
<tr><td colspan="2">言語混合（N/P/A）</td><td colspan="3">Ⅸ　一方的な言語混合</td><td>Ⅹ　相互的な言語混合</td></tr>
</table>

順に見ていこう。当事者言語使用には3つの可能性がある。まずそれぞれが自言語を使う場合である（Ⅰ）。これは直接的に用いる場合は，相手の発言を理解する言語能力を必要とするため，受容的多言語使用とも呼ばれる。間に通訳などの言語的仲介を入れる場合は，間接的なコミュニケーションになる。次に，いずれかの自言語（他の参加者にとっては相手言語）をみなが使用する場合がある（Ⅱ）。そして，みながいずれかの相手言語を使用し，だれも自言語を使わない場合がある（Ⅲ）。一方，追加言語使用としては，単一の共通語（リンガ・フランカ）を使う場合（Ⅳ）が一般的であるが，それぞれが異なる追加言語を使う場合も考えうる（Ⅴ）。そのほか当事者言語と追加言語を併用する場合としては，一方が自言語を，他方が追加言語を用いる場合（Ⅵ）と，一方が相手言語，他方が追加言語を使う場合が想定できる

(Ⅶ)。3 人以上が当事者言語と追加言語の能力を持っている場合は，3 種類すべてが用いられる可能性（Ⅷ）がある。

以上の各方略がいずれも個々の当事者が 3 種類のいずれかの言語を使用することを前提にしているのに対して，単一の当事者が当事者言語と追加言語のうち複数の種類の言語を用いるのが言語混合である。言語混合は，その場に参加する当事者の一部が言語を混ぜて使用し，別の当事者が，当事者言語あるいは追加言語を用いる一方的な混合（Ⅸ）と，当事者すべてが言語を混ぜる相互的な混合（Ⅹ）がありうる。

重要なのは，これらが，単に理論上の可能性ではなく，実際にみられうるということである。具体的にイメージがわくように，筆者の職場である大学という場からそれぞれの例をあげてみよう。同僚のイギリス人教員と，お互いにとって最も楽な手段は，筆者は日本語，相手は英語で話して伝え合うことである（メールも基本的にそうしている)。これは「Ⅰ 相互に自言語」である[7)]。一方，フランス人の同僚とはどちらも日本語を用いて話している。これが「Ⅱ 単一の当事者言語」である。一方，筆者の担当する日独社会研究ゼミでは，学期ごとにドイツの大学の日本学科と遠隔合同ゼミを行っているが，そこでは日本の学生はドイツ語で，ドイツの学生は日本語で発表している。これは「Ⅲ 相互に相手言語」である。また，ドイツからの客員教授が英語で学生向けの講演をすることがあるが，これは「Ⅳ 単一の追加言語」である。「Ⅴ 複数の追加言語」は，留学生の間でみられることがある。日本語の方が得意な留学生と英語の方が得意な非英語圏からの留学生が，日本語と英語を使って会話をすることがその代表的なパターンである。そのことによって同じ研究室の留学生同士が手際よく会話ができる例が報告されている（Takeda & Aikawa 2020)。「Ⅵ 自言語／追加言語」は，たとえば日本語以外の言語があまりできない日本人と日本語があまりできない非英語圏からの外国人が出会ったとき，日本人が日本語，非英語圏出身の外国人が英語を使う場合である。たとえば，大学で行われた学会で，日本語を聞いてわかるフランス人が日本語の質問に英語で答えている場面があった。「Ⅶ 相手言語／追加言語」は，非英語圏出身の外国人が日本語（相手言語）で話して日本人が英

---

7) 筆者の勤める大学はカトリックのイエズス会が設立した大学であるが，長く勤める同僚によれば，異なる国から来たイエズス会士の教員がそれぞれの言語で話す姿が以前からみられたという。

語（追加言語）で答える場合である。日本語ができる外国出身の同僚や留学生は，たいていこのパターンを経験しているとのことだ。言語混合は，所属する学科の同僚との間でしばしばみられる。一方が日本語とドイツ語を交える「Ⅸ 一方的な言語混合」もあれば，双方が混ぜる「Ⅹ 相互的な言語混合」もある。「Ⅷ 自言語／相手言語／追加言語」は，3言語が使われることは想定しづらいが，日本在住の日本語と中国語とドイツ語をそれぞれ自言語とする人が日本語と英語で会話をする場合，当事者言語の日本語は自言語でもあり相手言語でもあるので，追加言語の英語と合わせると，2言語であっても3種類の位置づけの言語が用いられたことになる。

このように区別して扱うことができるとはいえ，当事者言語と追加言語の区分は，実際には連続的であり，明確な境界を前提とするものではない[8)]。たとえば日本語話者の両親を持ち日本でインターナショナルスクールに通った子どもにとっては，英語も自言語ととらえられるだろう。よって個々の場面でこれらの方略の種類を明確に判別・特定できない場合がある。分類とはそもそも，整理・理解の手がかりのために「あえて」するものであり，本枠組みも，おおまかな分類基準として理解されたい。また，ここであげられたⅠからⅩまでの方略は，いずれも，単独で排他的に用いられることが前提ではなく，断片的な適用が可能な，可動的な資源である。

この分類の利点は，先行研究でこれまであげられてきた方略をすべて含み，それ以外の可能性をも明示していることである。表3は，DYLAN，MIMEおよび欧州評議会（3.1参照）によってあげられた方略の一覧を本分類のなかに位置づけたものである。空欄は，それぞれの文献で言及されていない方略である。ここであげられた用語には以下の各章で触れる。

次章以下では，ヨーロッパでの議論の要点を整理して考察を加える形で，これらの方略を検討していく。その際，異言語間コミュニケーションに関するヨーロッパでの議論で登場する方略を，用いられる言語の種類（自言語，相手言語，追加言語）ごとに，主要な方略とその対案として提起されている代替的な方略をあわせてみていくことにする。これらの対を示したのが表4

8）ただし，上で「言語」について述べたように，境界があいまいな場合があることをもって，区別自体が意味を持たないということにはならない。生まれながらに覚えた第一言語と後から学んだ言語の能力に往々にして顕著な差がみられることは否定できない（MacKenzie 2014: 7）。区別の絶対視も不要視も極論であり，支持できない。

表3　他の研究においてあげられた方略の一覧

<table>
<tr><th colspan="2"></th><th>DYLAN
（リュディ 2019：192–193）</th><th>MIME
（Marácz 2018a）</th><th>欧州評議会
（欧州評議会言語政策局 2016：143）</th></tr>
<tr><td rowspan="3">I 自言語の相互使用</td><td>間接的</td><td>通訳</td><td>通訳と翻訳</td><td></td></tr>
<tr><td rowspan="2">直接的</td><td rowspan="2">リンガ・レセプティヴァ</td><td>間言語理解〔類縁言語間〕</td><td rowspan="2">相互の言語変種に対する理解に基づいたやりとり</td></tr>
<tr><td>リンガ・レセプティヴァ</td></tr>
<tr><td colspan="2">II 単一の当事者言語</td><td>単一・異言語使用（unilingue-exolingue）</td><td>異言語学習</td><td>母語話者が（…）非母語話者を手助けする</td></tr>
<tr><td colspan="2">III 相手言語の相互使用</td><td></td><td></td><td>交差（互いに相手の通常の言語を用いるよう努めるなど）</td></tr>
<tr><td colspan="2">IV 単一の共通語</td><td>リンガ・フランカ〔主に英語〕</td><td>リンガ・フランカ〔英語，エスペラント〕</td><td>第三言語</td></tr>
<tr><td colspan="2">V〜X</td><td>複数言語話法</td><td></td><td>コード切り替え</td></tr>
</table>

である。まず異言語間コミュニケーション方略の代表格といえる英語から考察を始める（①）。追加言語には，英語を含む「覇権言語」のほか，「少数言語」，「古典語」，「混成言語」，「計画言語」がある[9]。（木村 2009）。そのうちヨーロッパにおける議論で英語の代案としてしばしばとりあげられるのが計画言語エスペラントである（④）。MIME でも英語とエスペラントを扱っている。ヨーロッパで広く推奨されている，相手言語を使う方略は，いずれかの言語を使う場合（②単一の当事者言語）と，それぞれが自言語以外の当事者言語を使う場合（⑤相互に相手言語）がありうる。そして，対話者がそれぞれ自言語を話すコミュニケーション形態は，言語的仲介の有無によって，通訳（③）と受容的多言語使用（⑥）に分けられるが，異言語間コミュニケーションの代表的な手法の一つとして古来用いられてきた通翻訳を含む言語的仲介の方が一般的であり，こちらを主要な方略としてとらえるのが妥当だろう。またこれらの諸方略が追加言語あるいは当事者言語を用いるのに対して，追加言語と当事者言語の組み合わせもありうる。複数の追加言語使用も，それぞれの用いる追加言語を組み合わせた複合的な方略として，これらとあ

9）主にヨーロッパにおけるいわゆる「国際語」の理念と歴史については寺島（2015）参照。

わせて扱う。さらに，以上は少なくとも理念としては一人の人は一つの言語を用いるという均質的な言語使用を念頭においているが，実際には言語混合がかなり行われているとみることができる。これらの複合的な方略は，最後にまとめてとりあげる（⑦）。

表4　ヨーロッパにおける言語的媒介方略の対

	主要方略	代替方略
追加言語方略	①英語 Ⅳ-1	④エスペラント Ⅳ-2
相手言語方略	②単一の当事者言語 Ⅱ	⑤相互に相手言語 Ⅲ
自言語方略	③言語的仲介（通翻訳）Ⅰ-1	⑥受容的多言語使用 Ⅰ-2
	いずれかの言語タイプ（上記①～⑥）	⑦組み合わせと混合 Ⅴ～Ⅹ

コラム1 単一化は効率的なのか？ ――エネルギーミックスから考える媒介言語方略の多角化

電力と言語は，全く異なるものでありながら，不思議とさまざまな類似点がある。どちらも現代文明の運営を支える基本的なシステムであり，エネルギー面で電力，また情報面でことばは，それぞれ格別な役割を担っている。電気と言語を，単なる一技術ではなく人間の環境と経験の全体に影響を及ぼすものとしてとらえたマクルーハン（1987: 60）の洞察は鋭い。この比較をさらに考え進めると，膨大な規模の電力供給を可能にする原子力と膨大な規模の言語情報交換を可能にする媒介言語としての英語にも，人類史上，前代未聞の境地を切り開いた発電・発話の方法として一定の並行性があるともいえる（木村 2017a）。物質に動きや変化をもたらすものがエネルギーであり，そのなかでとりわけ高度な働きをするのが電気，そしてきわめて発電力が高いのが原子力であるのと同様に，人間の精神に影響を及ぼす情報に関してとりわけ高度な働きをする要素が言語であり，言語のなかで最大の通用範囲を持つのが英語ということになる（表参照）。

表　物質面と精神面の対応する要素

物質	エネルギー	電力	原子力
精神	情報	言語	英語

2011 年の福島第一原発事故前，日本政府は，発電に占める原子力の比率を電力供給の 50%以上に増やす予定であった。しかし事故後，原子力に頼るよりも，いわゆる再生可能エネルギー（再エネ）を活用する方向性が模索されるようになった。そこで提案されてきたのが，さまざまなエネルギー源，とりわけいわゆる再エネの複合的な活用である。風力や太陽光といった再エネはしばしば一つ一つの発電設備の発電力が小さく発電量も不安定である。しかし，水力や地熱，バイオマスなど，異なる特徴を持つ再生可能なエネルギー源と組み合わせていくことで電力を持続的に供給することが提案されている。

これは，単に発電方法を変えるということではなく，電力供給に関する発想の転換を伴う。従来は，原子力や火力など安定した発電が可能なエネルギー源をベースロード電源として位置づけて，多くの再エネを付加的な電源として位置づけてきた。そうではなく，逆に，再エネを最大限活用する場合，そのときどきの需要に合わせて電力供給を調整するとともに需要の偏りをも調整する柔軟性がカギとなり，ベースロード電源という発想をなくすという提案がされている（図）。

従来は原子力のような一つの大きなエネルギー源を増やして一定量の電力を持続的に供給することが効率的・経済的とされてきた。しかし，一つの手段に依存する度合いを高める方針はあまりにもリスクが高いことが認識されるようになった。また，大規模集中型の発電を前提としたエネルギーシステムは，長距離送電による損失のほか，発電時の廃熱がむだになるため，実は効率が悪いことが指摘されている。事故対策，電源開発促進費，使用済燃料処理費なども含めれば原発が安いわけではないことも明らかになっている。現在，電力会社にとって原発が経済的とされるのは，すでに発電所ができあがっており，新たな設備投資なしで発電ができるということが大きいのである。全体的，長期的に考えると，むしろ再エネを含む多角分散型のエネルギーシステムの方が災害や（資源供給に影響する）国際情勢の変化といったリスクにも強く，効率的・経済的ということになる。

言語に関しても，一見，異言語教育を，圧倒的に世界に普及している英語に集中することが効率的・経済的に思われる。単一の共通語に頼ることは，アメリカとの関係のもとで発展を遂げた戦後日本にとっては確かに便利であり，世界への足がかりともなった。廃止も検討される原発と異なり，英語は今後も，主要な媒介方略として重宝されるだろう。しかし，多極化する世界に英語だけで対応できるのだろうか。またそもそも英語はさまざまな異言語間コミュニケーションの場面で，いつでも最適な手段といえるのだろうか。

言語の面でも，単一の手段に集中することのリスクを認識して，柔軟性を高めていくことができないだろうか。本書で考えたいのは，こういうことである。

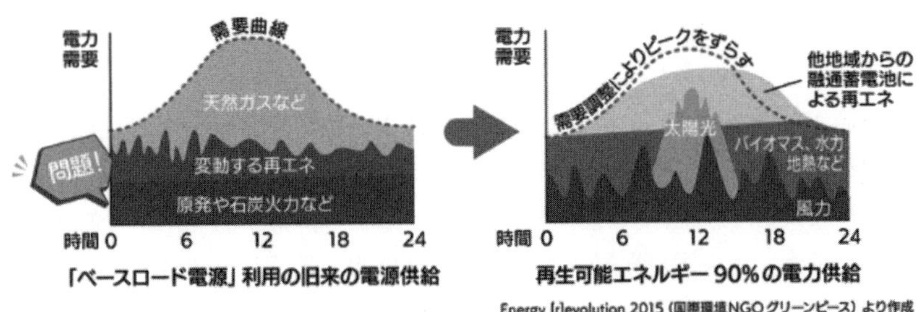

図　ベースロード市場と再エネ中心市場の違い（1 日の電力供給のイメージ）
http://www.egpower.co.jp/system-kaikaku-4/

第2章
共通語があれば大丈夫？

2.1　ネイティブ規範からの解放をめざして——共通語としての英語

英語の光と影

では，言語的媒介方略として真っ先にあげられることが多い英語から検討していこう。ヨーロッパの言語社会史の主な流れを述べたバーク（2009）において，英語が登場するのは18世紀になってからである。それは，少なくとも18世紀になるまで英語はたいして重要な言語ではなかったからとのことである（バーク 2009：160)。バークは，イギリスに近い大陸部（現在のオランダやベルギーなど）で商業的理由から英語を学ぶ人はいたものの，1700年以前に英語を読むことができたヨーロッパ大陸の文士は大変少なく，「以下に列挙した人々で全員ではないかと思われる。」（同上：161）としている。そこにあげられた人はわずか5名である。今から思うと信じられない気がするが，当時，英語はヨーロッパの端の島国の言語にすぎなかった。グレートブリテン島の外でわざわざその言語を学ぶのは一部の奇特な人に限られていたようだ。

そのような英語が，いつしか「太陽の沈まない」帝国となった大英帝国の植民地征服によって世界に広がり，さらに当初その植民地であったアメリカ合州国（以下，アメリカ）が，独立後，政治的・軍事的・経済的・文化的に世界を席巻する大国に発展することで，世界的に学ばれる言語となった。覇権国家の言語が世界各地で学ばれることで，学んだ言語を共有する人々の間でも共通語としても使われるようになったのが英語である。英語の共通語化は，英米の覇権のいわば副産物といえる。日本においても，黒船による幕末の開国以来，英語はイギリスおよびアメリカと強く結びついて学ばれてきた。特に第二次世界大戦後は，一方ではアメリカとの政治的・経済的なつながりや先端的なアメリカの技術，学術，文化などの魅力という側面，他方では世界共通語としての利便性の側面が渾然一体となって，日本における英語教育・学習の動機づけとなってきたといえよう。

このように，英語は，イギリス，アメリカと続いた覇権国とのつながりの必要性やその引力によって世界に広がり，そのような普及度の高さが学習のさらなる動機づけとなってきた。英語の普及は国家などの組織による強制の結果か人々の需要の結果かという論争については，どちらか一方ではなく，言語政策のような組織的な要因と言語学習選択といった個人的な要因の相互作用による「弁証法的な関係」とみるのが妥当だろう（Piller & Grey 2018 : 7）。

今や英語は，人類史上初の，地球規模で広く用いられる共通語となっている。クリスタル（Crystal 2019）によれば，イギリスやアメリカをはじめとする中核的な英語圏の英語話者は 3 億 8800 万人，旧植民地における英語話者（クレオールなどを含む）は 8 億 8500 万人ほどと推定され，非英語圏で「外国語」として英語を学んだ人は 10 億人以上にのぼるという[1)]。英語のような超域的な共通語がなければ，旅行やビジネス，文化・学術交流など，言語を用いる人間のさまざまな活動領域において地球規模の異言語間コミュニケーションははるかに困難であることは想像に難くない。

これらの大きな利点の反面，言語能力や情報の非対称性が国際共通語としての英語の望ましくない側面として指摘されてきた（木村 2016）。言語能力については，英語第一言語話者と比べて非第一言語話者が英語学習に費やす費用や労力，またその結果得られる言語能力の格差の問題がある。もちろん「第一言語話者」と「非第一言語話者」を二項対立的に理解するのは単純すぎる。英語第一言語話者の間でも，使える言語資源のレパートリーには大きな差がある。しかし，英語圏と非英語圏，さらには非英語圏の国・地域の間で，英語を学習することに関して多大な格差が存在することは否定できない。一部のエリートが英語を使って渡り歩く間は，その問題性はあまり顕在してこなかったが，英語が普及するにつれ，英語による分断（English divide）がますます顕著に現れて注目されるようになっている。日本国内においても，

1）学習した人が実際に話せるとは限らないということなどを考えると，実際の話者はこの数字よりも少ないと考えられる。

英語が社会において果たしている最大の機能は，入試や就職などにみられるような選別の機能であるといっても過言ではない。また情報の非対称性というのは，英語圏の情報が優先的・一方的に広がるという情報の流れの偏りといったことを指す。たとえば日本でも国際交流において英語圏を優先的に選ぶ傾向がみられ，それは英語圏への文化的な親近感にもつながるだろう。国際的なニュースも英語圏のメディアをとおして入ってくることが少なくない。世界観の形成も，英語圏からの影響が大きいのである。

以下では，ヨーロッパに焦点をあてて，媒介言語としての光と影がとりわけ大きい英語についてどのような議論が行われてきたかをみていきたい。はじめに，ヨーロッパにおける英語の普及の度合いを確認する。ヨーロッパにおける言語調査としてしばしば参照されるのがEUによるユーロバロメータである。一番新しい2012年の調査によると，調査対象となったEU市民のうち，英語が第一言語ではない人で「会話ができる程度に」英語が話せると回答した人は，38% である（図)。13% を占める英語第一言語話者（イギリスを含む）を足すと，わずかに半数を超える。半数に及ぶということは，英語がかつてなく普及していることを示すが，反面，英語ができない人もかなりいることを忘れてはならない。また，英語ができると答えた人のうち，「とてもよくできる」と答えたのは，21% であった（同上：24)。すなわち，英語がとてもよくできる，ほぼ問題なく使いこなせるという自覚を持つ人は英語圏以外のEU市民の1割以下ということになる。

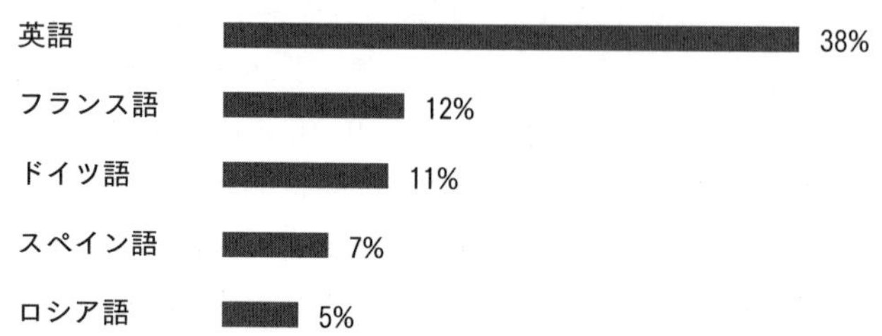

図　異言語として話せる言語の割合（European Commission 2012a: 19）

ユーロバロメータは，調査対象の数や自己申告であること，言語能力の定義のあいまいさなど，限界もある（Barbier 2018: 210)。しかし，他の調査においても，簡単な意思疎通ができたとしてもより高度なやりとりは限界があるという人が大多数となることは変わらない。それらの調査結果をふまえて，バルビエは，EU 全体でおよそ 10 人中 8 人が，通常行われているヨーロッパ政治を――それが英語で行われる限り――理解できず，したがって事実上，政治参加することから排除されているとする（同上：214)。

このように，英語は最も普及して最も広く活用されている言語であるとともに，英語圏と非英語圏，英語ができる人とできない人の明確な格差が存在する。この状況をどのように考えるか。これが英語をめぐる議論の焦点といえよう。はじめに，両極に位置する議論をとりあげたうえで，その間で妥協を探ろうとする動きを見ていこう。

英語普及のアクセルを踏むべきかブレーキをかけるべきか

英語の普及に肯定的な論者は，英語のプラス面を強調し，英語のマイナス面については，そういうものだから仕方がないとして目をつぶることが多い。たとえば，クリスタル（1999）は，客観的な記述を提示するとうたいつつ，英語が「地球語」となることの利点を説くことが基調である。一方，英語を唯一の共通語として推進する論を立てつつ，英語のもたらす格差は看過できない不公正であるとして解決の方向性を探るのがヴァン・パレイスの論である（Van Parijs 2011)。光と影に正面から向き合った思考といえる[2)]。

ヴァン・パレイスは，ヨーロッパ，そして世界は共通語を必要としているが，その共通語としては，普及度からして英語しか考えられないという。よって英語のさらなる普及は焦眉の課題であり，倫理的な義務でさえあるという。英語が現在，看過できない不平等をももたらしているのは事実であるが，その不平等が軽減されるためにも英語のさらなる普及をはかるべきだとの主張である。すなわち，同書の基調は，国際共通語としての英語に関する唯一の根本的な問題はその浸透がまだ十分ではないということであり，そのために生じている不公正を解決して人類の間に公正を実現するためには英語の普及を全力で進めなければならない，ということである。

2）ほぼ同趣旨の論として Gerhards（2010）があり，社会科学において多言語を扱う理論が欠如している問題など重要な指摘も含まれているが，ドイツ語で書かれていることにより，ヴァン・パレイスとちがって，国際的にほとんど注目されなかった。このこと自体，英語の力を強調する両者の論を裏付ける反面，ドイツ語圏の教養のある知識層対象にこのような本がドイツ語で書かれることに，英語普及の限界も現れている。なお，ヴァン・パレイスの本はドイツ語訳もされた。このことも，英語だけでは英語圏以外の社会で広く読まれることに限界がある現状を証している。

これは理屈としては一応，筋がとおっているようにみえる。しかし，この論によると，英語話者は，英語学習者のためにもなる英語情報の生産にいそしめばよいのに対して，非英語話者は，公正な世界の実現を望むならば，英語学習に邁進しなければならないということになる。つまるところ，世界の英語化を進めなければならないという論は，言語的多様性のなかにある現実の話者の対等性を尊重することにはならないのである。そこで，ヴァン・パレイスは地球上のすべての人が英語（のみ）を使うことで言語問題が解決されるという究極の時点を思い描く。いつの日か英語が完全にみなの第一言語になれば，言語的な不平等という不都合は最終的に解決する。この目標のために，他の言語が消滅していくことは仕方ないことであり，あきらめが肝心だという趣旨のことを述べている。非英語圏において，自言語と英語のバイリンガル化を徹底させようとしても英語圏との不公正は残るので，英語の共通語化を前提に公正を本気で追求しようとすると，英語以外の世界の諸言語の廃棄が必要という結論に至らざるをえないということを一貫した論理によって証明したということが本書の最大の功績かもしれない（木村 2013）。

ヴァン・パレイスの論に対して，最も対極にあるのが，「英語帝国主義」論を掲げて世界における英語の覇権を批判してきたフィリプソンである。フィリプソン（2013）は，「言語をもとに定義される諸集団間の権力と（物質的，非物質的な）資源の不均等な分配を正当化，効率化，再生産するのに使われるイデオロギー，構造，実践」（52）として言語差別主義（linguicism）を定義し，「多くの新植民地主義的な状況で，権力や資源の不公平な分配を正当化するイデオロギーが，人種差別主義から言語差別主義へと取って代わられた可能性が高い」（348）と指摘する。公然たる人種差別が非難されるようになった現在，是認されるないし気づかれにくい差別としての言語差別が社会的な不公平の維持に用いられているというのである。そして言語差別主義の一種として，英語帝国主義が提起される。これは，英語と他の言語の間に構造的文化的不平等がもたらされてそれが持続していることが，英語圏とそれ以外，エリートとそれ以外の人々の間の格差を維持する一因となっていることを指す。フィリプソン（Phillipson 2012）によれば，ヴァン・パレイスの論は，事実上，英語による格差と分断を拡大させて，「地球規模の言語的アパルトヘイト」をもたらすものにほかならない。フィリプソンは，ヨーロッパに焦点をあてた著作（Phillipson 2003）において，英語はヨーロッパを統合させているのか分断させているのかと問い，英語のみの重視が，言語格差をより深刻なものにすると指摘している。そして対策としては，英語のみをさらに推進するよりも，英語の地位を制限して多言語が尊重されるヨーロッパのための施策をとることが必要であるとする。このことは情報の非対称性の是正にもつながる。

このような多言語主義の主張については，第3章で改めてとりあげる。ここでは，英語普及のアクセルを思い切り踏んで全力疾走すべきとするヴァン・パレイスの論と，その一方的な普及の進展にブレーキをかけるべきというフィリプソンの両極があることを確認しておこう。と同時に，両者の基本的な共通点もおさえておきたい。いずれも，言語による不平等の問題は社会の公正の観点から看過できず，放っておくのでは状況は改善しないという認識では一致しているのである。ただ，その対応の方向性が真逆なのである。

「共通語としての英語」論

ヴァン・パレイスとフィリプソンが体現する両極を排して，不平等を認めたうえで英語の利点をも生かすため，今現在の現実から出発して，実際的な不都合をできるだけ緩和していく方向性を探るのが，「共通語としての英語」（English as a Lingua Franca; ELF）の主張である。以下では ELF 論と呼ぶ。ELF は「英語がコミュニケーションの手段であり，しばしば唯一の選択肢であるような異なる第一言語を持つ話し手の間での英語の使用すべて」（Seidlhofer 2011a: 7）と定義される。

ELF 論は必ずしも一枚岩ではなく，論者によってニュアンスが異なるが[3)]，ここでは，ELF 論の基本的な特徴にしぼる。代表的な論者の一人ザイドルホーファーは，フィリプソンの英語帝国主義論などを念頭において，第一言語話者と非第一言語話者の間でコミュニケーションの条件が対称的（symmetrical）でないことは完全にそのとおりであるが，倫理的な見解を表明したり平等を主張するだけでは何も変わらないと述べる（同上：38）。言語的な平等の理念を主張することにとどまらず，そこに近づくための現実的かつ具体的な手立てを考えようということである。そこでザイドルホーファーらが提唱するのは，英語の形（form）にとらわれるのではなく，共通語としての英

3）たとえば，ELF のパターンを特定しようとする動きと，ELF の固定的な理解を否定する見解に差がみられる（Wright 2016: 33）。

語の機能（function）に注目することである。ELF には，母語英語（ENL＝English as a Native Language）とは異なる機能があり，使い方も異なるという。従来の，第一言語話者の英語力を目標とする「異言語（外国語）としての英語」（EFL＝English as a Foreign Language）との区別は表のようにまとめられる。EFL が既存の規範を再確認し，第一言語話者共同体の一員になろうとするかのように第一言語話者の話し方を採用してひたすら模倣するのに対し，ELF では非第一言語話者も英語の正当な担い手となり，規範はその場その場で交渉され，「正しさ」よりも「わかりやすさ」が基準となって調整されるという。英語圏の言語文化が前提にならないため，その場その場での意味の交渉も肯定的に評価される。

表　EFL と ELF の概念的相違（Seldlhofer 2011a: 18）

	異言語としての英語（EFL）	共通語としての英語（ELF）
言語規範	既存（pre-existing），再確認（re-affirmed）	即席（ad hoc），交渉（negotiated）
目的	統合（integration），母語話者共同体の一員	わかりやすさ（intelligibility），非母語話者同士あるいは母語話者・非母語話者のコミュニケーション
過程	模倣（imitation），採用（adoption）	調整（accommodation），適応（adaptation）

上記からもうかがえるように，EFL と ELF の違いの核心は，第一言語話者の位置づけといえよう。EFL では，第一言語話者がモデルになり，学習者は第一言語話者にどれだけ近づけるかが上達の度合いをはかるものさしとされてきた。この観点からは，“nativelike”（母語話者のような）とか，“near native”（母語話者に近い）というのが，その達成できるほぼ最上級のほめことばとなる。ところが，共通語としての英語という観点からは，モデルとして母語話者をめざすことは，不必要であり，非現実的であり，望ましくもないということになる（Seldlhofer 2011a: 50）。英語を使う異言語間コミュニケーションにおいて第一言語話者が必ずしも優れているわけではないということはたびたび指摘されてきた。これは，「母語話者問題（“the native speaker problem”）」（Graddol 2006: 114–115）とも呼ばれる。ザイドルホーファーによれば，「英語母語話者であるからといって ELF の相互行為において有利にな

るわけではない」(Seldlhofer 2011a: 41)。フィリプソンも次のように述べる(Phillipson 2003: 167)。

> 母語話者は英語を話すことが容易であるが，適切に使う感受性を必ずしも多く備えているとは限らない。多くの国際的な場において，第二言語としての英語話者の〔話す英語の〕方が母語話者より理解されやすい。それは，異なる文化的・言語的背景からの人たちに自分たちの言語〔話し方〕をうまく合わせうるからである。

フィリプソンは，このように母語話者英語の方が国際的な場に適切とは限らないにもかかわらず母語話者の使い方が規範とされるゆえに，英語の国際的な共通語としての適性に疑問を投げかけるわけである。それに対してELF論者は，共通語としての英語を否定するのではなく母語話者の話し方を基準とする発想をやめればよいと主張するのである(Seidlhofer 2011a: 33)。

こうして，共通語としての英語はもはや英米のものではなく，それを使うすべての人のものであり，だれでも英語の発展に参画できるということになる。ELF論者によれば，英語母語話者はELFにおいて必ずしも秀でているわけではないだけでなく，「ELFの母語話者でもない。なぜならば共通語(lingua franca)には定義からして母語話者がいないからである」(Hülmbauer & Seidlhofer 2013: 390)。英語学習の際に英語圏の教材などを使用するのは避けられないが(Seidlhofer 2011a: 201)，学習者がそこから生み出して実際の異言語間コミュニケーションの場で使う英語は，それがこれまでの英語の規範から外れていても，目的達成に効果的であれば認めるべきであるという。共通語としての英語使用には，実際に不規則変化や例外がなくなって規則化することやなくても困らない文法規則の喪失，透明な(構成要素が明確な)造語・語法などがみられる。これらは，母語規範から逸脱しているかどうかではなく，どれだけ理解されるかが大切だという。言語の枠にとらわれず母語を活用することも推奨される。たとえば次の文はいかがだろうか。

> He want to discuss about the many jyuuyouna informations he getted from the internet. It is benefitful to examinate the issues together. You join him, isn't it?

この文は，ELFのデータでみられるという諸要素を凝縮して作ってみたものである[4)]。He wantの三人称単数現在の -sの省略は余剰性削減(redundancy reduction), discuss about はつながりを明確化するための追加（increasing explicitness), 日本語からの単語 jyuuyouna の使用は多言語活用（polylingual languaging）であり，実際の会話では強く読むことで意味を伝える工夫ができる。informations は不可算名詞の可算名詞化（make nouns countable), getted は過去形の規則化（regularization of past tense forms), benefitful は造語法を活用した語彙革新（lexical innovation), examinate は examine では品詞区別がつきにくいことから他の動詞の形でみられる -ate をつける明示化（explicititation), 最後の isn't it? は付加疑問は人称変化などしない固定形を使う（fixed tag questions）ことによる簡易化というものである。おかしいな，と思いつつも本書の読者には理解されるのではないだろうか。であれば，この文は実用に足るということになる。これらの特徴についてマッケンジー（MacKenzie 2014: 69）は，第二言語学習者による無意識の類推による過剰一般化や剰余性の活用および意図的な規則化，簡易化，明示化の結果であると説明する。

ELF 論者によれば，ヨーロッパにおいては英語が母語話者のもの（ENL）として理解されているから，英語への疑問や反発が起こるが，使う人みなのものである ELF への発想の転換によって，英語母語話者は ELF コミュニケーションにおける特権を失い，英語の不平等問題は解決する。すなわち，「EU 市民は，英語の「所有者」であるイギリス人やアイルランド人に屈服することによって不利であると感じる必要はなくなる。」(Seidlhofer 2011a: 55)

さらに，異言語間コミュニケーションについて単一言語主義的なヴァン・パレイスとは異なり，ELF 論者の多くにとって，ELF は「機能的に必要なときに必要な限りにおいて活用できる追加的な資源」（同上：69）であり，EU の多言語主義（次章参照）と英語は矛盾しない。ザイドルホーファーは，他言語との関係を次のように説明する（Seidlhofer 2011b: 143)。

> 英語は，――共通語としてみなされれば――「本当の」異言語の一覧から外して，学習者／使用者の言語レパートリーにおいて他言語と共存するが競合しない追加として認識される必要がある。(…) 英語が脅威となるのは，母語話者に所属するものとみなされ，他の言語と同じような異言語とみなされる場合のみである。

4）これらの要素の詳細は Seidlhofer (2011a), MacKenzie (2014) 参照。

EU の助成に基づく大規模共同研究 DYLAN（第一章参照）では，さらに明確に ELF を多言語主義のなかに位置づけて，ELF は「言語的多様性のなかで実現するだけではなく，言語的多様性をとおして実現する」としている（Hülmbauer & Seidlhofer 2013: 388；強調は原文）。具体的には，ELF 自体が多言語を前提にしているからだという。すなわち，ELF はコミュニケーションをとる当事者たちそれぞれの第一言語と「共通語の要素（the lingua franca element)」から成り立つ（同上：389)。たとえば，ドイツ人が英語を話すときはしばしばドイツ語的な表現がみられる。よって，ELF はそれ自体が多言語コミュニケーションということになる（同上：390)。このように理解された ELF は，もはやいわゆる「英語」ではないとさえ言われる。

> こうして，私たちは理解を転換させなければならない。すなわち ELF は多くのヨーロッパの文脈において重要な共通語となっている英語なのではなく，多くのヨーロッパの文脈において「オープンソース」コードとしての英語を基盤とする重要な共通語なのである。（同上：391）

以上のように非第一言語話者が英語を資源として自由に創造的に使うことをうたう ELF 論は，英語の普及と格差，単一言語主義と多言語主義といったジレンマを乗り越える発想として英語研究者の範囲をこえて注目されるようになっている。たとえば，ヴァン・パレイスの観点を受け継ぎ，言語の公正という観点から ELF 論を検討した De Schutter（2018: 190）は，「ELF は非母語話者の不利さを消し去りはしないが，軽減するのは確かだ」と述べて，留保をつけつつ，一定の評価をしている。

ELF 論の困難

一方，ELF に批判的な見解もある。まず，そもそも ELF という命名とそこに含まれる言語観への批判がある。ここで「共通語」と訳している lingua franca は，もともと第一言語話者のいない異言語間コミュニケーションのための言語を指す用語である（狭義のリンガ・フランカ)。そこから意味が広がって，第一言語話者を含んで用いられる共通語としても使われるようになった（広義のリンガ・フランカ）(Gnutzmann 2013)。ELF は，影響力のある第一言語話者集団を持つ英語をリンガ・フランカと呼んでいるので，後者（広義）の理解に立つのであるが，英語母語話者が特別な意義を持たないという主張のため，前者（狭義）の意味をこめてこの用語を意図的に選択している。このような使い方に対して，フィリプソンは，リンガ・フランカという用語をあいまいに使うことは，現実の不平等を覆い隠して話し手が平等であるかのようにみせかけるための煙幕であると批判する（Phillipson 2018: 298; Phillipson 2003: 40 も参照)。英語母語話者も ELF の母語話者ではないという主張は，非英語母語話者が英語学習に使う労力や，使用上の困難を十分に考慮していないというのである。

このような用語のあいまいさは，ELF が実態なのか願望なのか判然としないという，ELF の内実に関わる疑問にもつながる（De Schutter 2018: 182)。グラン（Grin 2013: 635）は，ELF 論で ELF の特徴としてあげられる内容は，断片的な小話的（anecdotal）な例の域を出ないとしている。実際，先にあげた ELF 文は，筆者が，それぞれ個別にあげられた要素を合成したものであり，現実に必ずしもこれほど規範から外れた要素が集約された発話が多く報告されているわけではない。典型的とされる ELF 的特徴は，実際はデータの一部にみられるにすぎない。グランは，現実には母語話者規範に基づく「標準英語」が依然として基準とされており，英語学習者は引き続き標準的とされる母語話者の英語を求め続けているという。すなわち，ラベルだけ ELF に張り替えても実態が英語使用であることに変わりはなく，英語が支配的な言語であり言語学習のための努力が不平等に分布する状況は何も変わらない。グラン（Grin 2018）によれば，ELF は，学界でしばしばみられる，ファッショナブルだけど中身がない概念の好例であり，現状が英語圏の言語規範から独立しておらず何も変わっていないのに，「ELF」は従来の「英語」ではないので問題ないというのは，ことばのあや（rhetorical trick）にすぎない。つまるところ，ELF は学問的な神話であり，学問的な根拠のない論拠によって現実の問題を矮小化することで実際の支配をさらに定着させる効果を持つという。

「わかりやすさ」の観点から，think の /θ/ や，this の /ð/ といった，舌を唇にはさむ th の発音ができなくても困らないというように，母語話者発音にこだわらない ELF 発音を実証に基づいて提起した提案に対して予想以上に多くの反発があがったことは（Jenkins 2007)，事実上，グラン（Grin 2013）の論を裏付けるといえよう。英語教育・学習者の間で，母語話者を範にとる「正しい英語」（proper English）が望ましいとする見方は根強いようだ。ELF

論は，社会言語学などの学界では受けがいいものの，とりわけ教育現場とのギャップは依然として大きい。

そこで，そのような実際使用場面のいわば予行演習として，英語教育において多様な英語にふれることなどをとおして，言語の変異や流動性，変化などへの意識を高めることが提案されている（Cogo 2016: 88）。しかし，これでは，教育現場の根本的な変革は望めない。ELF 研究の知見に基づいて，標準英語とは異なるが有用であることが示された規則化された語形などを許容することで，より短時間で英語の基礎の効率的な習得をめざす Basic Global English（BGE）の教授法実践（Grzega 2011）のような斬新な取り組みもあるが，例外的といえよう。BGE は，英語学習者の負担が減ることで他言語の学習時間を確保することも目的に含む。このような具体的な教育改革につながらない限り，実際にはこれまでどおり英語の学習に追われ，ELF による英語と多言語学習の共存という ELF 論者の主張は絵にかいた餅になりかねない。

さらに，ELF が依拠するデータは口頭が多いという限界も指摘される。

> ELF の実証的な研究において典型的なことは，もっぱら話されたことば（*speech*）にのみ注目し，書かれた英語の役割は無視される。にもかかわらずこれらの論者は英語という言語（*language*）について大胆な結論をくだしてしまうのである。（Phillipson 2018: 285；強調は原文）

この指摘のとおり，ELF が基づくデータは口頭使用に基づくものが大部分である。そのことは，口頭では ELF が重視する意味交渉などが行われやすく，かつ書きことばほど標準化圧力が強くないためと説明される（Hülmbauer & Seidlhofer 2013: 391–392）。だとすると，口頭使用でも局所的であった ELF 的要素は，文章ではさらに少ないということになる。学術英語を含む書きことばで，第一言語話者主導で生み出された現在の規範への統合が求められ続けるとすれば，ELF の射程は，限られたものとなる。

以上みたように，英語は，異言語間コミュニケーションにおいて重要な役割を担っているだけに，ヨーロッパの議論においては，英語が普及した現実を認めつつその弊害を減らすための議論や研究が行われており，国際語としての英語の全面肯定でも全面否定でもない方向性が模索されている。

2.2 より公正な代案をめざして――計画言語エスペラント

エスペラント理解におけるギャップ

前節でみたような英語の「影」の側面は，英語に限らず，特定の民族語が媒介言語として用いられるときに生じる問題である。そこで代案として計画言語という可能性が議論されている。「人工語」と言われることもあるが，人為が加わっていない言語はないので，計画された起源を持つという意味で「計画言語」という方が妥当だろう（木村 2017b）。計画言語は歴史上さまざまに創案されてきたが，ほとんどが「言語案」にとどまった。そのなかで，実際に多くの話者を得て家庭での使用から学術・文学まで使われる「生きた」言語になったのがエスペラントである（木村／渡辺 2009）[5]。

エスペラントは，ポーランド（当時はロシア帝国領）のワルシャワに住んでいたユダヤ系の眼科医のザメンホフによって，異なる言語を話す人をつなぐ中立な言語として 1887 年に創案された。ザメンホフは，この言語を単なる便利な道具として提案したのではなく，それぞれの民族語に加えて共通の言語をも使うことで，「人類人」（homarano＝hom〔人間〕＋ar〔集まり〕＋an〔一員〕＋o〔名詞語尾〕）としての意識が育つことを願った。

エスペラントは，特定地域で話されているわけではなく話者が散在しており，正確な統計がとれないので使用者の数は不明だが，500～1500 万人以上が学んでいるとされる（Fettes 2013）。実際に使用しているのはその一部である。ヴァンデル（Wandel 2015）は，フェイスブックにおけるエスペラント話者記載をもとに推計して 200 万人という使用者数を出している。ただし使用可能としてあげるだけではなく実際に積極的に使っている人は多くて数万人だろう。使い手が散在するエスペラントは，インターネットと親和性が高く，その存在感は小さくない。たとえばウィキペディアの記事数でエスペラントは言語別に数えると 35 位であり（2021 年 1 月 4 日），世界の多くの「国語」より上位にある[6]。グーグル翻訳の対象言語にも 2012 年から加わった。

しかし，英語については，論者の間で，現状の把握自体には大きな差がみ

5）参照している言語の偏りはあるものの，エスペラント研究のよい概観は次のウェブサイトで得ることができる。https://www.esperantic.org/en/research/state-of-the-art/　エスペラントによるコミュニケーションの特徴は Fiedler & Brosch (in press)。

6）なお 36 位以下は順にいずれも独立国の国語であるヘブライ語（イスラエル），アルメニア語，ブルガリア語，デンマーク語である。

られず，その現状の両面性（光と影）をどう評価するかをめぐる違いがあったのに対して，エスペラントについては，しばしば現状認識自体に多大なギャップがみられる。エスペラントに関するさまざまな見解を集めて分析したフィードラーは，エスペラントについて否定的な評価を下す研究者ら（言語学者を含む）がだれ一人として自らの調査に基づいて述べていないことを指摘している（Fiedler 2015: 87）。

本節で行いたいことは，現状認識のギャップを埋めて，現実的な理解を得ることである。フィードラー（同上）が述べるように，しばしばあげられるエスペラントの利点は，国際コミュニケーションにおける①対等性と②効率性，また③他の言語を学ぶことを促進する予備教育効果である。一方，欠点としては，④威信の低さ，⑤文化がなく自然に発達した言語ではない，⑥ヨーロッパ中心主義，⑦普及すると土着化して利点が失われる，⑧コミュニケーション範囲が狭いといったことが言われる。利点，欠点それぞれについてみたうえで，最後に英語との比較を行う。

エスペラントの利点

①対等性というのは，まず，エスペラントは中核となる特定のエスペラント第一言語話者集団がいるわけではなく，だれもが言語的に対等な立場でコミュニケーションに参画するということを指す。エスペラントでは，ある表現を第一言語話者が使っているかどうかで表現の「正しさ」が決まるのではなく，文法的な特性に則った表現が「正しい」のである。よって，「でもネイティブはそうは言わない」と言われることなく安心して表現できる。

対等ということについては，言語体系以外の側面もある。特定の第一言語話者集団や話者の集住する地域をもたないエスペラントは，世界の特定の国や地域に関心や関係が集中することを避けることをうたう。他の異言語よりも先にエスペラントを子どもに教えるべきだとする冊子では，その意義について「世界の多言語性との最初の出会いが国際語〔エスペラント〕をとおして行われることは，さまざまな言語や民族文化への健全でバランスのとれた関心が生まれることを助けてくれる」と述べる（Formaggio 1995: 26, 28)。そこから，さまざまな他言語を学ぼうとする関心も芽生えるのであり，エスペラントはそのための橋渡しとしての役割を果たすという。エスペラントを支持する人のこのような問題意識を端的に示す具体例をあげる。学校教員をしているあるドイツのエスペラント話者は，国際エスペラント教育者連盟の機関誌に寄せた手記で，イギリスでの英語研修に生徒を連れていったときのことを紹介している。バスでドイツからイギリスまで走り抜け，「すごい！今日は一日で5か国もの国を通ったぞ！」と叫んだ生徒の感慨を聞いた教員は次のように述べる（Schwaiger 2019: 17–18）。

> 私たち教員こそ，生徒を文化的な豊かさに向き合わせ，ヨーロッパ意識を高め，家庭や友人から受け継いだ他者に対する偏見を抜きとることが求められているのに，私たちは何をしているのだろうか。まるで逆だ！多くの美しいヨーロッパの国を素通りして高速道路から素晴らしい町や地域をみながら，私たちは，他の無数のヨーロッパの教員と同じく，生徒を唯一の目的国，言語的なメッカへの聖地巡礼に連れて行くのだ。

②またエスペラントは，既存の言語の要素を組み合わせて学びやすく再構成したものである。その際，民族語とは異なり，エスペラントは言語学習を効率化する工夫を備えて提案された。その柱となるのが，文法規則の「スリム化」と「見える化」，そして「造語力」である。効率よく学ぶことができるよう，エスペラントはなるべく例外や不規則のない言語として提案された。たとえば動詞は現在形を -as，過去形を -is という語尾で表す。「行く」という動詞なら iras（行く），iris（行った）となる。英語には go→went のような不規則動詞があるが，エスペラントではすべての動詞が規則どおりである。

日本語や英語のような民族語は歴史的な経緯の結果，いわば交通ルールが複雑化し，基本的に右側通行だけれどこれこれの道路では左側通行，といった具合であるのに対して，エスペラントの場合，一度覚えたルールは頼れるといえる。もちろん民族語の場合は第一言語として覚えるのが基本なので，いくら複雑であってもかまわない。ところが非第一言語話者同士で共通語として使うための言語にとって，表現力の豊かさとは関係ない不規則や例外は迷惑でしかないので，そういうものをなくしたのである。

またいわば交通標識がみえやすいように文法要素をかなり「見える化」している。たとえば名詞は -o，形容詞は -a，副詞は -e という品詞語尾がつく。文をみれば構成要素は一目瞭然である。さらに，単語を覚える負担を大きく軽減させるべく，造語が重要な役割を果たす。たとえば granda（大きい）に「逆」を表す mal- をつけると，malgranda（小さい）となる。もちろん日本語や英語でも接頭辞をつけることで逆を表すことはできるが，「不可能」とは言えても「不幸福」とは言えなかったり，*un*happy と言えても *un*possible とは言えなかったりする。異言語の学習者はよく文法規則を一般化しすぎて訂正されるが，エスペラントでは創造的な応用が許されるどころか奨励さえされるのである。mal- は意味をなす限り何につけてもよい。動詞や副詞の品詞語尾をつけて malas（逆である），male（逆に）とすることも可能である。

しかし何をやってもいいというわけではない。エスペラント創案時に発表された 16 か条からなる文法の大枠，基礎語彙のほか，例文集などからなる「エスペラントの基礎」（Fundamento）というものを 1905 年に定めており，それを守ることが最低限の約束事になっている。これが，いわば言語の「核」といえるものであり，エスペラントは，それを土台として発展してきたといえる。現実には，ほとんどの話者は「エスペラントの基礎」を参照することなくエスペラントを学び使っているが，文法的な「正しさ」を保証するのがこの「基礎」である。いわば実際に運用される言語の諸法律（ルール）の背景にある憲法のようなものといえばわかりやすいだろうか。最終的な判断基準として，第一言語話者の直観ではなく，憲法が明文化されているのがエスペラントの特徴といえる。憲法が新しい法律の制定を妨げないのと同じく，エスペラントの「憲法」も，言語の発展や変化を抑制するのではなく，むしろ言語が特定の慣用にしばられないで発展することを保証する役割を果たしてきた。民族語の文法学習がしばしば，「ネイティブはこう言わない」という「禁止の体系」としての側面を持つのに対して，慣用にしばられないエスペラントにおいては，文法は，「可能の体系」として新たな表現可能性の開発を促す役割を持っているのである（山本他 2004）。

③このようなあり方によって，いわば構造の透明度が高く使い方が自由なエスペラントを「モデル言語」として学ぶことが，言語への洞察や感性を高め，他の言語をよりよく学ぶために有用であるという「予備教育効果」が言われる（Brosch & Fiedler 2017）。この点でも，エスペラントは，多言語学習と矛盾するものではなく，むしろ多言語学習を促進するものとして理解されている。エスペラント運動の目的を広く示すために提起された「国際語エスペラントに関するプラハ宣言」（1996 年）では，「言語の多様性は豊かさの源泉である」としたうえで，「私たちの運動は言語の多様性をめざすものである」と述べている[7)]。異言語学習に資することがエスペラントの利点としてあげ

られることは，言語の多様性を尊重する姿勢の一つの現れと考えられる。

エスペラントへの批判や疑問

このような媒介言語としての長所が主張される反面，エスペラントは多くの批判や疑問にもさらされてきた。

④まず，特定の国や地域と結びついていないというエスペラントの利点は，エスペラントの威信の低さと裏腹でもある。英語学習の場合，英米の政治的・経済的な重要性や文化的な魅力に基づく威信が大きな動機づけになっており，他の言語も，その言語が話される地域や文化との関係で学ばれることが多い。その点，エスペラントはそういう観点から関心を引きつけることはないという特異な言語である。

⑤さらに，エスペラントの威信を低くしているのが，エスペラントは自然に発達した言語ではなく文化がないというエスペラント観である。この観点は，エスペラントの実際についての観察や知識に基づくものではなく，民族や地域を背景にもたない人工語が文化を持つはずがないという先入観によっている。少しでもエスペラントのことを調べれば，エスペラントが創案当初から独自の文学を生み出してきたことがわかる。国際語を思い立ったザメンホフが最初に作ったのは，エスペラント発表の思いをつづった詩であり，エスペラントは，詩作から生まれたといっても過言ではない。その後も，エスペラントは，数多くの文学作品を生み出しており，エスペラント文学史も書かれている（Minnaja & Silfer 2015, Sutton 2008）。文体で作家がわかるという現象（渡辺 2009）や，著名なエスペラント作家の書名や気の利いた表現が広まって新たな表現の資源として用いられることも，エスペラント言語文化の存在を示している（Fiedler & Brosch in press）。エスペラント文学には，作者が自らの地域での体験をエスペラントで表現したものも多いが，エスペラントならではのテーマを扱った作品も，エスペラントをとおした国際交流自体を舞台とした軽い読み物から，人類全体に関わる戦争と平和といったテーマを扱った重いものまでさまざまである。

また世界各地の文学がエスペラントに訳されてきた。特定の言語文化的背景を持たないエスペラントの表現における柔軟性は，言語表現の多様性を反

7）https://www.jei.or.jp/prago/

映しやすく，文化の懸け橋として適しているとも考えられる。

エスペラントの場合，基本的にほとんどの使い手がある程度の年齢になってから自らの意志で学んだ言語であることから，学習者の言語力に応じた配慮や助け合いが頻繁にみられる。たとえば，言い間違えたときなどに言い直す訂正は，他の言語においても会話でよくみられるが，エスペラントにおいては，他者からの訂正がよくみられる。エスペラントのコミュニケーションの実際を調査したフィードラーらによれば，エスペラント話者は，言語能力の度合いが異なる人がコミュニケーションに加わることに慣れており，より使いこなしている人は正しさへの責任を持つと感じる。一方，まだ使いこなせていない人は訂正されたら面子を失うなどとは思わず，むしろ親切な手助けとして受けとめる（Fiedler & Brosch in press）。このようなコミュニケーション上の特徴をエスペラント文化に含めることもできよう。エスペラントを特徴づけるのは，特定の地域文化ではなく，このような異言語間コミュニケーション文化といえる。

⑥しかし，エスペラントの利点としての中立性の主張に対しては，エスペラントの「ヨーロッパ性」に関する疑問が向けられる。対等といってもエスペラントは所詮ヨーロッパ語ではないか，という疑問である。実際，エスペラントの基本的な文法や語彙はヨーロッパ語をもとに作られており，言語的に中立であるわけではない。文法について，パークヴァル（Parkvall 2010）は，類型論的観点からエスペラントに総合的に最も似ている言語の1〜10位はすべて印欧語族であることを示している。ただし興味深いことに，11から20位には，ケチュア語，カンナダ語，朝鮮語など，7つの非ヨーロッパ語が含まれている。エスペラントはヨーロッパ語に多くみられる単語の屈折（人称変化や格変化など）がないかわりに日本語にも似て膠着語的要素が多く，語順も大幅に自由であるなど，現代ヨーロッパ語の多くとは異なる特徴を持つ。パークヴァルは，エスペラントはその支持者の多くが望むよりもヨーロッパ的性質を持っているが，エスペラントの単語を少し知っている程度の批判者が思うほど文法的にはヨーロッパ的ではないと結論づけている（同上：72）。

ヨーロッパ性がより明確なのは語彙である。地域文化固有の語彙（日本の下駄 getao など）はそれぞれの言語に由来することが多いが，基本語彙はエスペラントではほぼすべてヨーロッパ語に基づいている。これは，エスペラント以前に，既存の言語によらない語彙を新規に作り出した計画言語案がことごとく失敗したことをふまえて，そもそも学習者を得るために必要な選択であった。世界的に普及した主要なヨーロッパ語を知っている人にとって学びやすいことを意識したのである。そのことが，ヨーロッパ語に親しんだ人に有利であるのは否めない。ただし語彙については，ヨーロッパ語的要素も出自言語から離れて独自の意味や機能を持つようになっていること（これらはしばしばエスペラントの「自律性」（aŭtonomio）としてあげられる）も考え合わせる必要がある。エスペラントの言語文化の特徴は，その語彙が由来する言語における意味や語法を踏襲するわけではなく，いろいろな言語を話す人の「持ち寄り」と相互調整で単語や意味が形成されることである。たとえば上にあげたmal-は「悪い」というラテン語からきているが，エスペラントではmaloは「悪」ではなく「逆」という意味である。またフランス語のhorlogeは主に置き時計などを指すため「腕時計」には使わないが，エスペラントのhorloĝoは広く「時計」を指すようになり，日本語と同じように「腕時計」をbrakhorloĝo（brak=腕）と言える。また「1月」は，januaroという単語があるが，日本語の発想でunua monato（一番めの月）と言うことも可能である。衣食住を問わず欧米の影響が著しく，言語についても非ヨーロッパ語圏の人が主要なヨーロッパ語を学ぶことが当然とされてきた現代世界の中では，英語をはじめとする大言語の話者も自らの言語に由来する要素を含めて改めて学ぶ必要があることは，むしろ媒介言語としてエスペラントを用いる際の中立性に含めて考えることができるかもしれない。ブロシュらが述べるように，エスペラントが——とりわけ語彙については——ヨーロッパ語であってしたがって完全には公正（フェア）ではないことは否定しようがないが，少なくとも自律的な造語と柔軟な文法を持つエスペラントが，非ヨーロッパ語人にとっても，ヨーロッパ語を学ぶよりも学びやすいために，格差が緩和されることは確かだろう（Brosch & Fiedler 2018: 530）。

⑦エスペラントへのさらなる疑問は，今後，エスペラントが仮に普及した場合，英語について現在みられるように多様化して複雑化したり，第一言語話者が多く生まれるようになって，学びやすく対等という利点が失われるというものである。

エスペラントが方言分化していくのではないかという疑問については，英語との違いを想起することが有意義だろう。英語が，複数形のEnglishesと言われるほど多様化したのは，旧植民地をはじめとする英語公用語国で，地域内で使われるようになったことが大きい。エスペラントの場合は，それを公用語として国内的に使う国が現れない限りは，もっぱら異言語間コミュニケーションに使われるので，理解されるためには相互の歩み寄りが欠かせない。これまでもそのような歩み寄りによって発展してきたのであり，特定地域で土着化して，シンガポールの Singlish やインドの Hinglish のような分化が生じる兆しはみられない。仮にさらに普及した場合も，異言語間コミュニケーションに使われる限りはこの傾向は変わらないだろう。

ピジンがクレオール化して複雑化したようにエスペラントも使われるにつれて複雑化するのではないかという疑問についても，第二言語として学んだ人に用いられることで複雑性が縮減されるという観点から，異言語間コミュニケーションに使われる限りは学習容易性が維持されると考えられる。この点にはしばらく後で，英語との比較で改めて触れたい。

では，第一言語話者についてはどうであろうか。まず現状から出発しよう。エスペラント話者家庭で生育することによってエスペラントに幼少期から接して家庭言語の一つとして覚えた人はいる。ただし，デナスカ（denaska，生まれたときから，の意）と呼ばれるこのようなエスペラント話者は，数が数百人程度と少ないのみならず，より重要なことは，上述のとおり言語規範の基準とみなされていないことである。またエスペラントを唯一の第一言語とする人はおらず，エスペラントで公教育を受けてきた人もいない。フィードラーらは，エスペラントは後から学んでも比較的早く上達できることと，デナスカの語学力が特に高いわけではないこととあわせて，デナスカの存在による不公正は民族語よりも小さいとしている（Fiedler & Brosch in press）。実際に，話されるエスペラントを聞いてもだれがデナスカかわからないということがエスペラントの特徴として指摘されている（同上）。エスペラント「母語話者」の存在はエスペラントが「一人前の」言語であることを示すために持ち出されることがあるが，計画言語に第一言語話者が存在するようになったということよりも，第一言語話者が言語規範の基準とされない言語文化を生み出したことの方が，近代言語社会史におけるエスペラントの重要な貢献だと考えられる。

⑧最後の，そしてここでとりあげたエスペラントの現状や展望に対する主な批判や疑問のうち唯一，正確な現実認識に基づいているのが，エスペラントの通用範囲の狭さ，すなわち話者数の少なさである。話し手ゼロの言語案

から出発して，世界各地の人々の間の交流に使われる生きた言語までになったエスペラントは，世界の数千の言語全体のなかでも大きい方であり，創案された言語としては前例のない成長をとげたといえる。とはいえ，英語と比べると，はるかに及ばない。言語社会学的には，エスペラントはむしろ少数言語に典型的にみられる特徴を持っている（Kimura 2012）。その例として，話者の間の密な共同意識やネットワークの形成をあげることができる。エスペラント話者の多くはエスペラントを「異言語」ではなく自分のアイデンティティを形成する手段の一つとしてとらえており，上述のような，エスペラントによって形成される文化を多かれ少なかれ共有しているため，エスペラントによる異文化間コミュニケーションは同文化内コミュニケーションという側面を持つと指摘される（Fiedler 2006: 76）。

他方，エスペラントが一般的な少数言語と大きく異なっていることも事実である。エスペラントとアイデンティティのつながりは，血統や地縁などではなく，自ら選んだ言語であること，エスペラントを自分たちの言語とみなす第一言語話者集団がいないということ，また第一言語話者規範を気にせずに自由に話せることなどが影響している。第一言語によるつながりを離れて一時的に集う場としてのエスペラントの空間は，異文化間コミュニケーションにおける「第三の場」[8)]としての要素を備えているといえる。ディルシャールは，そのような第三の場を，ガラスの囲いがついたフランス風のテラスカフェにたとえている（Dirscherl 2004）。いつでも入っていけるその空間は，出会いに開かれており，外に向かって開かれているとともに守られている。そしてその空間の持ち主に対して大きな責務を負わずにそこで気軽に会ってコミュニケーションをとることができる。エスペラント話者の間で，休暇合宿や，旅行者への宿泊提供者網や地域・専門ごとの情報提供者網など，国際交流のためのネットワークが整っているのは，そのような「テラスカフェ」的な仕組みの一例といえよう。エスペラントが使われる典型的な場は，家庭や隣近所でも職場でもなく，わざわざ好んで出かけていく場である[9)]。その意味でも「テラスカフェ」の比喩はエスペラントにうまくあてはまる。学習のハードルを下げることをめざしながらも，実際には日常生活でも仕事でも使う必

8）第三の場は，自宅とも職場や学校とも異なる，心地よくくつろげる場所を指す。
9）ここで「場」というのは，必ずしも空間とは限らない。今やエスペラントはオンラインコミュニケーションがきわめて盛んな言語である。

要がないエスペラントは,「テラスカフェ」に集って異なる背景の人々と語り合う余裕がある人がその恩恵を被っているというのは,エスペラントの置かれた現状の最大の矛盾だろう。

特定の国や民族,地域によらない国際的な交流を望む人にとっては,もともとの理想を度外視しても,エスペラントは一つの便利な選択肢を提供している。特定の民族集団や地域に依拠しない開放性と,少数言語にみられるような「顔のみえる関係」の形成による連帯感をあわせもつエスペラントは,「開かれた限定性」の強みを生かしていくことに,媒介言語としての独自の可能性があると考えることもできる。

英語とエスペラント

以上みてきたエスペラントの特徴は,英語ときわめて対照的である。英語が,英語圏の世界的な重要性と結びついて普及してきたのに対し,特定の国や地域との結びつきを持たないエスペラントは,それを推進する社会的・政治的・経済的な勢力を持たない。そのことは,普及を妨げる要因であるとともに,エスペラントの理念としての対等性を支え,学習の動機づけにもなってきた。英語については,その普及度の高さから,英語を学ぶことが実用的であることを主張できる。それに対して,エスペラントの観点からは,英語を今後も共通語とすることで,非英語圏において世代ごとに,自言語に加えて英語を学習し続けなければならないことは,非効率的であるとともに不平等であることが提起される(Brosch & Fiedler 2018: 501)。学習が容易なエスペラントの方が,学習負担は少なく,かつ平等だと主張される。ただし上でみたように,対等性と効率性についてのエスペラントの利点は相対的なものである。エスペラントもこれらの点において完璧ではないという批判に対して,グランは次のように述べる(Grin 2008: 81;強調は原文)。

> エスペラントは,明らかにどんな自然言語よりも習得が容易であるので,またエスペラントを採用すれば,毎年何十億ユーロも不公正(アンフェア)に〔英語学習関連の費用を英語圏に〕支払うことが一挙になくなる以上,英語を支持するためにエスペラントを否定することは,社会民主主義が決して**完全**に機会の均等をもたらすことがないことを理由に封建主義の方が社会民主主義より望ましいと主張するようなものである。

このようにみると，英語とエスペラントは対立するようにみえる。しかし英語に関する議論のなかで，ELF 論は，エスペラントと基本的な現状理解と問題意識を共有していることも事実である。ELF 論が盛んになっていることは，特定の民族語が共通語になることによる不公正の問題が看過できないという，エスペラント支持者の積年の主張を裏付けている。

さらに，その具体的な対応策としてエスペラントの効率性に関してあげられた特徴の多くは，ELF について議論されていることと似ている。前節でみたように，エスペラントの主要な言語的な特徴である規則化，簡易化，明示化の傾向は ELF の研究でも指摘されていることである。また ELF はその場その場での意味の相互交渉性を強調して，まさにエスペラントが，意味を保証する共有された地域文化を持たないとして批判されてきたことを長所として打ち出している。最も根本的なのは，規範の問題だろう。ELF 研究では，英米規範の絶対視を乗り越えることが言われているが，エスペラントは，特定の第一言語話者を規範とするのではない国際コミュニケーションのあり方を実際に示して ELF の理念を実現している。ELF について，既存の用法などにとらわれず「個人の表現を自由かつ効果的にする」（Seidlhofer 2011a: 80）というのはエスペラントの実践が重視してきたことにほかならない。また慣習による規範ではなく，その言語における創造的な可能性を発揮することをめざす比喩として，ザイドルホーファー（同上：110–119）は，チェスのルール上ありうる広い可能性と，実際の試合でみられる限られた特定のパターンを比喩としてあげる。そして，慣習的な特定のパターンに沿わなければならないというのが，いわばこれまでの英語（に限らず標準化された民族語）のあり方だったとすると，ルール上の可能性を活かして新しいパターンを実現するのが ELF の特徴であるとする[10)]。ルールに則るすべてのパターンを OK として発展してきたのがまさにエスペラントであり，この点で ELF は英語のエスペラント化をめざしていると言っても過言ではない。

現代の媒介言語論の文脈を離れて，より大きな言語史のなかでみれば，ELF とエスペラントの言語としての共通する特徴は，言語接触論において，大量の成人が第二言語を学んで使う際に起こる言語簡易化（simplification）と

10）ただし，諸言語の影響を受ける ELF には決まったルールはないという異論もある（Jenkins 2015）。ELF のそのような可塑性は，後述するようにエスペラント論者の批判を招いている。

して指摘されていることにほかならない。トラッドギル（Trudgill 2010）は，言語接触を繰り返してきた英語史において，過去にも規則化（例：holp→helped, kine→cows）や透明化（例：twice→two times, seldom→not often），余剰性の喪失（例：古英語にあった与格の喪失）などが起こっていたことを指摘する。幼い頃から生活の中で学ぶのではない言語の場合，不規則や不透明な構造，余剰性は学習者にとって障害となるため，縮減されるという。現在，ELFで指摘されている特徴が，そのような英語の変化の延長線上にあるとすれば，成人学習者にとっての学びやすさを意図したエスペラントはこれらの特徴をあらかじめ計画的に先取りしたのである。

また課題も，ELFとエスペラントは共通する点が大きい。多くの人が抱く，特定の地域に結びついた固定的なものとしての伝統的言語観がELF受け入れへの最大の困難をもたらしている（Seidlhofer 2011a: 83）というのは，そのままエスペラントの抱える困難と重なる。また，多様化して相互の意思疎通に支障をきたすのではないかという疑問について，ザイドルホーファーは，ELFは相互の意思疎通が目的なので，おのずと，多様性は，相互に理解可能な方向で調整されるだろうと述べている（同上：196）。これはエスペラントへの疑問とそれへの応答と同じである。

このように理念も特徴も課題も共有する部分が多いにもかかわらず，あるいはだからこそだろうか，ELF論者からはエスペラントとの違いを強調する見解がみられる。ザイドルホーファーは，現場の実践から生み出されてその機能性がいわば実証済みのELFと，あらかじめ形式的特徴を決めるエスペラントなどの「人工的な補助言語」を対置させて，人々が既存言語の潜在的可能性をどのように活用するかを明らかにする方が望ましいとする（同上：171–172）。そして，ELFの実際を調査することで，何がELFで大切かわかるようになってくるだろうと述べる（同上：208）。しかし，これはエスペラントの現実を知らない架空の対置にすぎない[11]。実際には，ELFが主張していることを，そして恐る恐る断片的な事例から示そうとしていることを，エスペラントは100年以上前からはるかに明確に，はるかに大胆に実践・実証してきたのである。また意図しない発展（同上：172）によって生まれた実例に基づく実証を重視するELF論者には，ELF研究で見出された合理的な

11）これは言語政策研究においてしばしばみられる「自然」と「人為」の不毛な二分法（木村 2017b）のさらなる事例である。

変革を自ら推進しようとする動きはみられないようだ。このような観察的な姿勢も，自らの実践を含むエスペラント論者とは際立った違いである。

一方，エスペラント論者も，比較においてエスペラントとELFの違いを強調している。ELF論で言われていることをすでに実践してきているエスペラントの観点からは，威信の高い文化伝統を持つ英語を英語圏の文化から切り離そうとするELF論の方が現実離れした理想論にみえるようだ。ゴッボら（Gobbo & Marácz 2021）は，共通語としての英語とエスペラントを比較する論考で，英語母語話者規範から脱却すべく「混質性」（hybridity）を特徴とみなすELFが事実上拠り所を持たないことを指摘する。そして，中核的特徴を明示化することで特定の話者を基準とすることから脱却し，自由な発展をとげてきたエスペラントの方が実効的な相互理解をもたらすと主張する。

第一言語話者規範による言語のあり方に代わる機能的な特徴を実践のなかから導き出すか計画的に明示化して実践するかという違いはあるものの，ELFとエスペラントの共通点を活かす方向性も考えられるのではないだろうか。エスペラント論者は，これまでエスペラントが批判されてきたことを長所として打ち出すELFを，むしろ積年の主張への追い風としてとらえることができる。エスペラントは，民族語ではないことによってしばしばいびつな言語とみなされてきたが，ELFの観点をふまえると，共通語としての機能にみあった言語ということになる。一方，ELF論者は，ELFの掲げる主要な論点について，異言語間コミュニケーションの実験場においてエスペラントがより先鋭な形で実践していることを認めて，先例として参考にすることができる。エスペラントに目を向けることは，ELFに関する議論を先に進めるとともに地に足のついたものにするために役立つにちがいない。実際，上述（2.1）のGlobal Basic English（GBE）の教育は，規則的な言語の方が早く習得されるというエスペラント教育の学校における実験結果に基づいている。

使用者が数（十）万程度のエスペラントは，普及度という点ではとうてい共通語として英語に取って代わる存在ではない。しかし国際交流の一つの選択肢として，また英語教育や異言語間コミュニケーションのあり方への問題提起として，注目に値する存在といえるだろう。

コラム2 英語の共通語化とブレグジット

2020年1月31日をもってイギリスはEUから離脱した（ブレグジット）。この出来事はヨーロッパにおける英語の共通語化と少なからず関わっている。ここでは，ブレグジットの背景要因の一つとしての英語の共通語化と，ブレグジットがEUにおける英語の共通語化にもたらす影響について考えてみたい。

英語の共通語化がブレグジットの一因というのはどういうことだろうか。イギリスにおけるEU離脱派の主張の一つは，EUからの労働者が大量にイギリスにやってくるのを止めることであった。これはとりわけ中東欧諸国がEUに加盟した2004年以降の就労移動を指す。イギリスに職を求めた労働者のうち最も数が多いのがポーランド人で，2004から2011年の間に，50万人以上のポーランド人がイギリスに住むようになり，イギリスで，ポーランド語が英語に次いで家庭で多く使われる言語になったと言われる（Piller 2016: 155）。

ではなぜポーランド人をはじめとする中東欧の人々が大挙してイギリスに新天地を求めたのか。まず，制度的な面がある。イギリスは，2004年5月のEU東方拡大後，すぐに新規加盟国に労働市場を完全開放した。それに対してポーランドに隣接するドイツなどは，大量の労働者の流入を恐れて，就労移動の開放を先延ばしした。ドイツが隣国に門戸を完全に開放したのは2011年になってからである。

しかし制度的な理由だけでは説明できない。スウェーデンもイギリスと同時に門戸を開いたが，スウェーデンの方が社会保障なども充実していたにもかかわらず，スウェーデンに行く人はそれほど増えなかった（表）。大きく増えたのは，イギリスとアイルランドであった。イギリスは，以前から移民を受け入れてきた国であるということもあり，アイルランドの場合，ポーランドと同じカトリック国という側面もある。しかしイギリスとアイルランドの両国に共通するのは何よりも，英語国だということである。職種による違いはあるが，国外への就労移動の際，最大の実際的な障壁となるのは言語である。このことはEUやOECDの調査でも示されている（European Commission 2010: 24, 26; Gazzola et al. 2018: 44）。英語が共通語として各国で学ばれたことが，主にイギリスへの就労移動のハードルを低くすることにつながり，はからずもEU離脱の一つの動機づけをもたらした面があると考えられるのである。

一方，ブレグジットの後，EUで英語の地位がどうなるかということも関心を集めた。1973年にイギリスがヨーロッパ共同体（EC）に加盟した際，イギリスの公用語であることをもって英語はEC（後にEU）の公用語となった。よって，厳密に考えると，イギリスの離脱とともに英語はEUの公用語でなくなるという解釈もありうる。そのほか英語を公用語の一つとするアイルランドはアイルランド語を，マルタはマルタ語をEUでの公用語としているので，EU公用語は各国一つずつという原則からすれば，英語はEU公用語としての法的根拠を失うのである。しかしそうなると，英語に大きく依存しているEUが困るので，この可能性はEU自体では表立った議題とならずに今日に至っている。イギリスの離脱によって，EUにおける英語第一言語話者の割合はEU人口の13%から1%ほどに大きく減った（ほぼスロヴァキア語と同程度である）。これは，一方では，公式文書などでの英語の質を保証してきた英語第一言語話者に頼れなくなる場面が増えるということである。他方，第一言語話者とそれ以外の人の間の言語的な不公平がかなり解消される。第一言語話者に頼らないことをうたってきたELF論からみれば，EUにおいて英語はより理想的な共通語（当事者言語よりも追加言語）に近づくともいえる。イギリスの置き土産としての英語は今後，EUでさらに共通語として使いやすくなる（いわゆる「ユーロ・イングリッシュ」）ことも予想される。

以上のように，英語の共通語化がブレグジットを後押しし，またブレグジットが英語の共通語化を後押しする，というように，EUにおいて両者は相互に深く関わっているのである。

表　2か月以上外国に滞在するポーランド人の滞在国（千人単位，Kimura 2014aより）

滞在国	2004年5月	2004末	2006年末	2007年末
イギリス	24	150	580	690
アイルランド	2	15	120	200
ドイツ	294	385	450	490
スウェーデン	6	11	25	27

第３章
なぜ相手の言語を学び使うのか

3.1　なぜ共通語だけではだめなのか――多言語・複言語主義

英語以外の言語を学ぶ意義

前章では共通語という方略について検討したが，本章では，自分がコミュニケーションをとりたい相手の言語を学んで意思疎通をはかる方略について考えたい。英語が共通語として普及している今日，英語以外に相手言語をあえて学ぶことはもはや不要だという考え方がしばしばみられる。そこで，共通語を学び使うだけでは何が足りないのかということを確認したうえで，ヨーロッパで相手の言語を学ぶことがどのように議論されているかを検討する。

まず，そもそもなぜ異言語を学ぶ意味があるのかを，言語の基本的な機能に立ち返って考えよう。言語には，大きく分けると，伝達，認識，連帯という３つの基本的な機能があるといえる。他者と情報のやりとりをするのが伝達機能である。認識機能は，私たちが第一言語を身につける過程で，ある社会の常識を内面化するように，言語が世界を把握するための枠組みとなることを指す。また連帯機能は，言語が仲間（集団）を形成したり，逆に人と人の間を切り離す作用を持っていることを指す。言語はアイデンティティと密接に関わっている。

言語はコミュニケーションの道具と言われるように，あたかも伝達が主要な機能であるかのように理解されることが多い。しかし私たちはふだん言語で物事を考え，ことばのやりとりによって人間関係や社会を形成している。認識や連帯の方が言語の本源的な機能であり，伝達はそれらを支える機能だという見方も可能なのである。そのように考えるかはともかく，少なくとも，言語を伝達機能に還元することは，言語の表面的な気づきやすい役割にのみ気をとられた，あまりにも偏った言語観であることは確かである。

では，3 機能のそれぞれについて，英語以外の言語をも学ぶ意義を確認していこう。まず伝達については，自言語で通じる人の範囲をこえて，直接に意思疎通がとれる相手の範囲が広がるのが，伝達に関する異言語学習の基本的な意義であることは言うまでもない。未曾有の広がりをみせているとはいえ，前章でも確認したようにこの観点から英語は万能ではない。全員が英語を学んでいるはずの日本をみてもわかるように，非英語圏では英語力に大きな開きがある。英語が比較的普及していると思われるヨーロッパでも，住民の多くとは依然として英語で意思疎通をはかることができない。より高度なコミュニケーションが取れる人の範囲はさらに限られる。

認識面でみると，言語が異なると，異なったことが異なったやり方で表現され，語られる。非英語圏で英語が用いられる際は，往々にして，意識的・無意識的に「外向け」に伝えたいことが取捨選択されて加工されて語られることになる（木村 2016)。英語を使って日本のことを発信するときには，外国人に知ってもらいたいことを述べるということを思い浮かべればわかるだろう。よって，英語のみの情報で現地のことがわかったつもりになると，勘違いに陥る危険がある。それに対して，現地語によってなされているやりとりを理解し，それに加わることで，その人々の間で交わされる情報や考えに直接，接することができる。そのような，それまで知っていたのとは異なる考え方に触れて，複眼的なものの見方を身につけることが異言語学習の一つの目標となる。そこまでいかなくとも，自言語や共通語ではみえなかった別の視点がありうることに気づくだけでも大きな一歩である。

また連帯面については，海外に旅行したとき，現地語で簡単なあいさつをするだけで場がなごむ経験をしたことがある人は少なくないだろう。相手言語で意思疎通がはかれることが英語圏以外の地域の人々とより親密な関係を築くカギとなる。主に英語で意思疎通をはかる場合でも，相手言語を少し使うことで，相手の心をつかむことができる。さらに，現地語で話せることは，その地域に溶け込む前提といえる。

このように，第一に英語だけでは伝達に限界があり，仮に英語が通じたとしても，新しい物の見方や人間関係をもたらす英語以外の言語を学ぶ意義はなくならない。新たな言語に接すること，さらにはそれを身につけることで，必然的にものの見方が柔軟になり人間関係が豊かになるわけではないが，異言語学習は，そのための有効な手立てとなる。英語が浸透するほど，英語以外の視点をも体験し，「知ってるつもり」の勘違いを乗り越える意義や，あえて相手言語を学んだことを相手から評価されることで得られる心理的な効果は，むしろ高まるとさえ考えられる。

ヨーロッパ統合の深化のために

このような観点をふまえて，ヨーロッパでは，相手言語の学習・使用は，ヨーロッパ統合を深化させるために必要不可欠として推進されている。たとえばEUは，地理的な空間でさまざまな言語共同体が共存することを尊重するとともに，一人の人が複数の言語を使うことができる，という二つの側面を持つ多言語主義を掲げている[1)]。この多言語主義は，自言語使用の権利と，相互の言語学習という両面から成り立つといえる。後者については，具体的には，EU市民が母語+2言語を身につけることを目標として打ち出している。互いの言語を学び合うことで相互理解を深めることをめざすという考え方は，幾度も争いを繰り返してきたヨーロッパの歴史からの教訓に基づいている（大谷2010)。EUの加盟各国の首脳会議である欧州理事会による2019年の「言語教育・学習への包括的アプローチに関する勧告」(European Council 2019）では，多言語学習がヨーロッパ・アイデンティティを強め，ヨーロッパの民主主義に資するとともに，仕事のうえでも，すなわち経済面での関係強化のためにも重要であることなどを確認したうえで，加盟各国の教育機関や関係部署がさらに協力して包括的な多言語政策を進めることを促している。

多言語学習が民主主義に資するというのはわかりにくいかもしれない。政治哲学者のハーバーマスは，民主主義を支える公論形成の場としての公共圏の意義を提唱してきたが，政治学の議論でしばしばみられるように，共通語の存在を自明視してしまっている点が批判された（Gerhards 2010: 58)。実際，以前はみなが共通語を学べばよいと考えていたようにみえる（Habermas 2001: 103)。しかし近年は，「一国家内部の公論形成の場の上に，独自のメディア，たいていの場合には英語のメディアを持つ，ヨーロッパ次元での一つ

1）Framework strategy for multilingualism（2005）https://europeanlaw.lawlegal.eu/framework-strategy-for-multilingualism/

の公論形成の場を作ろうという階層的な発想は誤っている。」（ハーバーマス 2019：198）として，次のように述べている。

> 国民国家と比べれば相対的に弱くとも，こうしたヨーロッパのアイデンティティを形成するためには，ヨーロッパ全域にわたる政治的な公論形成の場〔政治的公共圏〕が特に重要である。ヨーロッパ次元での公論形成の場は，国内次元での公論形成の場が相互に開かれ，反応し合うことによってのみ，生まれてくるものだ。これによって多言語性という障壁は，論じる必要のないものとなる。（196–197）

この見解は，相互に言語を学び合うことで，自国以外の言論状況にも触れることができるということを指すと解釈できる。このような，国や言語の違いをこえた相互浸透的な公共圏がEUの民主主義を作るというのは，多言語主義がヨーロッパの民主主義に資するとするEUの立場でもあると考えられる。単一の共通語に基づく言語編制は，言語的・文化的多様性の尊重を統合のイデオロギー的基盤に据えるEUにとっては受け入れられないのである（Rindler-Schjerve & Vetter 2012: 14）。

ただし，EUのようなヨーロッパ機関は，直接に教育に関わる権限を持たないため，実際の政策は加盟各国にゆだねられている。よって，必ずしも各加盟国が歩調を合わせているとはいえない。しかし実際，加盟各国では，それぞれ多かれ少なかれ，多言語教育に取り組んでいる（大谷編 2010）。また他国での教育において自国の言語を普及させるという政策は，かつては露骨な勢力拡張政策という側面を持っていたが，現在では，EU統合という枠組みのなかで多言語主義の促進に資するとして正当性を与えられている。たとえば，ドイツ外務省で対外的な文化政策に関わったホフマンは，英語でコミュニケーションをとるだけでは，ヨーロッパ諸国の間のつながりを深めることに貢献せず，EU市民がEU統合を「自分事」として受けとめなくなるとする。ホフマンによれば，隣国の間で，人々が包括的な意味で本当に理解し合うためには，相手の文化的な自己理解の深層構造の把握がひと握りの専門家によってのみ行われるのでは不十分であり，国民の広い層にいきわたっていなければならない。そして言語と文化が切り離しがたく結びついている以上，その前提となるのが，確かな言語知識ということになる。よって，相互主義を前提としたうえで，自国語の普及に取り組む意義があるとする（Hoffmann 2000 : 63)。

とりわけ，歴史的に領土争いを含む紛争の前線となってきた国境地域では，隣国の言語を学ぶ意義がたびたび強調されてきた。隣国語教育に関わってきた専門家は，国境地域における相手言語の学習がもたらす越境的な地域意識が，ヨーロッパ市民としての意識の醸成のための前提であるとしている（Raasch 1999, 2008)。ラーシュはこう断言する（Raasch 1999 : 74–75)。

> グローバル化の問題に適したコミュニケーションの道具は英語であったとして，他の言語には異文化間の対話を紡ぐ役割があり，それが異なる文化圏が親密になっていく前提である。(…) はっきり言おう。国境地域，すなわち隣人間のコミュニケーションには，英語ではなく，隣国語の知識が必要であり，しかも相互に必要である。経済的な格差にかかわらず。

複言語主義とは何か

異言語間コミュニケーションを単一の共通語に頼らないという方針を，より個人の言語能力にひきつけて具体化して示しているのが，欧州評議会である。EU とは別の組織である欧州評議会は，法の支配や人権，民主主義，文化協力などに重点を置く国際機関であり，ヨーロッパ次元の言語政策に関しても重要な役割を果たしてきた。欧州評議会が出した「ヨーロッパ言語共通参照枠」(CEFR；2001 年）は，日本では主に A1 から C2 に至るような言語能力のレベル分けの指標が知られているが，CEFR の眼目は，複言語主義を推進することにあり，言語能力に関して，個別の言語をこえた共通の基準や指標を提示しているのはそのための手段である。複言語主義は，社会や組織においてさまざまな言語が使用されることを認めて促進することを含む多言語主義と区別して個人に焦点をあてて提起された概念である。社会における多言語の尊重だけでは，異なる言語が単に併存する可能性もある。それを乗り越えて異なる言語を話す人々の間のつながりを深めようとするのが複言語主義の眼目といえよう。複言語主義には，価値としての複言語と，能力としての複言語の二つの側面がある（欧州評議会言語政策局 2016：19)。価値としての複言語というのは，言語の多様性を尊重し，言語的・文化的な違いに寛容な姿勢を指す。そして能力としての複言語とは，いわば言語の多様性の尊重を個人が言語能力において体現することであり，複数の言語に関する諸能力が機能的に統合されていることを指す。

こうして，教育機関では，生徒が複言語能力を身につけて活用する機会を与えることが重視され，さらに，言語学習は学校を出たら終わりではなく，一生をとおして発展させていくことがめざされる。またCEFRでは，複言語主義が複文化主義の一環であることが述べられ，言語と文化の結びつきを確認している（欧州評議会2004：6)。この点からも，ELFのように特定の文化的背景から切り離されることをうたう共通語というよりは，文化と結びついた相手言語の学習に重点を置いていることがわかる。

以上の説明からもうかがえるように，従来の言語教育の発想と異なる複言語主義の特徴は，第一言語話者を目標としていないこと，そして機能的な部分能力を評価することである。多少単純化して言えば，従来の異言語教育においては，読む書く話す聞くといったいわゆる「4技能」において，学習言語を第一言語とする人に少しでも近づくことが理想とされ，そこに至らないのは，学習が足りないとされてきた。それに対して，CEFRでは，従来の読む書く話す聞くといった4技能よりもコミュニケーションの現実に即した分類として，言語活動を受容（reception，読む，聞く），産出（production；話す，書く），やりとり（interaction），仲介活動（mediation；通訳，翻訳）の4つに分けている。そして，学習者が，自分の目的に応じて何ができるかに注目し，言語活動の種類ごとに，また言語によって，できることが異なっていてよいとする。そのような各言語の部分的能力を組み合わせて，それぞれの必要とすることや望むことが達成できればよいのである。たとえば仕事のうえで英語でやりとりし，趣味でフランス文学を愉しみたい人は，英語の長文を読むのが苦手でもフランス語で会話ができなくてもかまわないのである。

これらの特徴は，指標を再検討して拡充したCEFRの増補版[2)]（Council of Europe 2020）において，さらに明確になっている。2001年版ではまだみられた「母語話者」（英語版ではnative speakers）という表現が指標の記述から削除されている。たとえば発音について，理想化された母語話者の発音をめざす従来の教育では，いわゆるなまりは否定的に評価されたが，CEFRの新しい

2）といっても，単に記述を付け加えたものではなく，むしろ2001年版を前提とした独自の文書である。英語，フランス語，ドイツ語のタイトルでは，companion volume（姉妹編・手引書），volume comlémentaire（補完編），Begleitband（付随編）となっている。

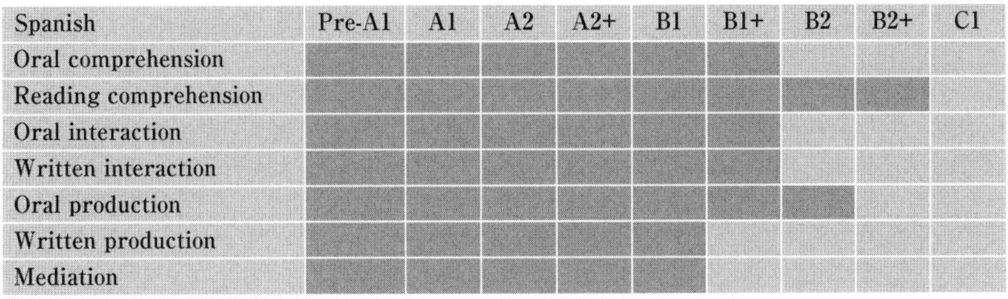

Spanish	Pre-A1	A1	A2	A2+	B1	B1+	B2	B2+	C1
Oral comprehension									
Reading comprehension									
Oral interaction									
Written interaction									
Oral production									
Written production									
Mediation									

図 1　ある言語の習熟度

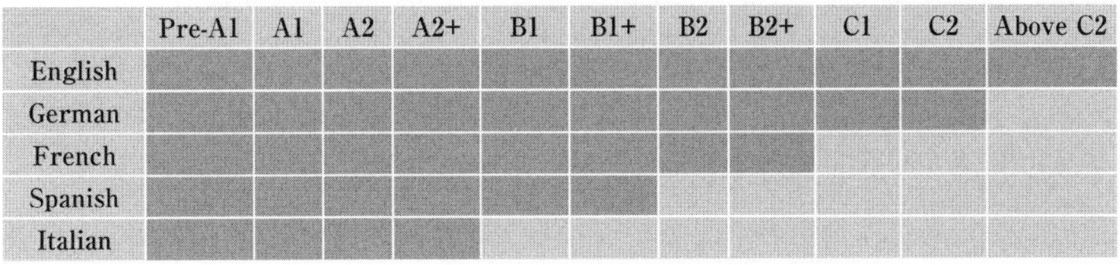

	Pre-A1	A1	A2	A2+	B1	B1+	B2	B2+	C1	C2	Above C2
English											
German											
French											
Spanish											
Italian											

図 2　言語ごとの口頭表現の理解力

指標では，母語話者と同じかどうかという正確さよりも理解可能性という観点から判断した方が有意義であるとしている（Council of Europe 2020: 243）。

増補版ではまた部分的能力が具体的に例示されている（同上：40）。図 1 はある言語における諸能力を，また図 2 はある言語活動（聞き取り能力）を言語ごとに示している。言語活動によって，また言語ごとに到達度に違いがあることは解決すべき問題ではなく，この複言語能力が全体としてその人の必要性や希望を満たしているかどうかが肝心である。そしてそれは外部のだれかが判断することではなく，本人が判断することである。英語という一つの言語の各技能をまんべんなく伸ばすことをめざすような日本の英語教育における CEFR 指標の使い方とは真逆の発想といってよい。

個人の言語学習および言語能力を記録し，複言語主義を促進するツールとして，「ヨーロッパ言語ポートフォリオ」が提唱されている。言語ポートフォリオは，国や使用言語，対象年齢（児童生徒か成人か），目的などによって何十種類も作られているが，基本的に，言語能力を示す「言語パスポート」，過去の使用経験や現在の使用状況，今後の目標を記す「言語履歴」，そして実際の学習成果や言語使用を保存する「資料集」の 3 部分からなっている。ポートフォリオによって複言語能力の達成や現状，目標を明確化することで，言語学習の励みとすることが期待されている（コラム 3）。

複言語主義は，このように，相手言語の学習，使用を広く進めようとする理念に基づいている。しかしこれを理想主義とみなすのは一面的である。CEFRは，むしろヨーロッパの現実を反映し，それを認めようとするものでもある。ヨーロッパの異言語間コミュニケーションに関する研究では，たとえば企業などの組織で英語がいわゆる社内公用語として指定されていたとしても，現場では英語ではない当事者言語も使用されていることが明らかにされている（Unger et al. 2014）。

またELFと相手言語使用の効率性を比較するために，ファン・ミュルケンとヘンドリクス（van Mulken & Hendriks 2014）は，相手言語ができるドイツ人とオランダ人の学生に課題を与えてその達成をはかる実験を，ドイツ語，オランダ語，英語をそれぞれ使った場合について行った。それによると，英語を使った場合は表現の厳密さに欠けるなどしてかえって時間がかかったのに対して，話し手と聞き手のどちらかが第一言語を使っている場合，第一言語話者が助け舟を出すなどしてより順調に課題が達成できたという[3)]。相手の第一言語を使用することで，相手に意図がよりよく伝わる面もあるだろう。もちろんこれは当事者の言語能力によって結果が大きく異なるので，一般化できない。しかし，単一の共通語の方が必ずしも効率的であるわけではなく，ヨーロッパのさまざまな場面において，共通語能力があったとしても相手言語使用がみられることについての一つの説明になっているだろう。同論文は，暫定的な結論として，企業などの組織に向けて，社員が企業言語以外の他の言語を使うことを認め，ELFを多言語組織における多くのコミュニケーションのやり方の選択肢の一つとみなす方が単一の企業言語に依存するよりもよい対処法だろうと提言している（419–420）。

多言語・複言語主義への批判

EUの推進する多言語主義や，欧州評議会が掲げる複言語主義に含まれる，相手言語を相互に学び合うという方針は，異言語話者間で相互の尊重と理解を深めるための方策として，申し分がないようにみえる。しかし，批判的な意見もみられる。一つの批判は，不平等に関するものである。個人レベルで

3）欧州評議会も，「母語話者が相手のエラーや不正確な点に適応し，学んだり，よりよくコミュニケーションしたりできるよう非母語話者を手助けする」ことを当事者言語を用いる利点としてあげている（欧州評議会言語政策局 2016：143）。

は，複言語主義は，学校教育においてすべての人を対象にすることをうたうものの，結果的に，複数の言語を使いこなすエリートを優遇する新自由主義的な不平等の是認に加担しかねないという批判がある（Flores 2013）。またいろいろな言語を学ぶといっても，実際は，多く学ばれる大言語と小言語の格差が是認され，いくつかの大言語の覇権争い（hegemonic multilingualism）になってしまうという見解もある。実際，上にあげたドイツの外務省担当者の発言の例のように，英語以外に広く学ばれる大言語にとって，多言語主義や複言語主義は好都合といえる。一方，学ばれない言語にとっては，むしろ英語単一の方が学習の負担が少ないという点から好ましいという見方もできる。Ammon（2006）は，英語以外のEUの言語は，フランス語，ドイツ語，スペイン語，イタリア語といった，比較的学ばれる言語とそれ以外の言語に分けられ，多言語主義に対する立場も前者と後者では異なりうるとする。このような問題についてモッチェンバッハは次のように指摘する（Motschenbacher 2013: 6）。

> 異言語教育によってヨーロッパの多言語主義を促進することはこれらの言語的対立を軽減することにはならない。なぜならば，実際には人々は限られた（ヨーロッパ）言語を学ぶことしかできず，多くの国語は学ぶ対象に含まれないからだ（国語の地位を持たない言語は言うまでもない）。

そしてモッチェンバッハは，大言語の覇権争いと，大言語と小言語話者の不平等は，英語をヨーロッパの唯一の共通語とすることで避けることができるとする（同上：8–10）。

もう一つの批判は，ヨーロッパにおいても英語がすでに共通語として広く使われている現実が多言語主義や複言語主義の言説によって覆い隠され，効果的な言語教育や言語使用の政策が行われることを妨げているというものである。ザイドルホーファー（Seidlhofer 2011b）は，コミュニケーションにおいて統一性（共通語）が求められているのに，多様性のイデオロギーによって英語がその役割を十分果たすことができていないとして，英語の地位を認めない多言語主義に疑問を投げかける。ライト（Wright 2013）も，EU機関での参与観察に基づいて，多言語主義をうたいつつ実際には英語が使われる度合いが高いことを指摘して，言行不一致ないし建前と現実の乖離を批判する。

これらの異なる観点からの二つの批判は，いずれも英語と関連するものであるが，少数言語の観点からも，同様の見解がみられる。ジオルダン（2004）は，国家語の地位を持たない地域的な少数言語保護の観点から，現在の，加盟国の公用語のみを重視して少数言語を考慮しないEUの多言語主義からの脱却を訴え，大言語の間の「野蛮な競争」をやめて「英語を加盟国全体のコミュニケーション言語として認めてしまうことが，他の言語，他のすべての言語の生命を支える力を発することになるのではないだろうか。」（76）と問う。大言語をいくつも学ぶことをめざすのではなく，国際コミュニケーションの道具としての役割に限定した英語教育によって，地域的な少数言語を学ぶ場が確保されるという期待である。ジオルダンは，三つのレベル，すなわち地方言語，国語，そして国際語に分かれた複数言語教育プログラムが望ましいとする。

以上の批判に共通するのは，多言語・複言語主義が，いずれも言語教育に関しては事実上，相手言語を学ぶという前提に立っているため，共通語が想定されていない，あるいは少なくともその位置づけが不明確だということである。自言語使用の権利と，相互の言語を学び合うというEUの多言語主義のいずれの側面からも，共通語という存在が公的には考慮されていない。また次の引用が示すように，複言語主義という共通方針は，それ自体，共通語という方略への対案である。

> 財と人の自由な循環を言語面で保証するためだけならば，一つあるいは複数の特定の共通言語（リンガフランカ）を公的に導入することで足りるだろうが，それは，ヨーロッパ人の間での文化的連帯には，あまり大きな影響を与えることはない〔すなわち，貢献しない〕だろう。ヨーロッパが必要としているのは，共通言語というよりも，言語に関する共通方針なのだ。（欧州評議会言語政策局 2016：49）

一方，複言語主義は，第一言語話者の特権を廃する方向性においては，ELF論と親和性が高いようにみえる。実際，英語についての議論でみたように，ELF論者の多くはELFを複言語主義の一環として位置づけているといえる。しかし，CEFRの枠組みでは，それぞれの言語の能力はすべて価値あるものとして扱われ，共通語という役割を担う言語の特別な地位は想定されていない。共通語を推進しようとする論者からは，共通語が相手言語学習・使用とは異なる意義を持つ現実や可能性を反映していない，考慮していないということになるのである。

なお，共通語の位置づけがないというのは，英語のみならず，エスペラントにもあてはまる。EU では，加盟国の国語を EU の公用語にすると決められている。となると，エスペラントはいずれの加盟国の国語でもないので，現在の EU の法的な枠組みでは，EU 公用語になれない。教育についても，EU は，言語教育を異文化理解と関連づけて推進しているので特定の文化的背景を持たない人工言語の教育は促進しないという見解を出している（Gados 2011: 146–147)。多言語担当の欧州委員だったオルバンは，エスペラントについての見解を聞かれて，エスペラントに限らずそもそも「共通語というものを信用していない。それが英語だろうがラテン語だろうが」と答えている[4)]。これは個人的な見解として述べられたものであるが，EU の公式の立場に沿うものでもある。

共通語と相手言語の住み分けに向けて

ヨーロッパにおける共通語のあいまいな位置づけに対して，共通語と相手言語をより明確に区別することで，共通語の存在をも想定した多言語・複言語主義を打ち出す提言もみられる。ここでは，欧州委員会によって招請された有識者集団による提言をとりあげる（European Commission 2008)。この提言ではまず，EU の調和と統合のためには多言語主義が不可欠であるとしたうえで，EU 諸国民の二者間関係においては第三者言語よりも双方の言語（相手言語）に重点を置くべきであると述べている。どの国においても，経済，政治，文化などの諸領域において対応できるのに十分な数の，相手言語の能力を持った人が必要であるとする。ここまでは，これまでの EU の方針をなぞるものである。

特徴的なのは，英語と他言語が競合する現状は望ましくないとして，学習する異言語の選択において，2 種類の選択を区別することを明確にしていることである。一つは，広く使える言語をどれか一つ学ぶということ。もう一つは，何でもいいから，自分の好きな言語をやってみようということを述べ

4）多言語主義に関する公開フォーラムにおける質問への答え（20080206)。http://forums.ec.europa.eu/multilingualism

ている。後者については，母語および英語のような国際語とは別に，ヨーロッパ市民は自分にとっての「養子言語」(personal adoptive language＝PAL) を持とうということが提案されている。英語など，広い範囲のコミュニケーションをめざす実用・実利第一の言語とは別に，なんらかの言語を自分のものとして，いわば養子のように引き受けて大切に育てようという発想である。そしてその，第二の母語ともいうべき養子言語を，その言語を話す人々との交流に積極的に使おうということである。これは，EU の掲げる「母語＋2 言語」の，「＋2 言語」の内実をより明確にする趣旨といえる。

いわば広く浅くコミュニケーションをとるための言語と，通用範囲は狭くとも，より深く他文化・他地域を知るための「養子言語」があるということになる。共通語という言い方はせず，広いコミュニケーションの言語としてはフランス語などでもよいとはしているが，この方向性をつきつめれば，共通語と相手言語の住み分けという論理になりうる。

なお，この提言では，移民にとっては通常，移住先の言語が「養子言語」になるだろうとするとともに，移民の言語も，EU 市民の養子言語に含まれるよう働きかけるべきだとしており，少数言語への配慮もしている。ジオルダンの提起していた地域的な少数言語についても，復興・再活性化をはかる際に同じように養子言語に含めて考えることができる。

その後，EU 機関から出された文書でも，英語を使う場合，「どちら側も相手を自分たちの間に本当に受け入れる努力も，自分が相手の中に本当に受け入れられるための努力もしていない。」(European Commission 2011 : 48) と，共通語の限界を指摘しつつも，共通語に一定の意義を認めている。この方向性は，前章でとりあげた ELF 論やエスペラント論のような共通語論における，共通語を他の「異言語」と区別する議論と発想が同じである。今後，共通語が実際に相手言語とは異なる役割を持っているということを認める方向に議論が向かうかどうかが，異言語間コミュニケーションという観点からみた場合の多言語・複言語主義の焦点といえるだろう。

3.2　究極の理想主義？ ――自言語不使用

前節でとりあげた相手言語学習について，ヨーロッパ次元では相互学習がめざされている。しかし，実際の異言語間コミュニケーションの場では，当事者言語が使われる場合，どちらかの言語が使われることが一般的だろう。DYLAN ではこの方略を「単一・異言語使用」と呼んでいる。本書の用語では「単一の当事者言語」という方略である。そのような形態は，相手言語を学び使う側にとって相手の言語をとおして相手の社会や文化に接する機会として推奨されているが，言語的に一方的な歩み寄りということになり，非対称的な言語使用であるのも事実である。そこで，学習した言語を相互に使うという方略が提唱されている。これは，当事者のいずれも第一言語を使わないことに眼目があるので，「自言語不使用」と呼ぶことができる。

相手言語の相互使用の古典的な例として，842 年に西フランク王国の国王シャルル 2 世と東フランク王国の国王ルートヴィヒ 2 世が互いに相手側の言語を用いて兵の前で友好を宣言した「ストラスブールの誓い」があげられる。「国語」概念ができる近代以前なので単純に現代の言語観で理解することはできないが，相手言語の相互の使用が持つ，相手に伝えるという実用的意味と友好を示すという象徴的意味が見事にうかびあがる好例である。

多言語主義および相互の尊重を掲げる現代のヨーロッパ統合の文脈では，とりわけ対等性の観点からこの方略を評価する見解がみられる。

「異言語による多言語対話」の提案

ここでは，自言語不使用を提唱する代表的な論者として，「異言語による多言語対話」（fremdsprachiger poliglotter Dialog, Foreign Polyglott Dialogue）の意義を力説するドイツの言語学者ハラルト・ヴァイトの論をとりあげる（Weydt 2003）。自言語不使用は，後述のように散発的な提案はみられるものの，他の方略に比べて，積極的な提案の議論はきわめて少なく，ヴァイトの論考は，最も詳細にこの方略を検討したものと考えられるので，少し詳しくみていくことにする。

ヴァイトは，論の出発点として母語話者と非母語話者のコミュニケーションにおける非対等性をあげる。

> 非母語話者が不利であるのは，自身のアイデアを表現しにくいのみならず，言いたいことを思考上展開することができにくいことによる。場合によっては，知的に劣っているようにみえるのみならず，実際に劣っているのである。（176）

言語自体に注意を向ける必要があると内容に集中できなくなるため，非母語話者は母語話者と比べて，言語面のみならず思考面でも不利を被るというのである。よって，コミュニケーションにおいていずれかの当時者の言語を使うことは，マラソン選手と重量挙げ選手のうちいずれかが相手の競技に参加するようなものだという（同上：184）。スポーツでは，お話にならないとして一笑に付されるような不公正（アンフェア）なことが，言語コミュニケーションでは当然のごとくまかりとおっているというのがヴァイトの基本的な問題意識である。

このことを高橋（2013）は「外国語副作用」と呼んで実験によって実際に検証している。すなわち，ことばのやりとりにおいて脳は，言語処理と思考という二つの情報処理を行っているが，異言語の場合は，かなり自動化している母語の処理に比べて言語処理に注意を向ける度合いが高くなる。しかし，脳が注意を向けられる情報処理能力は限られているため，思考がおろそかになってしまう。おかしなことばを発すると頭がおかしいと思われてしまうので，通常，思考よりも言語処理を優先してしまうのである。

このような非対等性への対処策としてヴァイトが注目するのが，「異言語による多言語対話」である。ヴァイトは，EU の委員会などのヨーロッパ次元の国際会議を念頭において，EU の公用語のどれを使ってもよいがだれも自国の言語を使ってはならないという原則を提案する。最も使いやすい言語を使わないということは，上のたとえを使えば，あえてマラソン選手には重量挙げをさせて重量挙げの選手にはマラソンをさせるような，一見，非常識な提案に思える。しかしヴァイトは，この方法の利点を多く列挙している（Weydt 2003 : 186–187）。それらを種類ごとに整理すると次のようになろう。

①公正さ

・最も重要なのは公正さである。当事者のだれもが不利にならない。
・だれも自分の言語を他者におしつけない。
・この方式が導入されたあと，仮に二つの言語のみが話されたとしても，その他の言語の母語話者も得をする。だれと話しても〔非母語話者同士という意味で〕対称的な対話になるから。

②言語的多様性の尊重

・多言語使用の場が広く開かれる。

・英語話者が他言語を使えば，他の国の代表も他の諸言語を使うだろう。こうしておのずと言語多様性が大きくなる。

③相互の尊重

・異言語を使うという制約は，より高度な相互の寛容性，尊重，相互協力をもたらす。
・各々の参加者は個人的に，痛みをもって経験するだろう。長い間，異言語で表現し続けることがきわめて困難であることを。この経験によって，コミュニケーションの過程において相互の尊重が増すようになる。

④議論の質の向上

・議論はもっと秩序だったものになるだろう。話し手の交替もより短い間隔で行われるようになる。
・レトリックよりも内容と客観的な重要性が議論で重視されるだろう。
・議論へのより幅広い参加があるだろう。

⑤言語学習の促進

・異言語学習は罰せられるのではなく報われる。
・ヨーロッパで国際的な交流のネットワークが形成され，ヨーロッパ諸国の間で文化的な交流が増える。

順に検討しよう。①そもそも自言語不使用の原則を立てる動機は公正さであった。仮に，たとえば主に英語とフランス語が用いられるとしても，だれもが自言語を用いないことで，使用言語の第一言語話者が得になる状況は回避される。②さらにヴァイトは，この方法では必然的に複数の言語が使われることにも意義を見いだす。とりわけ，従来，英語話者が英語しか使わないことが，英語が必然的に共通語として使われる要因の一端ともなってきたのに対し，英語話者が他言語を使うことで，他言語の使用が広がることを期待する。たとえば英語話者がドイツ語を使えば，ドイツ語を学んできた中東欧出身者もドイツ語を使うことが期待できるということだろう。

しかし，①「公正さ」や，②「言語的多様性の尊重」は，次章でとりあげる言語的仲介や受容的多言語使用といった，自言語を使う方略にもあてはまる。コミュニケーションの当事者があえて自言語を使わない方略に固有の利点として特筆すべきなのはむしろ残る3つの点だろう。

第一言語を使わないため十分に表現ができないという，この方法の問題点と思われることを逆に肯定的にとらえて，③相互の寛容性や尊重，相互協力の姿勢が生まれることや，④かえって意見表明が簡潔になることなどがコミュニケーションにとって有意義であるとするのは，意表をつく発想の転換である。またヴァイトは，母語話者が明に暗に議論を主導することがなくなれば，異なる言語を母語とする人がより議論に参加しやすくなることを期待する。

さらにこの方式の利点としてあげられているのは，⑤異言語を学習した人が報われるということである。ヴァイトは，利点を列挙した後で，この点を自言語不使用原則の最大の利点として改めてとりあげて強調している。すなわち，通常は，言語学習の努力をした人は第一言語話者とのコミュニケーションにおいて不利な立場に置かれる（ヴァイトの表現では，学んだことで「罰せられる」）が，この方略では言語学習の努力をした人が正当に報われるということである。少なくとも一言語は自ら能動的に使えるようになることがめざされ，その他の言語も直接に理解できるようになると得をするということになる。ヴァイトは次のように述べて論考を閉じる（同上：187)。

> こうして，がんばって他者の言語を学ぶ人が最も罰せられるという嘆かわしい状況を終わらせることができよう。このような対処法が受け入れられるならば，ヨーロッパ人はだれでも，他の言語を学ぶことで得をすることになる。

前節で検討した複言語主義では，母語話者を基準としないとしているが，結局，「ネイティブ」にはかなわないという意識は強いうえ，実際の運用上もその言語を使う環境で生活し教育を受けた第一言語話者と，多くの場合その言語が使われていない場所で，異言語として限られた時間で学んだ学習者では運用力に違いが出やすい。自言語不使用は，「ネイティブにはかなわない」という心理的・言語能力的な壁をきわめてラジカルに取り払う提案といえる。

自言語不使用原則は本当に理想的か

しかし，自言語不使用に落とし穴はないだろうか。上に利点としてあげられた点について批判的に検討することも必要だろう。まず①公正さについては，確かに母語を話すという特権を享受する人がいないという点では言語的に非対称的な関係が回避される。しかし，相手言語を学んでいる度合には差があるのは避けられない。これを単に本人の努力に還元することはできないだろう。異言語を学ぶことができる環境にあった者が優位になるという点で，社会的背景を含めると，自言語不使用は必ずしも公正ではない。このような格差が生じることはいかなる言語学習にもあてはまるが，自言語不使用において二つ以上の言語が関わる場合，複数の言語の能力が問われ，格差は目立って大きくなるだろう。

共通語の能力だけが問われる共通語使用とは異なり，多言語に開かれた自言語不使用の根本的な困難は，言語能力的な前提の確保が難しいということである。二言語にしぼるだけでも困難であるのに，多言語間では，自分が使用する言語以外の言語についても受容能力が必要となるため，ハードルはさらに高くなる。それを避けるために，ヴァイトも想定するように使用言語をしぼると，今度は，自言語が用いられる言語となるために自言語を理解する人と，さらなる異言語を理解しなければならない人で格差が生じることは避けられない。たとえば英語とフランス語を使うことになった場合，英仏の第一言語話者は他の人が自言語で話してくれるために負担が少なく，やりとりのうえでも優位に立てるのに対して，たとえばポルトガル語話者は二つの異言語を理解しなければならない。このことは，②言語的多様性の尊重についても，尊重される言語とされない言語が生じることを意味する。これらの点で，大言語と小言語の格差という複言語主義の問題は自言語不使用にもあてはまる。

③相互の尊重については，これらの利点は確かに想定できる反面，異言語を使ったり，理解のための言語と表現のための言語が異なるという制約が，話し手／書き手にとっても聞き手／読み手にとっても負担が大きく感じられることで，自言語不使用を原則とすることは敬遠されかねない。通常，相互の尊重を学ぶためにコミュニケーションをとるわけではないので，コミュニケーションを円滑に進めようと思ったら，どちらかの第一言語や共通語を選択することになるだろう。

また④議論の質の向上については，ヴァイト自身，だれもが母語でない，表現が不確かな言語で話すことで母語話者のチェックがきかず，満足いかない結果になる恐れをあげる。これは英語第一言語話者を含まない場合のELFコミュニケーションにもあてはまる。しかし前節で共通語使用と相手言語使用の違いとしてあげたように，いずれにとっても自言語ではない共通語ではなく相手言語を使用する利点の一つは，第一言語話者に頼れるということである。第一言語話者がその場にいる場合も自言語を使わないことにこだわることでその利点をなくすことは，相手言語使用の大きな利点を失わせる。さらに，ヴァイトがそもそも議論の出発点にすえた，異言語で思考が十分にできない恐れは，自言語不使用で，コミュニケーションの参加者の一部ではなく全員にあてはまることになり，かえって議論が円滑に進まないことも考えられる。また，自言語ではないために時間がかかる可能性もある(van Mulken & Hendriks 2015)。自言語を使わない方が会議で無駄な発言がなくなるから効率的になるというのは，英語を企業の社内公用語にする理由としてあげられることもあるが，そのようにして表現が縮減された会議が生産的かどうかも問われる必要がある。ましてや，自言語不使用が3つ以上の言語を含む場合は，自分の使う異言語に加えて，相手の使う，自分の異言語とはさらに別の異言語を理解する必要があるため，議論に支障が出る可能性もある。

そしてこの方略の最大のねらいである⑤言語学習の促進についても，第一言語話者の使用に接することで学ぶことができるという言語学習における動機づけがなくなるので，この方略自体は言語学習を支援しない面を含む。

このように，非母語使用は，公平性が高いだけでなく，互いの多様性への尊重や寛容さを養うこともでき理想的であると主張されるものの，そのために必要な言語能力的前提条件を整えることや使用上の困難が大きすぎるなど，実際にはさまざまな問題をはらむ。

自言語不使用の実践の可能性と困難

しかし，この方略を単に机上の空論として片付けることはできない。相手言語を学び合う者同士では，この方略は言語学習のために用いることができる。たとえば，タンデムと呼ばれるような，相手言語を学ぶ人同士の互助による言語学習法は，相手言語を相互に使用することを含んでいる。

そのような言語学習の文脈をこえた，より広範な使用例としては，スイスの事例が興味深い。スイスのドイツ語圏とフランス語圏の学校間交流プログラムに長年携わってきたグロジャンによると，そのような交流においては，引率教員が働きかけなくとも，フランス語圏の生徒たちはドイツ語を，そしてドイツ語圏の生徒たちはフランス語を話すようになるとのことである (Grosjean 2011)。

グロジャンはこのような相手言語使用によるコミュニケーションの利点を3つあげる。まず，話し手は，自分の異言語能力を最大限発揮できる。自言語を使うならばその言語の学習者である相手に理解されない恐れがあるが，相手言語を使う場合，その心配はなく，その言語でできる限りの能力を発揮できる。次に，それぞれが自分にとっての異言語を使うので話し方が自ずとゆっくりになる。自言語を使うともっと速く話しがちになり，理解が必ずしも保障されない。ドイツ語圏のスイス人が話すスイス・ドイツ語は標準ドイツ語を学ぶフランス語圏のスイス人には理解できず，フランス語圏のスイス人が話すフランス語の俗語はドイツ語圏のスイス人にはわからないことが少なくない。このような言語環境において，相手言語の使用は，実は最もコミュニケーションがとりやすい方法となるのである[5)]。加えて，ヴァイトと同様，グロジャンも，学んだ言語を試してみることでさらなる学習の動機づけになるという言語学習促進への効果をあげる。

このように相手言語を学習していることが前提となっているスイスの国内交流では相手言語の相互使用が最適なコミュニケーション手段となる環境が存在すると考えられる。二言語間での相手言語の相互使用は，「言語交換」と呼ぶことができよう。これが自言語不使用の最も基本的な形態と考えられる。

しかし，多言語間でもこの方略がみられる場合がある。多言語を操るEUの上級職員の会合では，それぞれが自言語以外の言語を使用してコミュニケーションをとることがみられるという（van Parijs 2011: 214)。この場合は，多言語話者が自発的に，いわば倫理的な判断として自言語以外の言語を使っているといえよう。また通訳を組み合わせて，自言語不使用の原則を試みる例もある。冒頭にストラスブールの誓いに言及したが，現代のストラスブールでも，EU各国からの生徒が欧州議会について学ぶ国際プログラム（Euroscola）のなかで，参加者は模擬議会での発言の際，通訳者が用意されている5つの言語から一つの言語を選んでよいが，原則として自言語は選ばないことになっているとのことである（Tišljar 2011: 12–13)。

---

5) フランス語話者の生徒はスイス・ドイツ語を話すわけではないので，厳密には相手言語使用とは言えないが，相手言語への歩み寄りであることは確かである。

以上の例はいずれも，相手言語ないし多言語を身につけていることが参加者の前提となっている特別な環境ならではのものである。このようなコミュニケーション原則は，より一般的に実行に移すとなるとさまざまな困難をはらむ。ヴァイト自身，最大の問題は実行可能性であるとしている。その一つの理由としてヴァイトがあげるのは，事実上，共通語として使われることで得をしてきた英語話者（あるいはフランス語話者）の反対である。実際，この自言語不使用は，きわめて簡明な原則であるにもかかわらず，まだEUでの公式の場に採用された例はないようだ。ただし提案としてはたびたび類似する発想がみられた。代表的な例は，1973年にデンマークがヨーロッパ共同体（EC）に加盟した際に提唱したという，EC公用語を英語とフランス語にしぼる代わりに，英語圏からの代表者はフランス語で話し，フランス語圏からの代表者は英語で話すようにするという提案である。この提案はイギリス，フランスによって拒否されたとのことである（Wright 2000: 174）。より限られた場で，特定の委員会レベルで母語以外の言語を話すという提案がされたときも，その提案は否決されたという（Bliesener 2002: 212）。欧州議会について，使用言語を英仏独3言語にしぼっていずれも母語は使わないという言語編制の提案もみられるが（Christiansen 2006），実現していない。

自言語不使用という提起は，公正さ，言語的多様性の尊重，相互の尊重，議論の質の向上，多角的な言語学習の促進という，異言語間コミュニケーションにおいて，効率性追求のあまりに見過ごされがちな側面の重要性をまとめて提起したことが大きな意義と考えられる。ある意味では究極の理想主義と言えるかもしれない。その反面，成立する条件が限定的であるうえに不便として敬遠される恐れがあり，実現可能性がきわめて困難な方略といえよう。実際の方略としては，おおむね，二言語間の言語学習や学習者の相互交流を促進するための補助的な手段として位置づけるのが現実的かもしれない。

多言語・複言語主義と自言語不使用

最後に，改めて多言語・複言語主義と自言語不使用の関係を検討する。自言語不使用は，共通語への一元化ではなく，言語の多様性の尊重や言語学習の促進などをうたうので，これらのヨーロッパ次元の政策方針と基本的に共鳴する。しかしながら，EUの多言語主義は，自言語使用の権利を含むので，自言語不使用とは折り合いが悪いとも考えられる。EUから出される文書に自言語不使用に関する言及がないのは，そのような背景もあるかもしれない。

一方，欧州評議会では，互いに相手の言語を用いるように努めるという「交差していると言えるようなやりとり」をあげており（欧州評議会言語政策局 2016：143；強調は原文），自言語不使用の基本形態ともいえる言語交換を事実上，方略の一つとして支持していると解釈できる。実際，自言語不使用の提起する諸項目は，複言語主義の理念を異言語間コミュニケーションの場でより具体的に実現することをめざすものといえる。複言語主義のみでは，大言語が優先的に使用されることが是認されるのに対して，自言語不使用は，大言語話者も異言語を使うことをもたらすということに注目すれば，とりわけ英語をはじめとする大言語話者にとって意義が大きいと考えられる。ELF の研究では，ELF で有利になる人々として，ELF に慣れた英語母語話者と，英語を流暢に使いこなせる非英語母語話者をあげている。反面，ELF でうまくコミュニケーションが取れない人としては，英語を十分学んでいない人とともに，英語しか話せない人もあげられている（Wright 2016）。英語第一言語話者にとって，異言語を学び，実際に使うことは，英語を異言語間コミュニケーションに使う際の感受性を養うためにも効果的だろう。英語に限らず，単一の当事者言語を用いる場合，自言語を話す方が相手言語を話す人の理解に合わせた話し方をすることが望ましい。この点を明確にするために，自言語不使用の体験を学校間の国際交流等に組み込むことが考えられる。

コラム3 わたしの言語パスポート

欧州評議会が提示する成人用標準版「ヨーロッパ言語ポートフォリオ」[1)]の言語パスポートを実際に記入してみた。この言語パスポートには5つの記入項目が含まれている。まず,「家庭や近隣で使った/使っている言語」と「学校で使った言語」。前者は私の場合,日本語とドイツ語である。私はドイツ人の母がドイツ語を話し,日本人の父が日本語を話す家庭で育ち,今,妻とは日本語,子どもとはドイツ語で話している。日本で教育を受けたので,学校の言語は日本語である。

次に,末尾に付された技能ごとのCEFRレベル別指標を参照して,自己評価を記入する。上記の二言語以外に学んだことのある言語のうち,主に使ってきたヨーロッパの現代語である英語,エスペラント語,ポーランド語,ソルブ語を記した(用意された記入欄が4言語分なので)。

続く言語学習経験欄には,中高生の頃に英語,大学入学後にエスペラント,大学3年次のドイツ留学以降,ポーランド語とソルブ語を学んだことを記した。

この言語パスポートは,仲介能力の指標ができる前のものなので,仲介能力は言語能力自己評価に入っていないが,次の言語使用経験のページに,通訳・翻訳経験を書く欄がある。日本語と,それ以外のこれまで記入した5言語それぞれの間で講演通訳や論文・記事などの翻訳をしたことがあるので,そのことを記入した。自分の言語使用で仲介活動はかなり重要であることを認識できた。

最後の検定試験の欄は,高校以来受けていないので,書かないことにした。

ここでは,二つめの,言語能力自己評価の欄を紹介したい。記入結果(図)からわかるように,いずれの言語も,どれか一つのレベルにあてはまらず技能にばらつきがあることがみてとれる。このことはなんとなくは自覚していたが,この記入作業で改めて明確になった。ここでは省いたドイツ語と日本語についで自由に使いこなせるのは,エスペラントである。英語の方が学習期間も長く使用頻度も高いのに,なぜエスペラントの方が上なのかはさまざまな理由が考えられるが,語や文の構成がわかりやすいエスペラントの方が細かいニュアンスを含めた表現や理解に自信が持てる。英語の慣用表現のニュアンスはいまいちつかみきれない面が否めない。エスペラントで読む力が若干低いのは,エスペラントの文学をあまり読んでいないので,レベル別指標にあげられていた文学テキストの理解に限界を感じるためである。英語についても読む力が若干低

1) https://www.coe.int/en/web/portfolio/templates-of-the-3-parts-of-a-pel

くなっているのは，同じく英語文学にはあまりなじみがないからである。総じて，楽しんだり深く味わいたい文学は日本語やドイツ語で読むのが好きである。英語で話したり書いたりする能力の方が高いのは，英語を主に発表や論文執筆に使うためである。英語圏に住んだことがないということもあり，口頭のやりとりは，学会での質疑に対応できる程度である。ポーランド語とソルブ語の場合は，主に現地調査に使うということと，毎日ラジオを聞いたり現地情報を読んだりしているので，受容能力が発達している。とりわけ長期フィールドワークをしてきたソルブ語は，聞きとりに最も自信がある。4 言語のうち最もレベルが低いのがポーランド語の産出能力である。ソルブ語は，ソルブの村に住んで生活に使ったことがあるのに対して，ポーランド滞在は調査や資料収集のための最大でも数週間の滞在であった。その違いが如実に現れている。

以上記したような言語能力は，本書の情報・資料収集や調査を可能にした前提であると同時に，その限界をも示している。とりわけ大きな欠落は，フランス語が含まれていないことである。フランス語の学習は，大学院になって一般外国語科目として履修したのみである。本書の議論は，フランス語による論考を含めることでより豊かになったことが予想されるが，幸い，フランス語による多言語・複言語に関する議論は日本語への諸翻訳があることや，本書で参照した英語やドイツ語での議論でかなり参照されているため，いわば他者の仲介活動のおかげで間接的にはとりいれることができた。ポーランド語の産出能力とともに，フランス語の読解力を高めるのが自分の今後の課題であることが自覚された点で，パスポート記入は私にとってそれなりの意味を持つ作業となった。

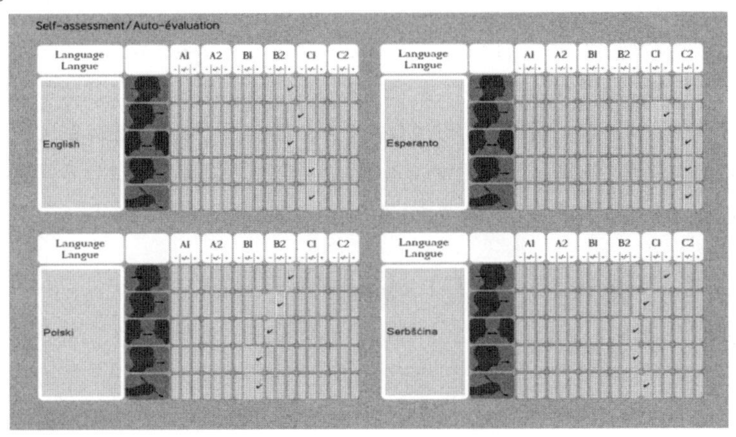

図　自己評価による木村の言語能力のレベル分け

第4章
自分の言語を使うには

4.1　間接性ゆえの付加価値——言語的仲介（通訳翻訳）

前章までは，自言語以外の言語を使う方略をみてきたが，異言語間コミュニケーションの当事者が自言語のみを使う可能性もある。その代表的なものが言語的仲介の活用である。言語的仲介は通訳と翻訳を含むが，ここでは翻訳にも目配りしつつ，方略の特徴についての考察は主に，同一時空でのやりとりを含む通訳を念頭に置く。

古来，異言語間コミュニケーションに用いられてきた代表的な手段である通訳には，他のどの方略とも異なる基本的な特徴が二つある。まず，自分の使う言語以外の言語の知識が必要ないということ。自言語で表現し，また理解もその言語で行うことができるというのが，一方の第一言語から他方の第一言語への通訳の大きな特徴である。このように仲介がなされることによって，間接的なコミュニケーションになるということが第二の特徴である。それぞれどのような長所や短所とつながるか，検討していく。世界最大規模の恒常的な通訳者・翻訳者の活躍の場を生み出しているEUにおける言語的仲介の利用をてがかりにみていきたい。

EUにおける言語的仲介の重視とその理由

EUは，通訳・翻訳サービスの整備に力を入れ，世界に類を見ない規模の言語的仲介業務を行ってきた。欧州委員会についてみてみると，その通訳総局は約500人の職員を抱え，それに2700人ほどの登録された自由業の通訳者が加わり，年間1万回以上の会合の通訳を担っている。業務日には一日

60あまりの会合が通訳をつけて行われるとのことである（Nißl 2011: 84)。欧州委員会以外のEU関連の諸機関においても通訳が用いられている。EUの膨大な量の文書を24の公用語に訳す翻訳者（常勤翻訳者だけで4300人）[1]を含めると，EUは世界最大規模の言語的仲介を行う組織といえよう。

EUが通訳や翻訳（以下，通翻訳）を重視してきた理由の一つが，加盟各国語の対等な尊重である。前章でみたように，EUの多言語主義は，自言語使用の権利と，相互の言語を学び合うという両面を含むが，通翻訳は，前者を保障する措置である。まずEUの加盟国公用語間の通翻訳はEUにおけるすべての加盟国の情報のやりとりにおける対等性を保障する役割を担っているといえる。加えて，EUは，国家の代表が参加して議論する国際機関と異なり，国家の主権の一部を担う超国家組織でもあり，その決定への市民の参加と理解が欠かせない。EU市民の間では異言語能力は教育程度などによって大きな差がある。そのような言語能力の差によって差別をしない対等性を保障するという意味もある。すなわち，通翻訳の利用は，コミュニケーションを成立させるためという実用的な理由とともに，EU加盟国の，ひいてはEU加盟国市民の対等な尊重を象徴する意義をも持っている。欧州委員会の翻訳総局は通翻訳の役割について次のように記している（European Commission 2011: 50)。

> 将来においても，英語が世界において，またヨーロッパにおいてさえ，あらゆる範囲の人々に浸透するとはほぼ考えられない。このことが意味するのは，包摂的な社会を築くことを望むならば――そしてとりわけヨーロッパにおいてはそれが重視されるのだが――幅広い範囲の人々を周辺化するような政策や方略をとることには慎重でなければならないということである。(…) よって，特に通訳や翻訳といったような他の方略をなくして完全に共通語に依存することはできない。通訳や翻訳は，EUおよびEUの活動を可能な限り市民に近づけて，市民が出自や教育にかかわらずEUの働きに主体的に関わることを可能にする。

通訳はお金や時間がかかり，質が落ちる？

このように言語的仲介の意義が強調される裏には，この方略に対して批判

1）https://europa.eu/european-union/about-eu/figures/administration_en

的な見方がみられるということがある。通訳の主な問題点としてしばしばあげられるのは，費用や，余計にかかる時間，またコミュニケーションの質の問題である。

まず費用からみていく。通訳者・翻訳者を雇うことや機材の導入・整備など，言語的仲介は費用がかかる。EU の場合，24 の公用語の間のすべての組み合わせで通翻訳を行うとすると 552 とおりの組み合わせが必要になる。これを人力で行うのは想像を絶する。そこで，EU では費用削減のためにさまざまな工夫を行っている。まず，言語的仲介を行う場を絞ることがあげられる。参加者の言語能力や会合の種類によって，通訳を用いるか否かは異なる。一般的には，公式な場ほど通訳が用いられ，公にされる重要な文書ほど多くの言語に翻訳が行われる。たとえば，欧州議会の本会議や法的拘束力のある公式文書は，全 24 言語の通翻訳が行われることになっている。一方，小規模の非公式会合では通訳がつかないことが多い。これは，会議における通訳利用と英語使用を比較したライトホーファー（Reithofer 2013）の調査結果とも符合する。それによれば，「それほど公式的ではない，対話的な相互行為」では聞き返しを含めた細かいやりとりがしやすい ELF が有効であり，「一人が話すコミュニケーション」では母語でよりよく理解できる通訳が効果的であるため，この二つの手段は対立するというよりは補完的であるという。

また，すべての言語の間を直接に通翻訳するわけではない。翻訳の場合は，文書の多くは英語やフランス語で起草されるため，これらの言語から他言語に翻訳されることが多い。通訳の場合，英語，フランス語，ドイツ語などの大言語を，EU の 24 の公用語間の中継言語として，つなぎ通訳（リレー通訳）が行われることが多い。話し手の言語から中継言語を介して他言語への通訳が行われるということである。通訳の場合は，会議によって，あらかじめ何語から何語に通訳が行われるかが設定され，多数の言語から特定の言語への通訳のみが行われる非対称通訳も行われている。たとえば会議の準備資料で「15：3」と記された通訳配分の場合，15 言語で行われる発言が 3 言語（英仏独）に通訳される。

このような削減は，英語をはじめとする主要言語を非公式な場で使う能力や，聞いて理解できることが前提とされる。通訳の限界を異言語能力で補うということである。このような方策にもかかわらず，通翻訳は多額の費用がかかる。たとえば欧州議会の一日の会議にかかる通訳費用だけで 9 万ユーロにのぼる（Nißl 2011: 83）。

一方，費用を過度に問題視するのは妥当ではないだろう。EU は欧州の大多数の国にまたがる巨大組織であり，EU 機関の予算の約 1% にあたる言語的仲介にかかる費用を EU の人口で割ると，一人当たりでは年 2 ユーロ程度となるという[2)]。バスに一度乗るのと同じ程度の負担で，自国の代表が会議で自国語で発言でき，EU 市民も自国語で EU 機関と意思疎通でき，EU の情報を自国語で得られるというのは安いのではないだろうか。

通翻訳にかかる費用だけを見ると，英語のみを公用語にした方が費用が抑えられるように思われるが，コミュニケーションの費用を考えるときは，通翻訳といった言語サービス提供に関わる一次的な費用だけではなく，学習にかかる費用や，言語学習に時間や努力を割くことによって他のことができなくなって失われた機会費用といった暗黙的費用をも考え合わせる必要がある（Gazzola 2014: 101）。すでに上述のように通訳の場が限定されていることによって，EU の職員や欧州議会議員などは，英語ができないと不利な状況になる。仮に EU 市民全体に，通翻訳を介して行われているコミュニケーションができるほどの高度な異言語（具体的には英語）能力を身につけさせるとすると，通翻訳にかかっている費用よりはるかに膨大な費用と労力がかかるうえ，言語能力による不平等が生まれるだろう。EU 全体として考えると，言語的仲介を用いた言語編制の方が，英語単一公用語化よりも対等性の点からも費用対効果といった効率性の面からも優れているということが言語経済学的な研究において指摘されている（Gazzola & Grin2013, Gazzola 2016）。

同じことは，個人にも会社などの組織についてもあてはまるだろう。自言語以外の言語をたえず高度なレベルで使う必要がない者にとっては，言語学習に割く時間・費用と天秤にかけると，必要な時に通翻訳を使った方がコストが安く効率的である。会社などでは，全員が高度な英語能力をめざすより，必要に応じて通訳ができる人に依頼する方が実は安くすむうえ，社員も時間を他のことに使えて仕事の効率があがるということは十分に考えられる。

より一般化して言うと，ある程度の英語力は広範な人々の目標になりうるが，高度な語学力はプロの通訳者など特定の人に委ねる方が個人，組織，また社会全体にとって現実的で合理的なのである。通訳は，高度な言語学習に

2）https://ec.europa.eu/info/strategy/eu-budget/transparency/fact-check_en

かかる膨大な費用と時間を特定の（しかも喜んで言語を学ぶような！）人に集中させる分，効率的なコミュニケーション手段ともいえる。

ヨーロッパの異言語間コミュニケーション方略を比較したグランは，言語的仲介の本当の問題は費用ではなく実行性と利便性（feasibility and convenience）であると指摘する（Grin 2008: 80）。言語的仲介の手配（機材や人など）が実行性からみた場合のハードルである。またそのような条件が整った場合も，利便性からみた通訳の欠点としてあげられるのが時間である。逐次通訳の場合，直接のコミュニケーションと比べて時間が倍近くかかると思われる。

しかしここでも，費用の問題で見たように，逐次通訳にかかる時間を単に余分な時間と考えて非効率的なコミュニケーションとみなすような理解は妥当ではない。コミュニケーションの現場では，逐次通訳は，英語などの共通語で直接話す場合に比べて実質的に2倍時間がかかるわけではない。前章で相手言語使用についてみたように，母語で話す場合スムーズに言えることが，異言語だとまわりくどくなったり，うまく言えなくて時間がかかることが多い。その点を考慮すると，逐次通訳は単なる時間のロスとはいえない。逐次通訳を介して異言語に接して表現を学ぶ意義も付け加えることができる。

同時通訳の場合，時間の問題はおおむね解消される代わりに，質の問題が大きくなる。ヴァン・エルス（van Els 2005: 274）は，EUにおける同時通訳を介した会議の問題として，話し手が同時通訳の困難さを理解しているがゆえに話す内容を単純化してしまい，議論が深まらないこと，またイヤホンをつけて通訳を介して聞き取ることは疲労度が高いため，会議が長引くと，会議参加者は実際には自分が直接聞いてわかる言語の発言のみを聞くようになるという傾向をあげている。皮肉なことに，各国語の対等性を実現するはずの通訳の使用が，小言語の発言が聞かれなくなる結果を生んでいるというのである。

ガッツォラ（Gazzola 2014: 101）は，言語コミュニケーションに関わる費用として，上述の一次的費用の他に，現実に発生する二次的な費用として，異言語で話す疲労や困難，言語能力不足による生産性の減退のほか，通翻訳による遅延や誤訳をあげている。通訳を介したコミュニケーションによる疲労も加えるべきだろう。費用対効果を考える場合，通翻訳による一次的費用および二次的費用が，他手段による二次的な費用や暗黙的費用より少ない場合，通翻訳の方が効率的ということになるといえよう。通翻訳は可視化される一次的費用がしばしば高いのに対して，他手段は一見明確ではない二次的，また暗黙的費用が多いため，通翻訳の方が費用がかかるという錯覚が生じると考えられる。

言語的仲介ならではの利点

上記のような点とは別に，第三者による言語の変換が行われる際に危惧されることは，言語の違いや通訳者・翻訳者の解釈によって意味がずれてしまうことである。これはある意味で通翻訳の宿命ともいえる。この点からも，英語など共通の言語を用いた方が，意思疎通がうまくいくと思われるかもしれない。仲介なしに直接やりとりすることは，人間関係を築くうえでも望ましいといえる。しかし通翻訳を用いる場合は自言語で表現・理解できるのに対して，自言語ではない共通語の場合は，表現・理解力に限界がある異言語であるという違いを考え合わせなければ，比較は成り立たない。

さらに，3.2でとりあげたように，人間が同時に意識できることには限度があるため，異言語を用いることは言語理解や表現において不利であるのみならず，思考力の低下をもたらしかねないことも考え合わせる必要がある。その対策として，高橋（2013：355）は次のように述べて，重要な交渉には通訳を立てるという制度を設けることを提案する。

> 通訳を立てれば，相手の話す英語を聞いているときには，聞くだけに専念し，通訳が日本語に翻訳しているときに考えをまとめればよい。(…) この場合の通訳は（…）自分より英語ができない人でも差し支えない。思考のための時間を稼いでくれればよいのである。

この観点からも，逐次通訳の時間が，単なる損失ではないことがわかる。英語を共通語としてスムーズに話しているようにみえても，自言語ほど自由に思考ができないため，表現によるずれ以前に，考えて伝える内容自体がずれてしまうことを考えておくことが肝心である。ちょっとした間違いが最終的に時間的・経済的に莫大な損失をもたらすことがあるために，厳密で正確なコミュニケーションが必要なとき，通訳が用いられる意義が高まる。実際，ヨーロッパで，当事者が英語ができる場合でも通訳を使うことが，EUのような組織のみならず，ビジネスの場などにおいてもみられる（Ikonomu 2008）。その理由としては，通訳を利用して自言語を用いた方が，意図がずれずに正確に伝えられることがあげられるが，思考面の利点も無視できない。第一言語話者と非第一言語話者の交渉などの際は，一方が言語面にかなり注意を向けるのに他方は内容に集中できるという，一方に不利な状況を回避して対等に話ができるのも通訳の利点である。

第三者が仲介者として介入することの意義を，より積極的にとらえることもできる。通訳者は，単に言語を置き替える「導管」であるだけではない。文化面などをも考慮して，訳の調整や訂正，追加説明や省略・簡素化，訳の順序変更といった編集を加えてわかりやすくしたり，訳以外にも情報提供や助言，コミュニケーションの調整などによって仲介者としての役割を果たしたりすることでより円滑なコミュニケーションをもたらしうる（椎名／平高 2006)。翻訳においても，読者の理解を考えた翻訳で，原文よりわかりやすくなるということがある。このような利点を言語的仲介の付加価値と呼ぶことができよう。間接性は，他のどの方略とも異なる通翻訳のみの特徴であり，本来望ましい人間同士のコミュニケーションのあり方ではないと思われることから，通翻訳を用いたコミュニケーションは，できれば避けるべき必要悪とみなされることもある。しかし，間接性ゆえの利点もあるのである。

異言語教育との関連では，単純に考えると，異言語教育と通翻訳の使用は反比例の関係にある。すなわち，異言語教育が進展すると通翻訳の需要が低くなると考えられる。しかしここで考察したように，現実はより複雑である。ヨーロッパでは，異言語教育が進展する一方で，言語的仲介への需要もかつてない高まりをみせている（Mackiewicz 2009: 69)。直接的コミュニケーションの諸手段と仲介を介した間接的なコミュニケーションとしての通翻訳は，どちらか一方に収れんするものではなく，補い合うものとしてとらえる方が妥当だろう（同上：70)。

言語能力としての仲介能力

上で言語的仲介ならではの付加価値としてあげた側面を別の観点からみてみよう。言語教育においては，かつて主流であった文法訳読式への疑問からコミュニケーション重視が言われ，翻訳などが軽視される傾向もみられたが，近年，通翻訳で行われているような仲介能力を言語コミュニケーション能力の重要な要素としてみなおす動きが高まっているのである。CEFR（3.1参照）では，通翻訳を含む「仲介の言語活動は既存のテクスト〔口頭・書記〕

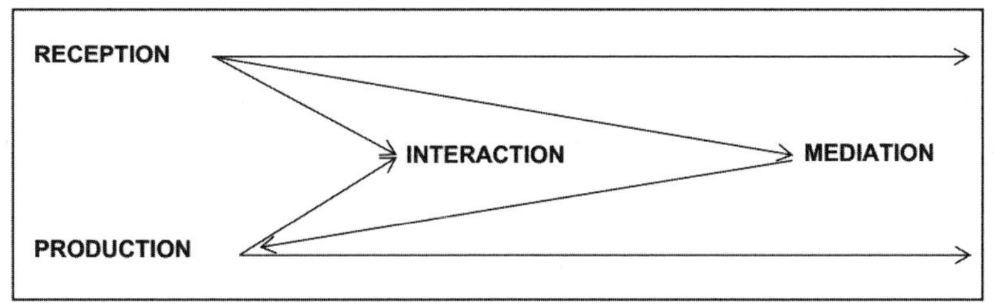

図　4つの言語活動の相互関係（Council of Europe 2020: 32）

の再構成であり，現在社会における通常の言語機能のなかでも重要な位置を占める。」（欧州評議会 2004：14–15）としている。2001 年版ではまだ仲介能力の例示的尺度が示されていなかったのに対し，CEFR の増補版（Council of Europe 2020）では，受容，産出，やりとりのすべての要素を含む総合的な言語活動として仲介活動を重視し（図），A1 から C2 までの段階ごとの仲介能力の具体的な指標を提示している。それらは語や文の単純な置き換えではなく，解説，要約，分析，協力，調整といった多岐にわたる内容を含み，コミュニケーションにおいていかに仲介活動が重要な役割を果たしているかがわかる[3]。

CEFR はプロの通訳者・翻訳者ではなく言語学習者を念頭においている。このような仲介活動の重視は，プロの言語仲介者に限らず，仲介的な役割を多くの人が多くの場で果たすことがコミュニケーションの向上に資するということを示唆する。話者集団が複数の中央ヨーロッパ諸国にまたがって居住するハンガリー語について述べられた次の文章のように，隣国間などにおいては，職業的な言語仲介者に限らず，より多くの人が異言語間コミュニケーションの方略として仲介能力を発揮することが想定できる（Janssens et al. 2011: 81）。

> ハンガリー系マイノリティが居住する中央ヨーロッパ諸国において英語やドイツ語だけではコミュニケーションに限界がある。そこで，ハンガリーのハンガリー人と周辺諸国の非ハンガリー語話者とのコミュニケーションは，ハンガリー系マイノリティの複言語話者が通訳することで最

3）なお，CEFR 増補版における仲介は，同一言語の間をも含む。

も効率よく補うことができるのである。

仲介活動がヨーロッパの民主主義にとって重要だという指摘もある。レオーム（Réaume 2016）は，全員が英語を高度に使いこなすようになることをめざすよりも，通翻訳を含む多言語主義の方が現実的であるとする。そして，メディアや学術界，政策立案の関係者などが他言語での議論を仲介して伝えることでだれもがヨーロッパでのさまざまな議論に間接的であっても触れることができればよいという論を立てる。これは，英語によって世界の諸問題についての議論や協力が進むことを期待するヴァン・パレイス（2.1参照）への反論であり，前章でみた，EUの相互浸透的な公共圏に関するハーバーマスの論をより具体化する議論といえる。この論によれば，EUの民主主義は，仲介活動がどれほど充実したものになるかにかかっている。

機械翻訳にどこまで頼ることができるか

ここまでは，人による仲介を主に念頭においてきたが，近年，進展が著しいのが機械翻訳である。機械翻訳の進展は，文字，印刷に次ぐ第三の言語革命としてのIT（情報技術）・AI（人工知能）革命の一環とされる。機械翻訳は，1980年代までは文法規則に基づく翻訳が主流であったが，規則で対応できる翻訳の限界に直面していたところ，1990年代以降，統計処理に基づく方法が主流になり，進展がみられた。しかしより飛躍的な革新をもたらしたのは，2010年代以降一般化した機械学習によるニューラル機械翻訳である。大量のデータを機械が解析することで，実際に用いられる言語使用パターンをもとに翻訳が行われ，精度が著しく向上した。カメラによる文字翻訳から，音声を訳して他言語で出力する音声翻訳まで，すでにさまざまなアプリなどが開発されている。

オストラー（Ostler 2010）は，このような言語処理技術の進展に加えて，言語ナショナリズムや地域主義の興隆のため，人々は今後，英語よりも機械翻訳を選ぶのではないかと述べて，情報技術が国際共通語の必要性を切り崩しつつあるとする。よって，英語は初めての地球規模の国際共通語になったが，さまざまな共通語の栄枯盛衰がみられた人類の歴史上で最後の国際共通語にもなるだろうと予想する。

EUの例をあげると，EUの機械翻訳システムe-Translationは，24公用語の間の552とおりの翻訳を瞬時に行ってしまう[4)]。実務文書の概要を把握するという目的であれば，十分に実用的であり，数年前には考えられなかったような驚異的な進展といえる。EU諸機関では，機械翻訳は，（経費を削減しつつ）多言語主義を推進し，言語的多様性を保護するために大きな役割を果たすことが期待されている（European Institutions 2019: 9）。他方，機械翻訳に頼りすぎてレベルの低い翻訳がふつうになってしまうと翻訳への信頼が失われることが危惧されている（同上：10–11）。実際には，多くのEU翻訳者は，機械翻訳を多かれ少なかれ参考にしつつ，自覚的に取捨選択しながら補助的に用いている（Rossi 2019）。

このように，機械翻訳は，便利で効率的であると同時に課題も多く，過大な期待は禁物である（瀧田／西島2019）。正確な理解が必要な場合や厳密で妥当な表現といった基準を満たすには，人間の修正が必要であり，翻訳者の必要性がなくなるわけではない。優れた機械翻訳ほど，違和感なく読める訳文が提示されるだけに，異言語の文章を訳して読む場合，誤訳に気づきにくくなることにも注意が必要だろう。自分が話したり書いたりした文章が正しく翻訳されているかは，再び自言語に翻訳する逆翻訳で確かめることができるが，その際も，内容が間違いなく訳されているかは判断できるとしても表現が妥当であるかまで確認できるわけではない。

また翻訳の種類や目的による違いも大きい。瀬上（2019）は，機械翻訳の可能性と限界を検討するなかで，人間ならではの能力が生かされる場合として，ゲームの他地域での現地版作成の際にみられるような，地域の社会や文化に合わせた「創造〔的な〕翻訳」と，原文の文化的コンテクストの情報を含めて提示する「厚い翻訳」をあげている。

また文字を介したコミュニケーションでは進展が著しい反面，通訳については，音声認識という過程が加わる技術的な課題のほか，機械は当事者相互の関係や感情，その場の雰囲気を考慮して解釈した訳を行うことができない。優れた会議通訳者であれば，非言語的要素や話し手の文化的背景を踏まえた，また話の流れに基づいて発話の方向性を予知した訳の調整ができるが，機械にはそのような先読みはできない。機械が，場の文脈や話し手，聞き手の心を読めない間は，違和感なく正確な伝え合いができる同時通訳機は非現実的

4）https://ec.europa.eu/info/resources-partners/machine-translation-public-administrations-etranslation_de

だと考えられる。EUでは，機械翻訳の進展は会議通訳には目立った影響を与えていないとして，むしろ通訳の準備段階や同時通訳ブースでの補助ツールとしての役割が期待されるとしている（European Institutions 2019: 5, 11）。また会議通訳以外でも，機械翻訳は上述のような編集・調整的な付加価値を持たないことで，通訳という方略の大きな利点を失っている。その意味でも，機械翻訳は人間同士による伝え合いの完全な代替になりえない。

口頭コミュニケーションでの機械翻訳は，これまで人間の通訳者が行ってきた領域において完全に人間にとって代わるというよりは，むしろこれまで通訳を使用することが困難であった，観光や商用などの領域のうち，決まった表現が多く用いられる場などで力を発揮することで，通訳という方略使用の間口を広げる功績が大きいだろう。

機械翻訳の進展によって異言語学習の必要性がなくなるという見解もあるかもしれない。確かに，簡単なやりとりをするための必要性は低くなり，文献を読むことも容易になった。しかし上述のとおり，訳によって言語を変換すると必然的に失われてしまう要素が必ずある。おおまかな把握には機械翻訳がきわめて有効である反面，実際に異言語を学ばないとわからない側面は，言語の違いが存続する限りなくならない。機械翻訳に限らず，言語的仲介は，異言語および言語をとおして表現される文化との直接の接触を回避することにつながる側面を持つ。そこを回避するのではなく異言語・異文化を直接体験するのが異言語学習の大きな意義である。

異言語学習の意義は，今後，狭い意味での実用性をこえた，言語による表現の可能性を知って新しい世界の把握法を身につけることや，相手との同一言語でのコミュニケーションによって人間関係を築くといった側面が重視されるだろう。これらは，そもそも異言語を学ぶ中核的な意義であり，機械翻訳の進展は，周辺的なことに時間を費やすことなくより本質的なことに傾注できることを助ける意味で，異言語学習・教育にとって好ましいとみなすことも可能である。

写真という技術の発明と進展によって絵画がなくならず，むしろ絵画ならではの可能性を発揮することにつながったように，また，録音・録画によってライブやコンサートがなくならないで新しい可能性が広がったのと同じく，言語技術の進展が異言語学習をなくすということにはならないだろう。言語コミュニケーションにおいても，自らの表現や体験には代替不可能な意義がある。究極的には，言語学習は，タイピングや簿記会計といった，現在なお学ばれている大多数の実務的技能がAIによって担うことが可能になるのと同様，狭い意味の実用語学から解放され，言語処理システムの開発や，翻訳で失われることの見極めと評価・解説・研究などに従事するための専門技能（一部の専門家），あるいは異文化間コミュニケーションのための基礎教養ないし趣味（大多数の異言語学習者）となるのかもしれない。

以上みたように，言語的仲介はさまざまな言語を話す人の尊重やコミュニケーションへの参加をもたらすことをめざす方略として使われてきた反面，仲介に伴う負担が問題視されてきた。近年は，そのような疑問に対して仲介活動の意義を評価する議論がみられるとともに，機械翻訳の進展による効率性の飛躍的な高まりも期待されている。言語教育における仲介能力への注目や機械翻訳の可能性をふまえると，今後，異言語間の言語使用者にとっては，仲介能力を自ら磨くとともに，機械翻訳などを含めた言語的仲介の補助的手段を異言語間コミュニケーションや異言語学習に活用する能力も異言語間コミュニケーション力に含められるべきである。プロの通訳者・翻訳者にとっては，機械翻訳のための前・後編集（pre- and post-editing），機械翻訳技術の評価や利用判断・支援といったことが業務に含まれてくるだろう。

4.2　言語の多様性を尊重して活用する——受容的多言語使用

聞く / 読むことならできるかも

それぞれが自言語を用いても，相手の使う言語を理解できるだけの異言語能力があればやりとりができる。このような方略は，基本的に相手の言語を理解する受容的な言語能力を必要とするため，受容的多言語使用（receptive multilingualism）と呼ぶことができる。読んだり聞いたりする力は単に受動的（passive）ではないという意味で受容的という表現が使用されている。

ヨーロッパにおいて，それぞれが自言語を話す多言語対話は，たとえば言語的に類似する北欧のゲルマン系諸言語の間で古くから行われてきたことが知られている。諸民族が混住していたハプスブルク帝国など中央ヨーロッパにおいても，相互に子どもを別言語の家庭にホームステイさせることで互いの言語を身近にする「子ども交換」が行われたこともあり（Liszka 2009, 松岡 2009, 2011），このようなコミュニケーションが，スラヴ系やゲルマン系とハンガリー語など，言語系統が異なる言語の間でも行われたと考えられる（Rindler-Schjerve & Vetter 2007: 53, 61）。オスマン帝国支配下のバルカン半島でも，諸民族の間で受容的多言語使用がみられたと考えられる（Lindstedt 2005: 20）。リンドステッドは，このような方略が用いられる社会言語的前提として，①異なる言語の使用者が近隣に住む（同じ村や町など），②単一の共通語がない，③異言語を習得する機会が十分にある，④母語が集団的アイデンティティの重要な象徴であるという点をあげる（Lindstedt 2005: 21）。

国民としてのまとまりを均質な言語によるコミュニケーション圏としてもうちたてる国民国家をめざすナショナリズムが高まるなかで，民族をこえたこのような自由なコミュニケーションは推奨されず，場合によっては好ましくないこととされた（Braunmüller 2007, Backus et al. 2011）。

しかし現在，ヨーロッパにおいて，このようなコミュニケーション形態は，ヨーロッパにおいて推進されている多言語主義に適うとして改めて評価され，注目されている。自言語を使わないことに主眼が置かれる自言語不使用とは異なり，受容的多言語使用では，異言語の受容的な理解に主眼があるため，自言語を用いることが一般的に前提とされている。利便性をあえて捨てる自言語不使用，また異言語使用が必要な共通語使用と異なり，それぞれが自言語を用いる場合，「話し手のいずれも相手に合わせる必要がなく，共通語を使わなくてはならないわけでもない」（Ribbert & ten Thije 2007: 76）という意味で，対等性と使いやすさをかねそなえていることが利点とされる。互いに別の言語を用いるのは特殊な方略ではないかという意見に対しては，推進派は次のように反論する。

> 受容的多言語使用は（…）単なる言語的な特例以上のものである。世界各地で成功裏に実践されており，たとえばヨーロッパ連合の文脈では，進展するグローバル化から発生する言語的な課題に，言語的・文化的な多様性をかき消さずに対応する可能性を提供する。（Zeevaert 2007: 126）

すなわち，単一の共通語を使うよりも言語の多様性を尊重し活用するという意味で理想的なコミュニケーション形態だというのである。エーコ（1995：493）も，ヨーロッパの将来の多言語使用は，受容的多言語使用が広くみられるようになるべきであると述べている[5)]。ポルトガルのマノエル・ド・オリヴェイラ監督の映画『永遠の語らい』（Um filme falado 2003）には，米国人船長と食事に招かれた船客の会話で，船長と3人の客人がそれぞれ英語，フランス語，イタリア語，ギリシア語で話すというシーンが出てくる[6)]。これほどの多言語で相互理解が可能な言語的な前提が整うのは稀であるだろうから，エーコが期待するのは，異言語間コミュニケーションがいつでも多言語会話で行われるということではないだろう。むしろ目標となるのは，さまざまな場で多言語対話が可能になるような多言語教育を進めるとともに，この船上の例のように言語的な前提が満たされた場合は実際に受容的多言語使用を行う姿勢だろう。

この方略を考える際は，言語の距離，相互行為の有無，実践か教育手段かという3つの区別を念頭に置いておくとよいだろう。まず，類縁言語間で相互理解し合うという場合と，言語系統的に隔たった言語でも相手言語を理解することができる場合の区別である。前者は，特に「間言語理解」(inter-comprehension）とも呼ばれる[7)]。一方，後者のうち，類縁言語も第一言語使用も前提としないで受容能力に重点を置く，最も広義の受容的多言語使用を，特にリンガ・レセプティヴァ（Lingua Receptiva; LaRa）と呼んでいる。この方略は「相互行為の当事者が相互に異なる言語や言語変種を用いつつ，〔当事者がいずれも用いる〕追加的な共通語の助けを借りずに相互を理解する，多言語によるコミュニケーション法」(Rehbein et al. 2012: 248–249）と定義される。このように，相互に異なる言語を用いる多言語対話はすべてリンガ・レセプティヴァということになると，3.2でとりあげた自言語不使用もここに含まれるほか，第1章の表2のⅤ～Ⅷもすべて含まれてしまい，方略としての輪郭があいまいになる。よって，ここでは，自言語を使う場合を受容的多言語使用として扱い，第一言語ではない追加言語を含むリンガ・レセプティヴァについては，5.1でとりあげる。

次に，すでに書かれたもの（場合によっては録画・録音のように話されたもの）を読んだり聞いたりする，完全に受容的な場合と，相互にやりとりをす

5）なお，この部分の日本語訳は，「せいぜいが出会ったときにそれぞれ自分の母語を話しながら相手の母語も理解しているような者たちからなるヨーロッパのことでしかない。」(エーコ 1995：493）と否定的に訳しているが，これは，多言語が話せるようになるのが望ましいという，日本で一般的な言語教育観に基づく誤訳と思われる。原文からも文脈からも，肯定的に訳すのが妥当である。

6）https://www.youtube.com/watch_v=A5jJgSBLWb4

7）日本語では単に「相互理解」と訳されることがあるが，一般的な相互理解とは意味が異なるので，粕谷（2017）の訳語を採用する。

る相互行為的な場合が区別できる（Ollivier & Strasser 2013）。

最後に，とりわけ「間言語理解」は1990年代以降，言語教育の手法として発展してきているので，実際に異言語間コミュニケーションに使われる場合と言語教育において導入される場合が区別される[8]。

受容的多言語使用の事例を考える際は，これらの区分のどのタイプを指しているかを念頭に置くと，その特徴がより明確になるだろう。以下では，実際の使用および教育への導入のそれぞれをみたうえで，限界や今後の展望についても考えたい。

受容的多言語使用の推進

間言語理解は，ロマンス系言語やゲルマン系言語，スラヴ系言語といった，近似するため慣れればある程度理解が可能な同一の系統の言語間，とりわけカタルーニャ語とスペイン語，オランダ語とフリジア語，ロシア語とベラルーシ語のように言語類似性が高い言語の間で日常的にみられる。

言語的な近さ故のみならず，文化的・政治的な理由からも自覚的に推進しているのが北欧である[9]。北欧諸国の協調をめざす北欧理事会はこの手段を支持している。使用の著名な例が，北欧共同体という理念に基づいて設立された，スウェーデン，デンマーク，ノルウェーの3か国が共同で運航するスカンジナビア航空（SAS）である。SASの従業員はそれぞれの母語を話して相互理解するというのが原則になっている。よりよく理解されるためにゆっくりはっきり話すほか，相互の語彙を取り込んで話す「サスペラント」（SASperanto）という話し方もみられるという（European Commission 2012b: 44）。

同一系統ながら，そのままでは相互理解が困難な言語間で用いられる例としては，ドイツ語とオランダ語の例があげられる（Ribbert & ten Thije 2007, Beerkens 2010）。これは間言語理解と，広義の受容的多言語使用の境界事例といえよう。かつてはドイツ語が多く使われたが，中欧の共通語としてのドイツ語の力が弱まる一方でドイツにおいてオランダ語教育が増えたことが，受

8）Ollivier & Strasser（2013）は，実際の使用と教育に加えた3つめの区分として「能力としての間言語理解」をあげているが，これは実際の使用と教育のどちらにもまたがっているので，ここでは二つに分けるので十分と考える。

9）フィンランド語は他の北欧諸国語とは言語系統が異なるが，フィンランドではスウェーデン語も公用語であり，学ばれているので，スウェーデン語で間言語理解に参加することが想定できる。

容的多言語使用の背景にあると考えられる（Ribbert & ten Thije 2007: 76）。

相互の類似性がより低く，言語系統が異なる言語の間でも，双方とも相手言語をある程度学んでいる場合，このようなコミュニケーション形態が成立する。異なる第一言語を持つ人によって構成される家族や言語境界地域のように，相互のコミュニケーションが頻繁に行われる場合にみられることが多いようだ（ten Thije et al. 2016: 5）。クルマス（Coulmas 2005: 126）は，社会言語学の入門書において，多言語対話の例として，ある小説（Pierrette Flatiaux, *Allons-nous être heureux?*）における母子の会話をあげている。小説の地の文はフランス語であり，登場人物の母の方もフランス語で話しているが（波線部），子どもは英語である（下線部）。

- About my school, mum, dit l'enfant en marchant vers l'arrêt d'autobus.（お母さん，学校についてだけどね，と子どもはバス停に行く途中で言った。）
- Oui ? Dit la maman.（うん，と母親。）
- It's a great school, isn't it ?（素晴らしい学校だよね。）
- Oui, c'est une école formidable, répond-elle avec sincérité.（そう，とってもね。彼女は正直に答えた。）
- The best school in town ?（町で一番いい学校？）
- La meilleure de la ville, oui.（町で一番いい学校，そのとおりよ。）

スイスやベルギーのような，比較的小規模な多言語国家の場合，相互に言語を学んでいることが多いので，受容的多言語使用は公共の場でもみられる（Lüdi 2007, Tytgat 2018）。たとえばスイス国会の委員会では，各議員がドイツ語，フランス語，イタリア語を解する場合，めいめいが自らの言語を用いて議論が行われるとのことである。同様のことは，ドイツ・フランス国境の地域協力においても報告されている（三木 2008：70）。

受容的多言語使用を積極的に推進する提案もされている。フランスのジャン＝マルク・エロー首相（当時）は 2013 年 4 月 25 日，「フランス語の使用についての通達」を出したが，その第 3 節「国家公務員の国際コミュニケーションの原則」では，第三言語（共通語）を用いることは，他に方法がない場合に限るべきであるとして，当事者の言語を使用することを勧め，なかでも受容的多言語使用を推奨している。これは国際的な場で英語が多く使われる傾向への対抗手段としての提案とみなすことができる。

> 他国の相手はフランス語で話せるほどの能力を持ってないとしても，フランス語を理解する受容的な能力を持っていることがしばしばあります。同様に，フランスの代表は，国際コミュニケーションに用いられるいくつかの言語を理解することができるにもかかわらず，それらの言語で容易に話すことができないこともあります。このような状況では，コミュニケーションにおいて，より高い平等を保障する次のコミュニケーション方法を提案することができるでしょう。すなわち，どちらも相手の言語を理解できるなら，どちらも自分の母語で話すことができます[10]。

同様に，多数派言語の使用が優先されがちな社会環境において少数言語の使用の場を確保する観点から受容的多言語使用が提唱されることもある。ドイツの少数言語ソルブ語が使われる地域では，伝統的な居住地域でも，ソルブ語話者が多数集まっていても一人ドイツ語を話す人が加わるとみなドイツ語に切り替えるという現象がよくみられる。そのため，ソルブ語使用の場はかなり少なくなってしまう。しかし地域に長く住んでいるドイツ人はソルブ語がある程度理解できる場合もある。そこで，ソルブ語使用の方針として，「相手がドイツ語で返事をしても，理解される場合はソルブ語で話し続ける」ことが提案されている（Šatava 2000: 55)。これは，受容的多言語使用がより広くみられるカタルーニャ語の使用方針から影響を受けたものであり，多くの少数言語に共通する問題への対処と考えられる。そのような言語使用が行われた事例は，ソルブ語メディアで肯定的に評価される[11]。

このように，ヨーロッパにおいて，受容的多言語使用はとりわけ，劣勢にある言語の使用を推進する文脈において提唱されている面がある。欧州委員会も「間言語理解」のような受容的な多言語方略を評価する文書を出してい

10）Le Premier Ministre, Circulaire relative à l'emploi de la langue fançaise, Paris, le 25 avril 2013。シモン・テュシェ氏提供の資料による。訳も同氏。

11）ソルブ地域の自治体の会議で，ソルブ語が話せない人が含まれていたが，ソルブ語が理解できるということで議論が基本的にソルブ語で行われたことがソルブ新聞で報道された（*Serbske Nowiny* 20201209)。議事の内容よりも，非ソルブ語話者がいたにもかかわらずソルブ語で議事が進められたことに記事の重点が置かれていたこと（記事のタイトルも「ソルブ語で議事進行」）から，このような受容的多言語使用が望ましいとされつつも実際にはあまりみられないことがうかがえる。筆者のソルブ地域の現地調査では，教会の役員会でも同様の受容的多言語使用がみられた（木村 2005：414–415)。

る。それによると，この方略は言語や文化の対等な関係に資するのみならず，対等性と効率性の両立が可能な方略であり，欧州の諸機関において英独仏の優位性を軽減し，ただ一般的に多言語使用を掲げる現状よりも現実的に多言語学習・使用を推進する手立てになるとしている（European Commission 2012b: 26, 29）。そして，EU 機関の内部では，共通語と間言語理解を相互補完的に用いるのが最も効率的なコミュニケーションの方法だとする（同上：29）。ただし欧州委員会自体においては，受容的多言語使用が主にみられるのは，職員の多くが使える英語とフランス語の間とのことである（同上：16）。大言語の優位性を軽減することに資するはずの手段が，主に大言語について使われているということに，この方略の現実の一端がうかがえる。

言語教育における可能性

このように，意義が評価されつつも実際の使用範囲が限られている受容的多言語使用の使用範囲を広げるため，異言語教育において，受容的な能力の開発に焦点をあてることが提唱されている。教育の場でも，動機となっているのは，英語のみになりがちな異言語教育への代替案を提示することである。たとえばドイツのドイツ語ドイツ文学会は次のような声明を出している。

> 言語教育の原則は英語という単一の共通語をなるべく完璧に習得することではなく，なるべく多くの言語を少なくとも受容できるという，より容易に獲得できる能力の獲得に置かれるべきである[12)]。

従来の言語教育の考え方からすると，読む聞くだけの言語能力というのは不十分ということになるが，受容的多言語教育の提案においては，一つの異言語の「4 技能」をまんべんなく学ぶよりも，受容能力に焦点をあてた多言語学習をすることがめざされる。これは，複数言語の部分的な能力を評価する複言語主義を掲げる CEFR の観点に沿う一つの方向性といえる。複言語主義の観点からみると，むしろこれまでの，一つの言語の「完璧な」習得をめざす教授法の方が，偏った不十分な言語教育という考え方も成り立つ（Lüdi 2007: 173）。受容的多言語使用は，隣国語の教育にも有効であることが提言

12）Tutzinger Thesen zur Sprachenpolitik in Europa. Erarbeitet auf der Tagung “Euro-Deutsch” des Deutschen Germanistenverbandes in und mit der Evangelischen Akademie Tutzing am 3./4. 6. 1999, http://www.germanistenverzeichnis.phil.uni-erlangen.de/tutzing.html

されている（Finkenstaedt & Schröder 1991 : 37）。

受容能力に焦点をあてる教育のなかでも，1990年代以降，多言語教育の一環として間言語理解に関する具体的な教授法が考案され，実践されるようになっている。それが類縁言語の多言語同時学習である。このような間言語理解の教授法は，欧州評議会の「言語文化への複数主義的アプローチのための参照枠組み」（Un Cadre de Référence pour les Approches Plurielles des Langues et des Cultures, CARAP ; A Framework of Reference for Pluralistic Approaches to Languages and Cultures, FREPA）（Candelier et al. 2007）でも，複言語教育の代表的なアプローチの一つとしてとりあげられている。

EUからもさまざまな間言語理解教育プロジェクトに助成が出されている（Ollivier & Strasser 2013）。ここではそのなかから，多言語における読解力の速習をめざす教授法を開発してきたEuroComプロジェクトを紹介する[13]。このプロジェクトでは，一つの言語を学んだあとで次の言語を順に学んでいくのではなく，既知の言語知識を最大限活用して，傾向の発見や類推をとおして類縁言語をまとめて学ぶことをうたっている。たとえば大学では，一学期で，ロマンス系の言語をすべて読む力をつける講座が行われている。学校教育や成人教育でも同様の教育プログラムが提案・実行されている。基本的に，すでに一つの「架け橋言語」，たとえばロマンス系言語ではフランス語をある程度学んでいるということが前提となるため，この教授法は，従来の言語教育にとって代わるというよりは，補足的，拡張的なものといえる。英語の知識もロマンス語学習に役立てられるため，言語間の知識の活用は必ずしも同系統の言語に限らないが，このプロジェクトは，ロマンス語に焦点をあてたEuroComRom，スラヴ語のEuroComSlav，ゲルマン語のEuroComGermの3つに分けて展開されてきた。

具体的には，「7つのふるい」と称する7つの観点で同一系統の言語で書かれた文章を読み解くことをめざす。それらはロマンス語の場合，「国際的語彙」，「ロマンス語の共通語彙」，「音の対応」，「つづりと発音の関係」，「ロマンス語共通の統語構造」，「形態統語論的要素」，「接頭辞接尾辞」となる。たとえば「音の対応」では，知る（savoir, sapere, saber）のようにフランス語のvがイタリア語ではp，スペイン語ではbになるという対応関係に気づく

13）https://eurocomdidact.eu/

ような比較を行う。語彙的・文法的な共通点と相違点をおさえることで，目標を読解にしぼって短時間で高いレベルまで到達できることとともに，学ぶ過程が言語の仕組みや相互関係についての理解を深める言語意識の醸成にもつながることが利点とされる。

EuroComのように，間言語理解の教授法は当初，すでにある文章を読むことに焦点をあてたものが多かったが，2000年代以降，インターネットなども活用した，文章や口頭のやりとりを含む教授法もみられる。これらの場合は，受容的な能力のみならず，やりとり，産出の能力も含まれてくる。やりとりの能力としては相手の理解力に配慮することが必要になり，産出能力としては，言い換えたりやさしく表現したり，国際的な語彙や共通の語彙を選んだりすること，さらにはテキストの構成を明確にすることなどが含まれる（Ollivier & Strasser 2013: 73）。このような側面は，「間言語産出」（interproduction）と呼ばれる（Ollivier & Strasser 2018: 196）。こういった練習をすることで，相手を尊重し，寛容な精神で協調するという異文化間能力がつくことが期待されている（Melo-Pfeifer 2018）。間言語産出は，類縁言語に限らず受容的多言語使用一般についても有意義だろう。

お互いに相手言語を聞いてわかる言語能力的な前提がある場合でも，とりわけ口頭ではその能力が生かされず共通語やいずれかの言語を使う傾向が観察されることから，異文化間に関わる職業訓練や研修において受容的多言語使用を練習することも提案されている（Meulleman & Fiorentino 2018）。受容的多言語使用の効果的な実践のためには経験が必要であるとされる（Beerkens 2010, Blees et al. 2014）。

次の引用で述べられているように，この方略を推進する研究者によれば，自言語を使いつつ他言語を受容することは，学習した異言語を活用しやすくすることにもなり，他言語が使われることに慣れることで相手の言語を自らも使うことへのためらいも減ることが期待されている（ten Thije et al. 2016: 4）。

> 受容的使用は（…）自言語を含むすべての言語や文化を尊重するよう促す。長期的にみれば，受容的な，また産出的な能力を多言語で身につけることにもなる。受容的使用は他言語を学ぶしきいを低くし，話す恐れを取り除く。言語を理解することは自らも使うことにもつながる。（…）さらに，この方法を使えば，間違えることを気にせずにコミュニケーシ

ョンがとれる。

その意味で，受容的多言語使用は，相手言語を自らも使うことを否定するものではなく，むしろ促進するための方略としても位置づけられる。受容のみを強調してかえって窮屈なコミュニケーション方略として受けとられたことへの反省から，相手言語の使用や共通語を交えることも含めてとらえる「寛容な」定義を主張する意見も出ている（Melo-Pfeifer 2018: 220）。

限界を乗り越えるために

ここまで，受容的多言語使用の実践のされ方や提案，また教授法の開発をみてきたが，いずれも現状では主流とはいえず，期待されている割には周辺的な存在にとどまっている。受容的多言語使用およびそれに向けた教育がその可能性を発揮できるための条件として，ポーズナーは二つの点をあげている（Posner 2002: 187）。一つめは，言語面での礼儀の規範を変えることである。相手と異なる言語（自分の言語）を使い続けることが失礼だという見方をやめることが肝心だという。二つめは，異言語教育において一つの言語だけを用いるという発想から脱却して多言語使用の可能性をも念頭においた教育をすることである。いずれも，現在のコミュニケーションや教育を支配している単一言語主義的な言語イデオロギーを乗り越えるかなり思い切ったパラダイム転換である。

このような変革が困難である一つの理由として，実際の使用については，社会言語学の観点から，人間のコミュニケーションが一つの言語で行われる方向に向かう一般的傾向が指摘されてきた（Coulmas 2005: 140, Ammon 2015: 27–28）。これは多くの場合，使われる言語の威信や勢力が異なるため，威信の高い，あるいは勢力の強い言語に収れんするという言語間の権力関係で説明できる面と，個人の言語能力も多くの場合どちらかの方が相手言語の能力が高く，より意思疎通がとりやすい言語に合わせていくという，個人的な言語能力の要因で説明できる面があるだろう。

コミュニケーションの場で負担が大きいという指摘もある。産出については，上で教育について述べたように，相手の理解力に合わせて話さないといけないので，自言語を話すといっても，第一言語話者同士の対話とは異なり，認知的な努力を要することが指摘される（Blees et al. 2014: 188–189）。また，相手のことばを自分のことばに訳して表現するということも場合によっては認知的な負担になりかねない。すぐに反応しなくともよい書かれたことばの場合と異なり，口頭では，より困難を感じることも予測できる。間言語理解を推進する目的で書かれた欧州委員会の文書でも，「共通語を使うことは，（みながその言語を話すという前提があれば）しばしば誤解がより少なくなり，時間がかかる説明も省くことができる」（European Commission 2012b: 29）と，共通語を使う方が便利である場合があることを認めている。

言語教育の観点からは，受容能力を伸ばすことに（のみ）重点を置く教育を学習者が必ずしも望まないということもある。また特定の言語（圏）に関心がある場合は，多言語を広く浅く学ぶよりは，むしろその言語の学びを深めたいと思うにちがいない。

このように，実際の応用や受け入れを妨げる要因はあるものの，受容よりハードルが高い異言語での産出を回避できることは，類縁言語間や双方に一定の相手言語能力がある場合，利便性の高い手段であり，相手言語を学んでいる／学んだことのある人同士の交流にさらなる潜在的可能性がある。かつてドイツ語作家のヘルマン・ヘッセとフランス語作家のロマン・ロランがそれぞれよりよく表現できる自言語で書いて文通したように（山川 2016：144），自言語で書くことは，理解される限り，表現力を最大限生かすという観点からも有意義であるといえる[14]。

また多言語同時学習を含む受容能力を伸ばす教授法は，複言語教育の新しい可能性を開くものであり，さらなる言語を学ぶ時間と労力を前にしり込みすることなくより気軽に取り組むことができる意味で，言語学習の間口を広げることができる。自分が関心を持った言語からさらに興味を広げていくきっかけにもなる。受容能力を目的とするのではなく，異言語を活用する入り口としてとらえれば，異言語学習の動機づけを高める一助になるだろう。

言語的仲介と受容的多言語使用

通翻訳と受容的多言語使用は，これまでほとんど合わせてとりあげられてこなかった。それぞれの論者は，もう一方を特に意識していないようにみえ

14）著名人による口頭の使用例として，フーコーとチョムスキーが 1971 年にオランダのテレビ番組の企画で行った対談ではそれぞれが自言語（フランス語と英語）を話している。https://www.youtube.com/watch?v=3wfNl2L0Gf8&feature=emb_logo

る。確かに，一方は間接性を特徴とし，他方は直接性に重きを置くため，方略の種類としてかけ離れているように受け取られる面もある。

しかし，本書における分類で明確であるように，どちらも，自言語使用に限らないとはいえ，相互の自言語使用がされる場合に最大の利点が見出される方略である。またいずれも，異言語間コミュニケーションのしきいを低くすることに貢献することをめざす。できる限り受容的多言語使用をめざし，できない部分は通翻訳（機械翻訳を含む）を使うというように，補い合う関係と考えることができる。いずれも自言語使用を打ち出す方略として，双方の論者や実践者が協力していくことができる点は多いのではないだろうか。たとえば，受容的多言語使用において言われる間言語産出は，言語を調節するという意味で，仲介能力としてとらえることも可能である。仲介能力の開発というのが協働の一つの可能性だろう。さらに，このような相手に合わせた調整は，共通語としての英語など，他の方略にもつながるだろう。ヒュルムバウアー（Hülmbauer 2014）は，ELF と受容的多言語使用を比較する論考で，わかりやすくするために通常の母語使用から離れるのが両方略の共通点だと指摘している。相手に合わせた話し方の調節は，3.2 で述べたように単一の当事者言語使用にも有意義である。

コラム4 映画『スター・ウォーズ』にみる受容的多言語使用

映画『スター・ウォーズ』シリーズにはさまざまな星の多様な生き物が登場する。それぞれ独自の言語を持っているという「現実的な」設定となっている。シリーズの最初の映画『新たな希望』（エピソードIV）では，惑星タトゥイーンの多彩な生き物たちの多様な言語が聞かれる。R2-D2のようなドロイド（人工知能を持つロボット）の話すさまざまな機械語を入れて，シリーズに出てくる「言語」は68種類にのぼるとのことである[1]。しかし，『スター・トレック』シリーズに出てくるクリンゴン人の話すクリンゴン語などが，言語学者が考案した語彙と文法を持つ「本物の」言語であるのとは異なり，スター・ウォーズの諸言語は，それっぽい音を出しているだけである。したがって言語学的にはもの足りない面は否めない。しかし異言語間コミュニケーションの観点からは，スター・ウォーズのコミュニケーションは実に興味深い。

まず，共通語としてかなり広く用いられるのが，銀河基礎語（Galactic Basic）と呼ばれる英語である。人間は基本的にみなこの言語を話し，自由と正義を守る騎士ジェダイなどの人間以外も多くがこの言語を用いる。ジェダイの指導者ヨーダの，語順まで異なる独特な話し方に代表されるように，なまりや方言も多様である。話し方の多様性も，銀河全体に広まっているわけではないことも，現実世界の英語のあり方を彷彿とさせる。

共通語が通じない場合，プロトコル・ドロイド（さまざまな慣習や礼儀作法を把握しているドロイド）のC-3POのような，通訳のできるドロイドの出番となる。『ジェダイの帰還』（エピソードVI）で，どれだけの言語ができるかと聞かれて，C-3POは600万と答える。少なくともそれだけ多くの言語が銀河に存在するということになる。この通訳能力はたびたび生かされる。たとえば，森の月エンドアに住む，小熊のぬいぐるみを思わせるようなイウォークたちと人間のレイア姫は，言語的な意思疎通ができず，C-3POの助けを借りる。ただしレイアは，手招きをして座るように促したり食べ物を渡したりして仲良くなる術を心得ている。ここまでは，現在の地球上における代表的な媒介方略と基本的に似ている。

しかしスターウォーズの異言語間コミュニケーションにおいてとりわけ特徴的なのは，受容的多言語使用がたびたび登場することである。エピソードVIで，人間以外の生き物に変装したレイアはウビーズ語という言語を話し，ハット語

1）Every Language in Star Wars Movies（https://www.youtube.com/watch?v=CZp8Civk2co&feature=emb_logo）

を話すギャングのボス，ジャバ・ザ・ハットと，C-3POの通訳を介して話す。しかし，正体がばれた後，レイアとジャバは，一転して通訳を介さずにそれぞれの言語——ジャバはハット語，レイアは銀河基礎語——で話す。ジャバはどのシーンでも一貫してほぼハット語のみを話すが，銀河基礎語の受容能力はあるということになる。これらの言語は，全く相互理解できない言語である。

ここでみられるように，スター・ウォーズにおける受容的多言語使用は，類縁言語ではなく，遠くかけ離れた言語同士で用いられている。むしろ，語彙や文法どころか発声器官も異なるため異生物の言語を話せない人間と，基本的に人間の発声器官に対応している銀河基礎語を話すことも困難な異種との間だからこそ受容的多言語使用が用いられる，と言ってもいいかもしれない。

最も場面が多く印象的なのが，ミレニアムファルコン号の船長ハン・ソロと，全身を毛で覆われた長身の種族ウーキーの副操縦士チューバッカの会話である。ハン・ソロは銀河基礎語を話し，チューバッカはウーキー語を話す。密輸のために銀河を飛び回ってきたハン・ソロは，さまざまな言語の受容能力を身につけたらしく，ジャバやタトゥイーンの他の生き物などともこのようにして話す。他にも，主役の一人である人間のルーク・スカイウォーカーは，ジャバとそれぞれのことばでやりとりし，ドロイドのことばをも理解している。また人間ランド・カルリジアンも，デススター攻撃のような重要な場面で，げっ歯類のような顔をした，サラスティーズ語を話すサラスト人の副操縦士ナイン・ナンと当然のように受容的多言語使用で話す。

このように受容的多言語使用は，銀河という多生物種・多言語世界において，無理にどちらかの言語に合わせるのでも第三の言語に統一するのでもなく，それぞれが自由に話せる言語を話す利便性の高い方略として広く用いられていることがうかがえる。類縁言語でなくとも，相互の接触頻度が高い異言語の話者の間で用いることができるという，スター・ウォーズにおけるこのコミュニケーション方略の使用の場の設定は，受容的多言語使用の可能性をよくとらえているといえよう。

地球上でも，このように異言語間話者間の接触が緊密化して受容的多言語使用がより一般的になる日は来るだろうか。

第5章
組み合わせと混合

5.1　消極的な方略——組み合わせて使う諸形態

ここまで，追加言語と当事者言語を用いるさまざまな方略を検討してきた。最後に，これまでみてきた追加言語や当事者言語を使う方略を組み合わせたり，混ぜたりして使う方略を検討する。

複数の追加言語，および追加言語と当事者言語を組み合わせる手段としては，複数の追加言語（V），自言語／追加言語（VI），相手言語／追加言語（VII），自言語／相手言語／追加言語（VIII）という可能性がある。これらは，いずれも，言語的仲介が入らないとすれば，自らが使用しない言語の受容能力が前提となるので，リンガ・レセプティヴァという方略に含まれるといえる（4.2 参照）。

そのうち，ヨーロッパでの言語的媒介方略に関する議論で，明確な言及がみられるのは自言語と追加言語の組み合わせ（VI）のみである。この組み合わせは，受容的多言語使用をめぐる議論で言及されることがある。まず，間言語理解を活用する場合があげられる。これは，スペイン語を学んだロシア人がイタリアでスペイン語を使って意思疎通をはかる場合のように（Ollivier & Strasser 2013: 40），共に使える共通語がない場合になおコミュニケーションをとることができるという意義を持つ。

さらに，当事者言語の一方のみを相手が理解できる場合，自言語を使う受容的多言語使用の限界を共通語（追加言語）で補う両方略の「混合手段」として言及されることもある（Finkenstaedt & Schröder 1991）。たとえばリトアニア人とフランス人が，前者は英語で，後者はフランス語で話す場合である。

わざわざそのような話し方をする利点としては，片方は自言語であるために，聞き返しや言い直しの確認を含めて会話を順調に進めることができることがあげられる（同上：47）。この例では，リトアニア人はフランス語がわかるというだけでなく，フランス人は英語がわかるという前提であるが，英語よりもフランス語の能力が高いので，それを活かすことで，両方が追加言語で話すよりも，せめて一方が自言語で話した方が正確にやりとりができるという可能性に賭けるということである。追加言語を使うと同時に相手言語を理解することが求められる小言語話者（この例ではリトアニア人）に負担がかかるが，自言語を使える話者の方がその分，コミュニケーション上の責任をより多く担うことで埋め合わせをするという発想と理解できよう。

別の例として，テン・テイエ（ten Thije 2013: 137–138）は，ドイツ語話者がドイツ語を話しロシア語話者が英語を使う例をあげ，ロシア語がわから（ずおそらく英語も得意では）ないこのドイツ人と，ドイツ語が理解できるがあまり話せないこのロシア人の両者間では，両者の持ち合わせている言語能力を最大限用いるこのようなドイツ語と英語のリンガ・レセプティヴァが最も効率的なコミュニケーション法であるとしている。

上記のような，受容的多言語使用の議論で言及される例からは，一方が追加言語を用いる場合も当事者のいずれかは自言語を使うことを想定していることがうかがえる。つまり，複数の共通語（V）や，相手言語と追加言語の組み合わせ（Ⅶ）は方略として言及されない。これらの方略は，リンガ・レセプティヴァの一形態であるとともに，いずれも自言語を用いないため，自言語不使用の際の使用言語を当事者言語に限らない一形態ということもできる。それぞれ具体的に起こりうる場合を考えてみよう。

複数の共通語の併用（V）が実際に起こる例として，複数の公用語を使うことができるEUの会合で，使いやすい共通語を選ぶ場合があげられる。たとえば，ドイツ人が英語を用いてスペイン人がフランス語を用いるという具合に。ただし，それぞれ産出と受容で異なる追加言語を用いるので，このような方略が積極的に推奨されないのは不思議ではない。欧州委員会の内部会合のように，資料が英語かフランス語で用意され，議事録もどちらかの言語で作成される場合，これらの言語を自言語としない当事者の間では，両言語が共通語として機能している。

複数の共通語として，一方が英語を用い，他方がエスペラントを用いるという場合も理論上はある。ただし，英語とエスペラントがこのように用いられることは現実にはほぼ想定できない。英語が用いられる多くの場ではエスペラントを使える言語能力的な前提がない。一方，エスペラントを学んでいる人は多くの場合，英語もある程度は学んでいると考えられるので，エスペラントが用いられる場合は，英語を使う言語能力的な前提が想定される。しかしエスペラントが英語への対案として提示され，それに共感する人がエスペラントを使っていることが多いため，仮に英語能力の方がエスペラントより高い場合も，エスペラントを使う場で英語を用いることは基本的に避けられる。エスペラント力以外の言語能力による差異が生まれることを避ける，エスペラントの平等主義的な言語イデオロギーの表れとみることもできる。

相手言語／追加言語（VII）は，たとえば，ロシア人がイタリア語で話すのに対してイタリア人が英語を話す場合が該当する。これは，ロシア人の話すイタリア語が聞きとりにくいから英語に切り替えることでよりよく意思疎通をはかることを望むといった，消極的な場面が想定できる。このような場面は十分想定できるとはいえ，相手言語を話す人に追加言語で返すのは失礼と受けとめられる可能性が高い。このような形態を積極的に推奨する理由を見いだすことは困難だろう。

最後に，VIIIを検討する。VIIIが想定されうる制度的な枠組みとしては，ある組織が限られた数の公用語を採用する場合がある。欧州議会の委員会レベルでは事実上，英語とフランス語が主に用いられる。欧州委員会は，実務言語を英語，フランス語，ドイツ語と定めている。またEU以外でも欧州評議会が英仏を使うなど，限定された多言語編制がみられる。このような「寡頭制」（Grin 2008）は，単一言語主義と，より広い多言語主義の間をとる妥協策として理解できる。EU全体についても，すべての加盟国の公用語をEUの公用語にするのではなく，有力ないくつかの言語のみを公用語にする案もたびたび提示されている（Christiansen 2006, Grin 2008）[1]。たとえば英語，フランス語が公用語となる場合，それらの言語の第一言語話者は自言語を使い，それ以外の言語の話者は場合によっては，追加言語および相手言語として英語とフランス語のいずれかを使うことになる。具体例としては，Vの例としてあげた，ドイツ人が英語を用いてスペイン人がフランス語を用いる場にた

1）EUの多言語主義自体，基本的に加盟国の公用語を公用語にしているので，国家の公用語ではない少数言語話者からみれば，既に寡頭制ということになる。

とえばフランス語を話すフランス人が加わると，当事者言語の側面が加わる。そうなると，母語と相手言語と追加言語のすべての要素を含むⅧのタイプとなる。

以上のように，ⅤからⅧのような組み合わせ形態はいずれも現実にみられることが想定されるものの，Ⅰ～Ⅳと異なり，積極的に推進・選択される方略というよりは，特定の異言語間コミュニケーション状況のもとで発生する消極的な方略といえるだろう。

5.2 再評価に向けて——混ぜて使う諸形態

これまで見てきた手段はいずれも言語の使い手がある特定の言語を使うことを前提にしていたが，実際には混ぜることが多くみられる。言語はそもそも混合的であるため，あえて言語混合やコード切り替えという概念が必要かという疑問もありうるが，第 1 章でみたように，本書では，「言語」の存在を認めることと，多彩に「ことばる」ことが矛盾しないという見解をとる。言語はそもそも境界がないとしてすべてを「ことばる」ことに還元することは，これまでしばしば混合が好ましくないとされた純粋性追求への反動という側面を持っていると考えられるが，純化主義への反発のあまり，「言語」自体を否定してしまうのは，逆の極端に思える。「言語」否定論者は，「コード切り替え」（code-switching），ひいては「バイリンガリズム」といった用語にも批判的であるが，ペニークック（Pennycook 2016: 210）が認めるように，これらの 3 つの概念に，必然的に静的ないし固定的な本質が含まれるわけではない。とりわけ，「言語」がイデオロギーとしても実態としても浸透したヨーロッパのような社会的文脈では，言語の存在を認めたうえで，言語のどのような文法的・語彙的要素も，言語の産出における資源として多言語の環境で活用できるという理解をとるのが妥当だろう（Marácz 2018b: 238）。

このような前提に立ち，ここで言う言語混合とは，「少なくとも二つの異なる言語からの形態的・統語的，また（は）語彙的な素材が顕著にみられるような話し方」（Muysken 2007: 315）としての混合コード（mixed codes）を使う方略を指す。すべての異言語間コミュニケーションがこの意味での言語混合でない以上，言語混合は，それ自体，異言語間コミュニケーションの方略の一部として正当に位置づけるべきだろう。バックスらも，社会的構築物と

表　言語混合の種類（Auer（1999）をもとに作成。より詳しい分類は Muysken（2007）参照）

形式		説明
コード切り替え	交互的	その場限りの話し手の判断。時点ごとに特定言語が優先されて交互に使われる。通常，統語論的な句の境界（syntactic clause boundary）で切り替わる。
	挿入的	その場限りの話し手の判断。基調として用いられる言語は維持される。句より小さい単位で挿入が行われる。
コード混合	交互的	繰り返しみられるパターン。句より小さい単位でも言語が混合する。どちらの言語が基調（matrix language）か判別がつかない。
	挿入的	繰り返しみられるパターン。基調として用いられる言語は維持される。挿入部はしばしば基調言語の文法に合わせて変形される。
混合言語		話し手の選択による変異が減り，話し手が従う構造的な規則性がみられる。

しての「言語」意識が存在し，言語混合がそのように認識される以上，「コード切り替え」の概念は有効であるとして，言語的媒介方略に含めている（Backus & Jørgensen 2011 : 30）。

言語混合は，その場に参加する当事者の一部が用いる非対称的な場合もあれば（IX），当事者すべてが用いる対称的な場合（X）もある。はじめに，言語混合の種類を確認したうえで，方略としての意義や位置づけに関する議論をみていく。

言語混合の際に複数言語の要素がつながる形式は，言語間の区別意識が明確かつその場限りの「コード切り替え」から，同様なパターンが繰り返し起こって言語間の結びつきがより緊密になる「コード混合」（code-mixing）を経て，独自の規則性がみられる混合言語（fused lects）に至る連続体として理解できる（表）。コード切り替えやコード混合にはそれぞれ，交互的な場合と挿入的な場合がある。いずれの分類も境界は必ずしも明確なものではないことを確認しておきたい。

言語混合は，言語接触に伴う基本的な現象であり，ヨーロッパにおいても，近代以前においては一般的であった（Moliner et al. 2013）。しかし，言語的な近代化の過程で均質な言語が追求された社会的文脈においては望ましくないこととされてきた。ただし，依然として「純粋な言語」のイデオロギーは根強いものの，近年では混質性（ハイブリディティ）が肯定的に評価されるなど（Földes 2014），言語混合を見直す動きがみられる。EU の翻訳者マラーニが 1990 年代後半に実践してみせたヨーロッパ諸言語の混合「ユーロパント」（Europanto）は，まじめな提案ではなく戯れであったが，言語混合へのまなざしの変化を象徴するものといえる。次の文は，ユーロパントによる，ユーロパントの説明である。各語のもととなったと思われる言語を記してみた（D＝ドイツ語，En＝英語，Es＝エスペラント，F＝フランス語，L＝ラテン語）。主に英独仏の 3 言語から成っていることがわかるが，造語や改変を含んでいるほか，他のヨーロッパ言語の知識でも読み解けるので，ここで付した言語名はあくまでも参考にすぎない。

> Europanto esse un ‘pidgin’ gemade von multe parts von multe Europish langues,
> L F D+En D Es En D Es D+En ? F
>
> que chaquebody with un gemutfeeling por dies langues verstand posse.
> F F+En En F D+En Es D F D L
>
> Il esse gedacht by Diego Marani, un traducter por die Europish Togethering.[2)]
> F L D En F F ? Es D D+En ? En ?
>
> （ユーロパントは多くのヨーロッパの言語の多くの部分から作られた「ピジン」であり，これらの言語についての感覚を持ち合わせている人はだれでも理解できる。それは，ヨーロッパ連合の翻訳者であるディエゴ・マラーニによって考案された。）

異言語間コミュニケーションに関する研究においても，言語混合がとりあげられている。共同研究 Toolkit において，ヨーロッパにおける異言語間コミュニケーション方略の一つとしてコード切り替えをとりあげたバックスらは，コード切り替えが公式的（formal）な場では忌避されてきたものの日常のなかでは頻繁にみられることを指摘し，コード切り替えをこれまでより高く評価して他の方略と同等の価値を認めるべきだと主張する（Backus & Jørgensen 2011 : 38）。

2）https://de.wikipedia.org/wiki/Europanto

共同研究DYLANにおいては，「複数言語話法」，とりわけ言語混合がヨーロッパにおいて幅広く用いられていることを明らかにして，方略の一部として明確に打ち出した。DYLANの研究成果を一般向けに広めるために作成された成果報告冊子には次のように整理されている。多言語社会における方略には単一言語による方略と多言語による方略がある。前者には「一言語のみ」（OLON, “one language only”）と「ある時点では一言語」OLAT（“one language at a time”）が含まれる。本書の分類では，単一の追加言語や当事者言語を使用する場合がOLON，受容的多言語使用や自言語不使用がOLATに入ると考えられる。それに対して，一人の話者が多言語を使う方略として「すべての言語を場合によって」（ALAST, “all the languages at some time”）や「すべての言語をいつでも」（ALAAT, “all languages at all times”）があげられる（Berthoud et al. 2012: 12–13)。同冊子には，余白にスローガン的に，「創造的であれ，混質的であれ，言語を切り替えよ」（Be Creative. Be Hybrid. Switch Languages!；同上：21）と記されている。一般向けの成果広報の一環としても，「言語を混ぜることはあなたの創造性や新しい考え方を高めることを知っていましたか？」（同上：21）と（英語で）記したハガキが作成された。また成果報告論文においてベルトゥーらは，次のように主張する（Berthoud et al. 2013: 431)。

> コミュニケーションをとることが最終的に重要であり，それが効率的であるとともに公正でもあるべきならば，話者が言語を混ぜたり組み合わせたりして使用することを認めることが有意義である場面は多い。これはすでに実践されていることであるが，それ自体を有効な方略として認めることで，実践はより効果的になりうる。

ベルトゥーらはやりとりの行われる状況を，一方には言語間を厳密に区別する方略が適切な状況があり，他方には言語間の境界が溶解する状況があるという連続体としてとらえる。たとえば理系の研究者は学会で英語で発表や議論をするが，多国籍の研究員が集う研究室では多言語が飛び交い，だれも自分が何語を話しているかは気にしない（同上：432)。このような理解において，言語混合を特殊なもの，避けるべきものとする均質主義は完全に否定されている。

このような再評価の流れのなかで，CEFRは，2001年版では複言語・複文化能力の一環としての「言語の切り替えを可能にするさまざまな能力」に軽く言及するにとどまっていたのに対して，増補版においては言語混合に関する記述を拡充し，「さまざまな言語を混ぜ，必要に応じて切り替える」ことを複言語・複文化能力のレベル別の能力記述文の鍵概念に含めている（Council of Europe 2020: 127)。こうしてCEFRにおいて，きわめて基本的な日常の出来事において協力的な相手の助けを借りて複数言語で用を足すことができるという基礎段階（A1）から，専門的・抽象的な主題に関する相互行為において柔軟に言語を切り替えることができるという熟達した言語使用（C2）の段階まで，言語混合を含む言語使用の指標が設けられた（Council of Europe 2020: 128)。このような積極的な評価は，言語混合は単に言語能力が不十分であるから仕方なく用いられるという見方を明確に否定している。なお，この段階の区分も実際は連続的であることは言うまでもない。

しかし言語混合を無制限に推進することへの批判的な見方もみられる。マラーチ（Marácz 2018b: 238）は，言語混合は必然的に標準的な話し方から外れる「不完全な多言語使用」(incomplete multilingualism）となるので，少しでも公式的なコミュニケーションの文脈では受け入れられないとして，言語混合をより公式的な場でも認めることを求めるバックスらの提言は非現実的だとする。実際に，規範にとらわれない言語混合の自由さは，ユーロパントにみられるような際立った創造性が発揮されうる反面，決まった規則や文法がないため，不安定で，正確な伝達が保証されない恐れをはらむ。DYLANが提起したように，言語混合が有効である場面とそうでない場面を見極めることが求められるといえよう。

他の方略との関連において，言語混合は，とりわけELFの文脈で取りあげられている。その背景として，マッケンジー（MacKenzie 2014: 30–31）は，ヨーロッパ諸語の間では相当程度，類型論的・語彙的な類似性や共有性がみられるので，「ヨーロッパのELFは，さまざまなタイプの言語横断的混合や挿入が実際に社会的に受け入れられ，効果的である文脈であるようだ」と述べる。

なお，ここまでは表層的に言語混合がみられる場合を方略としての言語混合として扱ってきたが，DYLANでは，表層からはそれとわからない言語混合にも注意を喚起している。ベルトゥーら（Berthoud et al. 2013）は，幾重もの層をなすフランス菓子ミルフィーユのように，方略には，上からはみえない層が存在するという比喩を使っている（431）。たとえば，「使用者のスキルがそれほど発達していない場合，「リンガ・フランカ」は混質的なコードに変化する」（434）。例としてあげられているのは，主にドイツ語と日本語で仕事をしている学者が国際会議において英語で発表する例であり，その場合の英語は，英語の表層の下にドイツ語や日本語を含んでいるということになる。筆者自身，まさにそのような例であり（コラム 3），英語を使う際にドイツ語や日本語の発想で表現することがあるので，この例は自らの経験からも納得がいく。このような現象は，言語接触研究や言語習得論において，「言語干渉」（言語転移），「中間言語」などとみなされてきたことであり，ELF 論においてはこのような現象がより積極的に評価されているということになる（MacKenzie 2014：28）。その意味でも，言語混合の再評価の議論は ELF 論とつながっている。多言語を含んで用いられる ELF を multilingua franca（多言語的共通語）と呼ぶ見解もある（Jenkins 2015）。

コラム5 映画『ワン・デイ・イン・ヨーロッパ』における媒介方略

ヨーロッパにおける異言語間コミュニケーションの観点からきわめて興味深い映画として，『ワン・デイ・イン・ヨーロッパ』（*One Day in Europe*；ハネス・シュテーア監督，2005年）がある。題名どおり，同じ日に，異なる4都市でそれぞれ外国人が遭遇した，あるいは遭遇したと称する窃盗をめぐる4編の短編から成っている[1)]。第一話では，ロシアのモスクワで，イギリス人女性がタクシー運転手と結託した強盗に持ち物を奪われる。その様子を見たロシア人のおばあさんが親身になって警察との対応まで面倒をみてくれる。第二話では，トルコのイスタンブールで，ドイツからの旅行者が盗難にあったふりをして保険詐欺を計画する。今度は，警察でのやりとりを助けるのは善意のタクシー運転手である。旅行者とタクシー運転手の立ち位置が第一話と逆なのが面白い。第三話ではスペインのサンティアゴ・デ・コンポステーラでハンガリーからの巡礼者がカメラを盗られる。ドイツのベルリンが舞台の第四話では，フランス人の大道芸人がお金に困って盗難を自作自演して保険金を請求しようとする。脇が甘い巡礼者としたたかな大道芸人，また陽気なスペインの警察と実直なドイツの警察が好対照だ。窃盗というヨーロッパの共通体験（？）をとおして異文化の出会いを描くこの映画の重要な要素となっているのが言語の違いである。

まず，旅行者は現地人と話すときはいずれも英語を使おうとしていた。実際，用を足すために多かれ少なかれ英語が役立つ場面もみられる。英語が特に有効に機能する場は大都市において見出される。ベルリンの飲み屋で，フランスから来た大道芸人はアルゼンチン生まれの若者とそれぞれの出自について英語で語り合う。移動経験を背景とした者同士であるのが象徴的である。他方，英語が全く通じないこともあり，通じた場合も，複雑な事情は捨象されて，言語・文化的な誤解や問題がさらに拡大していく事態が何度も生じる。英語を使う関係ではよそ者はよそ者でありつづけ，現地人との親身な関係は生まれていない。そのことが最も明確なのは，英語で意思疎通がなんとなくできていながら，警察官にまともに相手にされず，泣き寝入りするしかない巡礼者である。

総じて関係構築が希薄な共通語と対照的に，相手言語使用の効果を具現するのが，相手がドイツ出身とわかってドイツ語を話すことで関係が一気に深まり，相手に深く関与していくようになるトルコのタクシー運転手である。英語が国際共通語であることを当然視して，警察でも英語が通じないことに腹を立てて

1）この映画の構成や内容についてはオプヒュルス鹿島（2010）参照。

いたイギリス人女性も，ロシアのおばあさんの親切さに，最後は「スパシーバ」とロシア語でお礼を言う。ドイツで，フランス語ができる警察官が親身な対応をするのも印象的である。そもそもいずれの話も，旅行者が現地語ができないことが意思疎通の問題や誤解の根本にある。

意思疎通が困難な外国人を現地人が手助けする場合や警察での対応でみられる仲介活動の特徴がとりわけよく表れているのが，第二話のトルコの警察署の場面である。取り調べをする男性警察官が「座れ！」といった具合で命令調で話すのに対してトルコ語から英語に通訳する女性警察官は，「Please sit down」（お座りください）のように丁寧に変換して雰囲気を緩和する。仲介者を介することで話の流れにはたえず間があく。それを両者はもどかしく感じる。他方，仲介されることで相互の感情が抑えられる効果もある。最後的に間をとりもってドイツ人を窮地から救うのも二言語に通じたタクシー運転手である。

そして，通じないはずなのにたびたびみられたのが自言語使用である。第一話では，お互いの言語が何もわからない旅行者とおばあさんがそれぞれ自言語で意思疎通をはかる。頭痛がすると英語で言ったイギリス人に，相手をよく観察して思いやっているおばあさんは，頭が痛いのね，とロシア語で正確に応じる。また各話において，怒りやいら立ちといった感情は，自言語で語られていた。相手にわからなくても思わず出てしまう場合もあれば，相手にわからないだろうと思ってわざと言うこともあるが，いずれも言い方からしてその内容は相手に伝わっているだろう。ずっと英語で会話しているのに，相手をバカにするようなことをスペイン語で言う警察官や，その警察官への不満をハンガリー語で言う巡礼者の捨て台詞は，自言語でこそ言える本音を表している。

「テレフォン」が通じず，ロシア語では「スキー」をつけるのだろうと，「フォンスキー」と言うイギリス人の涙ぐましい工夫や，教会の扉を背景に写真を撮ってもらいたい巡礼者が「Don’t forget la puerta」（扉を忘れないで）とスペイン語を交えて言うなど，言語混合もみられる。大道芸人が国際的な観衆を意識して多言語であいさつをするのも相手への歩み寄りの表れといえる。

このように，追加言語の意義と限界，相手言語の効用や自言語の役割，言語混合の可能性がさまざまな場面から浮かびあがる。国ごとの文化や気質の違いを意図的にステレオタイプに描くことで茶化しているようにもみえるが，使う言語や方略で人間関係が変わるありさまが多少戯画的に描かれることによって，かえって各方略の特徴が明確になっているのが一つの見どころである。

第二部
異言語間コミュニケーションの実際
──ドイツ・ポーランド国境の調査から

第6章
断絶から交流へ──国境の成立から国境地域の現状まで

6.1　ドイツ・ポーランド国境地域──国民国家の辺境から欧州統合の結び目へ

第二部では，さまざまな言語的媒介方略が実際にどのように用いられているかを，異言語間コミュニケーションが盛んにみられる地域を事例として考察する。同じ地域での使われ方を対照させることで，それぞれの形態の性質がより明確にみえてくると考える。第二部でめざすのは，ある特定の地域・時期における言語的媒介方略の特徴の社会言語学的記述・記録である。

言語境界地域への注目

近年，社会言語学では，言語が複雑に交わる場としての都市圏への注目がみられるが（Pennycook & Otsuji 2015），異言語話者の出会いがとりわけ集中的に表れる場として，大都市以外に，言語境界地域をあげることができる。住民構成や関わる言語が流動的かつ多様な大都市圏と違って，言語境界地域は，同じ異言語間のコミュニケーションが中心となる。よって，方略の特徴に焦点をあてる本書での目的には同じ言語の話者の間で諸方略を考察できる言語

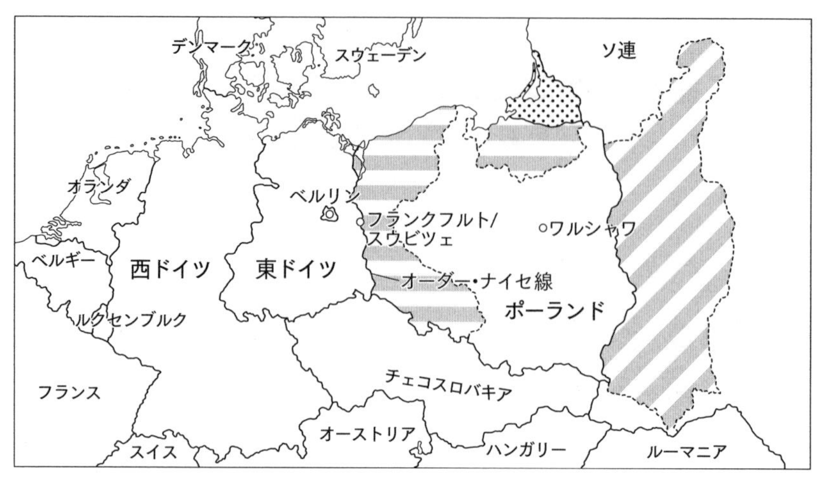

図1　1945年以降のドイツ・ポーランド国境の変化

—— 1945年以降の国境
------- 第二次世界大戦前の国境（戦後変更された部分）
ポーランド領になった旧ドイツ領
ソ連領になった旧ポーランド領
ソ連領になった旧ドイツ領

境界地域が適していると考える。

ヨーロッパの言語境界地域における言語的媒介方略の比較に焦点をあてた研究として，ドイツ・チェコ国境の越境組織に関する調査（Marx & Nekula 2014）がある。同論文では，組織内では効率性を重視して，チェコで学ぶ人が多いドイツ語が主に使われ，対外的には対等性を示すために通訳が用いられるという方略の使い分けがみられること，また英語や受容的多言語使用を含むその他の方略は基本的に使われていないことが示された。しかしこれはある組織にのみ焦点をあてたものであり，とりあげられた方略も主要方略に限られている。それに対して本書では，想定できる諸方略を網羅的に検討するために，それらの方略がみられるさまざまな場を検討する。

ここでは，異言語間コミュニケーションが日常的にみられる地域として，ヨーロッパ統合の流れのなかで近年，国境をこえた交流が急速に増えているドイツ・ポーランド国境の地域をとりあげる。本節では，はじめにこの国境の成立と国境地域の形成と変遷を，とりわけ越境交流の可能性と言語的側面に重きを置いてみていく。そのうえで，次節では，具体的な調査地域および調査の概要を説明する。

オーダー・ナイセ国境の成立と確定

20世紀のドイツ・ポーランド関係においては，国境問題は中心的な位置にありつづけた。プロイセン，オーストリア，ロシアによるポーランド完全分割から123年を経た第一次世界大戦後の1918年にポーランドは独立を果たした。しかし，ドイツ系住民とポーランド系住民が同じ地域に住んでいることは多く，民族自決の原則によって国境線を引くことは不可能であった。そこで，混住地域の一部においては住民投票によって国境線が定められることとなった。ドイツ側に残ったポーランド系住民と新生ポーランドにおいて少数民族となったドイツ系住民の問題は，戦間期ヨーロッパの代表的なマイノリティ問題として紛争の種となり，ついには1939年9月，ナチス・ドイツのポーランド侵攻に端を発する第二次世界大戦につながった。

そこで第二次世界大戦後は，少数民族をめぐる問題が今後起こらないように，両民族の明確な住み分けによる解決がはかられた。ポーランドの領土が大きく西に移動することになり（図1参照），新しく引かれたオーダー（オーデル）川とナイセ川に沿った国境の東側のドイツ系住民をドイツ領内に強制的に移住させたのである（川喜田2019）。中東欧の他地域からの被追放者とあわせてドイツは1000万人以上の難民を受け入れることとなった。そして，新しくポーランド領となった地域には，戦後ソ連領とされた旧ポーランド東部から追放されたり，他地域から移住してきたりしたポーランド人などが新たに住むことになった。

西ドイツ（ドイツ連邦共和国）では，被追放者の故郷への帰還を求める声の影響が強く，ポーランドとの関係では，領土問題が最大の障害となった。西ドイツは，ヒトラーの東方進出以前のドイツ領土は正当なものであり，一時的なドイツ分割を経た統一の際は旧東方地域も再びドイツ領に戻るという立場だったのである。ポツダム会談で戦勝国が定めたオーダー・ナイセ（ポーランド語ではオドラ・ニサ）線がポーランドの西部国境となっている現状を，ブラント首相の東方外交の結果として認めた1970年のワルシャワ条約まで，両国の国交はとだえたままであった。他方，東ドイツ（ドイツ民主共和国）は，ソ連の圧力のもと，少なくとも政府レベルでは同じ社会主義国として表面的にはポーランドと友好関係を結び，1950年にゲルリッツ条約で国境を承認した。ワルシャワ条約による現状の承認はなお西ドイツ国内において国境の最終的な確定とはみなされていなかったが，国境を正式に承認することは，ドイツ統一の際の条件となり，ドイツ統一直後の1990年11月14日の「ドイツ・ポーランド国境条約」において国境は正式に確定された。

越境交流・移動からみた国境地域の変遷

では，この国境はどの程度，閉ざされた／開かれたものだったのだろうか。国境地域の変遷は「境界形成」(demarcation)，「境界越え」(overcoming)，「境界域形成」(creation of border zones) という3つの時期に分けることができる (Jajeśniak-Quast 2017)。第一期（境界形成）は軍事境界としての性質が強い戦後初期である。1950年に東ドイツとポーランドが国境を「平和と友好の国境」と宣言した後も，国境は閉ざされたままであり，自由な行き来はできなかった。招待状があれば届け出によって相手側を訪問することが可能になった1956年から第二期（境界越え）が始まる。交易や文化・スポーツ交流などが行われ，またポーランドの労働者のドイツ側の工場への通勤就労など，行き来が行われるようになった。1972年1月1日には国境が完全に開放され，身分証明書だけで通過できるようになった。その後，ポーランドの反体制的な「連帯」運動の影響を受けるのを恐れた東ドイツ政府によって1980年10月30日に国境が閉ざされ，再び招待状やビザが必要となり，買い物や観光などの気軽な訪問は大きく後退した。しかし，行き来は可能であり，ポーランド側からの労働力の提供も引き続き行われた。

現在につながる第三期（境界域形成）は，1989年のポーランドの体制転換と1990年のドイツ統一を経た1991年4月8日に両国間でビザ義務が廃止され，再び自由な行き来が可能になったことが契機となった。しかも社会主義時代と異なり政府の監視統制を気にすることなく市民の交流を自由に行うことができるようになった。ただしEUの東境となったため，EU外の他国からのドイツへの入国には厳しい国境管理が行われていた。2004年5月1日のEUの東方拡大によってポーランドがEUに加盟し，国境地域はEUの東端から新旧EU加盟国のつなぎ目に位置することとなった。2007年のポーランドのシェンゲン域内加入による往来自由化で，両岸の住民は初めて検問所で身分証明書を見せることなく国境の橋を渡って相手国を訪問できるようになった。またそれまでは国境で何時間も，場合によっては数日待つこともあったトラックなどの荷物を積んだ車両の検査もなくなった。さらに，2011年には就労も含めた人の越境移動が完全に自由化され，移住を含む人の移動を妨げる制度的な壁はなくなった。国単位の視点からは周辺とされてきた国境地域も，ヨーロッパ統合の観点から新しい展望を開く前提を得たといえる。

移動の障壁が次々と取り除かれていくなかで，人々はどのように関係を築いていったのだろうか。ヴォイチェホフスキは，両国の交流形態を，幅広い人が参加するものの表面的な出会いにとどまる底辺と，密接だが関わる人の範囲が狭い頂点を持つピラミッド構造として説明している（Wojciechowski 2002: 93）。その内容を現状に即して更新すると，次のようになる。底辺には買い物目的の訪問があげられる（参加者は数百万人）。地元の野菜果物，肉などの食糧品，たばこやアルコール類，ガソリン，サービスはポーランドの方が安いため，ドイツからポーランド側に買い物に出かける人が多い。サービスの代表格は長らく美容・理容であったが，EU内で自由化されて以降は医療もポーランド側で受ける人が増えている。逆に，輸入食品，菓子，医薬品などはドイツの方が安かったり多様なものが手に入ったりする場合もあるため，ポーランドからもドイツに買い物に来る。もう一歩進んだ関係性としては，休暇を相手国で過ごす観光がある（数十万人）。より直接的な関係としては就労（数万人規模）がある。さらに学校や大学での共同の学習やさまざまな団体での交流（数千人規模）があり，特定の目的を持った企画のための協働（数百人）が続く。ピラミッドの頂点には，越境協力に関するドイツ・ポーランド合同機関・団体での緊密な協働（数十人）がある。一般市民のレベルの買い物などの即時的・即物的な交流から，一部の機関や団体の相当進んだ協力関係まで，交流が日常化したことが，境界域形成を物語っている。

境界域形成を象徴するのが，ポーランド人のドイツ側への移住である。ポーランド系移民は伝統的に，ドイツ西部のルール地方のような工業地帯やハンブルク，ベルリンといった大都市に多く移住してきたが，近年，目立っているのが，ドイツ・ポーランド国境地域のドイツ側でのポーランド系住民の増加である[1)]。ポーランドとの国境に隣接するドイツの自治体では，ドイツ語以外を母語とする人の約85％がポーランド系である（Mędra 2013: 96）[2)]。

1）就労移動が自由化された2011年から2013年までの2年間で，国境地域の中ほどに位置するブランデンブルク州のポーランド人被雇用者は3000人弱から8000人近くに増えた（*Serbske Nowiny* 20140206）。

ドイツ統一後，多くの地域で旧西ドイツ地域への人口流出が続いた旧東ドイツの地域にとって，ポーランドからの移住者は，人口減を多少なりともくいとめることに貢献している。

国境地域における課題としての言語

では，越境交流に必然的に関わる言語面に目を向けよう。三谷（2012：77）は，中央ヨーロッパの言語状況を形成した二つの要因として人々の移住と国境編成をあげているが，ドイツ・ポーランド国境には，20世紀に中央ヨーロッパが経験した人口や国境の移動が最も明確な形で凝縮されている。長い歴史を持つ言語境界地域では，住民が相手側の言語をも話す「境界バイリンガリズム」がみられることが少なくない。しかし，この国境は全く異なる前提から出発した。国境の西側には，突如として自分たちのところにやってきた国境に直面することになった旧来のドイツ人住民および東部地域からの避難・追放による移住者，そして東側には新旧ポーランド領各地からの移住者が住み，全く新しい国境地域が形成されたのである。国境の橋をこえると異なる言語を話す人々の住む国――日本からはあまり実感がわかないが，これがオーダー・ナイセ川に沿ったドイツ・ポーランド国境の現状である。カムセラと野町はドイツ・ポーランド国境の変化を言語的観点から次のようにまとめている（Kamusella & Nomachi 2014：38)。

> ゲルマン語とスラヴ語を話す人々の間の多言語コミュニケーションが長らく行われてきた地帯が，1918年から1950年の間に，鋭い言語的な断絶の線に変化した。その線は，1990年まで，冷戦下ヨーロッパで最も論争の的となり分断の場として知られたドイツ・ポーランド国境と重なっている。1945年以降，あらゆる実際的理由のため，この国境は閉ざされて，ますます単一言語になっていく二つの国民を隔てる不透過の障壁となった。すなわち境界の一方にはドイツ語を話す（東）ドイツ人がいて，もう一方にはポーランド語を話すポーランド人がいるのである。1945年から，ポーランド（…）が国境なき移動のシェンゲン域に加わった2007年までに，すでに3世代のドイツ人とポーランド人が生まれ

2）ドイツ側に大きな町がなく人口密度が低い国境地域北部では，ドイツ側に住んでポーランド側の都市シチェチンで働くポーランド人が急増している。

表1　越境的な共通の発展計画の推進を妨げるリスク要因3)

リスク	重要性(%)
越境協力における他の助成プログラムとの調整や補い合いの不足，プログラム項目の重複	30
協力における双方の協調の不足	20
地域における交通網の発展の自然の障害としての国境の川	20
国境の両側の行政組織の構造と権能の相違	10
とても大きな言語障壁	10
通貨の違い	5
金融市場の危機	5
	100

て成長しており，互いを国境のすぐ向こう側に見ながらも意味のある相互交流なしに過ごしていた。

ヨーロッパ統合に伴って国境の壁が低くなるなか，均質な言語領域の形成をめざした国民国家の理念が悲惨な戦禍を経て実現された国境地域は，まさにその「成果」の裏側としての言語の壁に直面することになったのである。言語の壁は，国境地域に限らず，人の移動の自由化をめざすとともに言語的多様性の尊重を掲げるEUが全体として抱える課題でもある。就労移動の自由化に関するEUの規定では，外国人であることを理由に雇用を妨げてはならないとしているが，該当する職種に必要な言語能力を条件とすることは許容されている。言語は，国外での就労の際の最大の実際的な困難であるのみならず，EUによって唯一，持続が公認された障壁なのである（Kimura 2014: 258)。2011年5月に国境をこえた就労移動が自由化されるのを前に同年1月，ドイツ・ポーランド国境地域の政治・経済・文化・教育の各関係者が出した「フランクフルト宣言」は，新しい状況を活かすために第一に必要なことは「国境地域において言語障壁を克服するためのアイデアである」と述べており，言語の問題は地域の今後の発展に関する国境地域での議論で必ずと

3) ポーランドの地域発展省の委託による答申のドイツ語訳（102頁）によって作成(http://www.euroregion-viadrina.de/cms/upload/Downloads/PDF/DE/Fachgutachten_PL-DE_DE.pdf)。割合の産出法は記載されていない。

言ってよいほどとりあげられる主題である（同上）。

EUのドイツ・ポーランド国境地域の越境協力への支援プログラムに関する2007〜2013年の専門家答申では，共通の発展計画の推進を妨げるリスク要因のなかで，「とても大きな言語障壁」が，制度的・組織的・地理的要因につぐ意味を持ち，リスク要因全体の10％を占める（表1）。後述（8.2）するように通翻訳で協力は実施されているとはいえ，関係を深化させるうえで言語の違いが壁と認識されていることがわかる。具体的には，同答申では，越境協力による経済発展の余地が大きいにもかかわらず，企業の間のつながりが欠如していることを指摘し，その一因として言語障壁をあげている。

経済面に限らず，越境協力を進めるためにドイツとポーランドの国境地域の自治体が加盟して構成されるユーロリージョンの計画策定の際も，越境協力で地域に付加価値をもたらすためにより緊密な関係を築くうえで最も大きな困難の一つが言語であると報告されている（MWLB（Hg.）2008：13）。とりわけ市民交流については，言語能力の不足によるコミュニケーションの困難が関係を築く際の主要な障壁とされ（Opiłowska 2014：281–282；Handlungsplan 2010：7），学校の生徒交流の調査でも，生徒から，言語が最大の妨げおよび相互の相違点としてあげられ，調査者は「これ〔言語〕が〔双方を〕隔てる障壁，最も大きな影響を持つ真の境界といえるかもしれない」と述べている（Matzdorf 2016：145）。経済協力に携わる実務者も「言語は本当に問題です」（Das ist ein echtes Problem, die Sprache.；両国間のインターンを仲介するブランデンブルク州の経済教育担当者，20130713インタビュー），「ここにはまだ大きな言語の障壁があります」（Hier gibt es noch eine große Sprachbarriere.；フランクフルトの手工業会議所のドイツ・ポーランド協力担当者，20130608インタビュー）と語った。

国境が自由な行き来を制限していた頃は言語の違いをそれほど意識しなくてもすんだ。しかし行き来が自由になり，国境の障壁が取りはらわれて境界域形成が進む第三期の現在，言語は，実質的な障壁となっているといえよう。

6.2　本書の調査地域と調査概要

二重都市フランクフルト・アン・デア・オーダー／スウビツェ

本書で調査地域としているのは，南北にのびるドイツ・ポーランド国境地域のちょうど中間部に川をはさんで隣接するフランクフルト（Frankfurt）（ドイツ）およびスウビツェ（Słubice）（ポーランド）を中心とする地域である。フランクフルトというと，国際空港がある大都市フランクフルト・アム・マイン（マイン河畔のフランクフルト）が有名であるが，本書では以下，フランクフルトは，オーダー川に面したフランクフルト・アン・デア・オーダー市（通称フランクフルト・オーダー）を指す。1945 年までは，現在ポーランドのスウビツェ市となっている川の東側の地区もフランクフルト市の一部であったが，町が国境で分断され，二つの町になった。

写真 1　フランクフルト市中心部からみた二重都市

その後，フランクフルトは国境沿いのドイツ側の最大の都市として工業化が進み，1988 年に人口は 8 万 8 千人近くまで増加した。しかし 1990 年のドイツ統一後，町の産業を代表する半導体工場が閉鎖されたのをはじめ，旧東ドイツの多くの町と同じく多数の職場が失われ，人口減少が続いた。2012 年に 6 万人を割ってその後，5 万人台が続いている。ドイツ統一以降，人口が約 1/3 減少したことになる。一方，スウビツェの人口は 1 万 7 千人前後でほぼ横ばいが続いている。ここでは，本研究の調査期間の 2012〜2013 年前後の調査地域の概要について，両市のつながりという観点からみていく。

表 2　フランクフルトのポーランド人住民（市役所提供のデータによって作成）

年	ポーランド人住民
1990	591
1995	529
2000	835
2005	756
2010	833
2011	923
2012	1039
2013	1275
2014	1546
2015	1812

まず，住民構成では，両市は，ドイツ人はフランクフルト，ポーランド人はスウビツェ

に居住するという形で大方，住み分けが続いている。ヤンチャク（J. Jańczak 2018: 61）が述べるように，「両国民は国境の「自分の」側に住みつつ，買い物や仕事や文化などの目的で頻繁に国境を横断する傾向があり，それが越境的な共同体が創造される基礎となっている」。ただし2011年の就労移動の自由化以降，フランクフルトに住むポーランド人の数は増えている（表2）。特に川沿いには，ポーランド系住民が集住する通りがあり，「小ワルシャワ」と呼ぶ人もいる。スウビツェ側にも，学生寮に住む学生をはじめ，少数ながらドイツ人が住んでいる。

両市は，郊外を通過する鉄道橋および高速道路の橋を除いて，事実上，一本の橋のみでつながっている。橋をわたる移動手段は，徒歩・自転車・自動車のほか，公共交通機関としてバスが2012年12月に開通した。両市が一つの町だった戦前と同じように，フランクフルトの市電をスウビツェに延伸する計画を両市議会が2006年に可決していたが，フランクフルトで住民投票が請求され，実施された結果，投票者の多数の反対で否決され，計画がとん挫した。表向きの理由は，費用がかかるということであったが，両市の交通システムが一体化することへの抵抗感もあったとされる。両市の協力計画策定のための現状分析では，市民の一部に，包括的な協力へのためらいや恐れがあると指摘されている（Handlungsplan 2010: 7）。

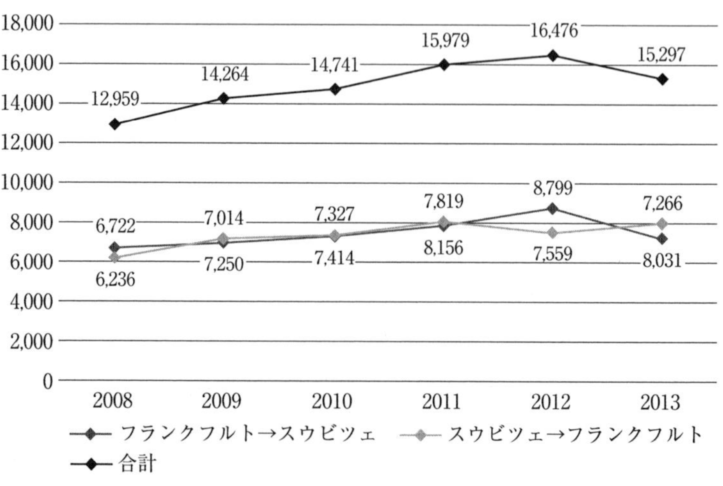

図2　国境橋を通過する自動車数の一日平均（2008年から2013年）
（Stadtverwaltung Frankfurt（Oder）2013: 25による）

しかしフランクフルトの駅とスウビツェの中心部をつないで一日21回運航される「国際」バス路線は，フランクフルトで最も乗客が多い路線の一つとなり，両市の協力関係を象徴する存在となった。スウビツェ市内には鉄道駅がないため，フランクフルトの駅はスウビツェ市民にとっても，特にドイツ方面への移動の拠点となっている。一日当たりの乗客数は千人をこえる（*MOZ* 20130221)。また自動車は一日当たり1万数千台が橋の上を行き来し（図2）[4]，調査期間まで増加が続いていたが，バス路線の開設とともに自動車の通行は少し減った。歩行者・自転車などを加えると両市間で相当の行き来があるということになる。

図3　フランクフルト / スウビツェの共通ロゴ

2012年には，さらに両市の関係を深化させる里程標となる取り組みがいくつかみられた。越境的な統合の例としてメディアでも大きくとりあげられたのが，熱供給システムの共有化の決定である。人口が減って稼働が落ちた，生産力が高いフランクフルトの熱電併給施設からスウビツェにもパイプを伸ばし，両市の住宅の暖房をあわせてまかなうという計画である。その後，2015年に運用が開始された。また2012年末には両市議会によって，二重都市としての一体性をアピールするために共通のロゴが制定された（図3)。ロゴは，両市が橋で結ばれていることを示しており，ドイツ語とポーランド語で「境界（限界）なし」と記されている。この標語には限りない可能性，という意味もこめられている。このロゴは，「二重都市」（**Doppelstadt**/*dwumiasto*）を称する両市の緊密な関係を示すと同時に，フランクフルトとスウビツェの境界が明確に維持されていることも，意図的か否かは定かではないが，結果的に視覚化している。標語が二言語で記されていることも，言語が残された最も見えやすい障壁であることをはからずも示している。この境界をいかに越えるかがこれから以下で扱う主題となる。

両市の交流と協力

では，両市の間の交流や協力はどのように行われているだろうか。公共部

4）遠距離の自動車交通は郊外の高速道路用の橋を通るので，この自動車数は主に近距離の行き来と想定できる。

門，文化，教育，経済の順に調査期間中にみられた代表的な動きを概観する。最後に，未来に向けた独特な企画を紹介する。

行政レベルで両市の協力を担うのが，2010年に設立されたフランクフルト・スウビツェ協力センター（以下，協力センター）である。協力センターでは，ドイツ人とポーランド人の職員が合同で，両市の協力や行事に関する企画・運営，広報・プレゼンテーション，市民との対話，仲介活動（通翻訳）など，多角的な業務を担う。また，両市の市議会合同の委員会としてヨーロッパ統合委員会が2006年に設置され，年4～6回の会合で，共同の計画を発案・審議する。なお，大きな案件の際は，1993年以降，合同市議会が開催されている。調査期間中は，2012年12月に，共通ロゴ制定を主な議題とする合同市議会が開かれた。2年ぶり，15回めの開催であった。

公共部門の協力のうち，市民にも関心が高いのが警察の相互協力である。フランクフルトは，盗難の多さで知られ，なかでも有名なのが自転車である。調査期間中の2013年上半期には1574件の盗難が警察に届けられ，そのうち206件は自転車である（*MOZ* 20140822）。すなわち市域で毎日1台以上盗まれているということになる[5)]。フランクフルトでは，これらの盗難にポーランド人が絡んでいることが多いことがしばしば注目され，相互関係の最大の否定的要因と指摘されている（*MOZ* 20121103/04）。それだけに，警察の相互協力は重要視され，共同の研修やパトロールが行われている。相手国の警察官の自国内でのパトロールを認めることは，双方の信頼を示すものといえる。共同の研修やパトロール，また実際に犯罪の発見や解明につながった例などは，たびたび地域の新聞にとりあげられる。

また国境検問が廃止された2007年には，ヨーロッパの他の国境地域の先例をモデルとして，郊外の高速道路沿いの旧国境検問所にドイツ・ポーランド警察・税関協力共同センター（以下，共同センター）が設立された。共同センターは，24時間体制で事故や犯罪に関する情報やデータの共有，また越境的な捜査の調整などを行っている。共同センターでは，同じ部屋にドイツとポーランドの国境検査や警察，また税関の担当者が向かい合って仕事をして，いつでも直接やりとりができる体制になっている。

消防や救急隊員の共同訓練や研修，保健所などの部署ごとの情報交換も行

5）筆者も，子どもの学校の授業参観の2時間の間に自転車を盗まれる経験をした。

われている。以上のような公共部門の職員については，合同でパーティーやスポーツ大会，釣りなどのレクリエーションも行われている。軍人や警察，消防の毎年恒例の合同スポーツ大会では，射撃，けが人搬送競争，爆薬探し，手りゅう弾投げ，長距離走といった，独特の種目が行われる。

公共部門の職員向けといった特別な催しに限らず，文化活動やスポーツなど各種の催しは両市が共に行うのが常態化している。劇場や博物館のようにドイツ側にしかない施設では，ポーランド側と提携して活動を行っている。たとえば市の現代美術館では，ポーランドの他地域の提携先博物館と連携して，ポーランドの現代芸術を定期的に展示している。合同の文化活動のいわば老舗が，1973年に設立されたドイツ・ポーランド青少年オーケストラである。他にも，ドイツ・ポーランド・ビッグバンドや青少年交流を行うドイツ・ポーランド青少年企画チームのように，合同であることを名称に出している例もあるが，ギターやアコーディオン，管打楽器などのアンサンブルや合唱団のように，あえて名称に出さずとも，国境の両岸から参加者を得て活動していることが多い。演劇や音楽などの公演やフェスティバルも越境的な合同企画として行われている。1992年から2002年まで開催されたオーダー祭りを引き継いで，2008年以降，毎年夏には合同の夏祭りが行われる（コラム6)。

両市のスポーツ連盟は共通のスポーツカレンダーを毎年作って，双方の主催する大会などの情報を共有している。スポーツクラブでは，現地で盛んなハンドボールのように合同のチームがある場合もある。自転車クラブのように，ドイツとポーランドで交互にサイクリングを行う場合もあれば，ゴルフクラブのように，ゴルフ場がスウビツェ側にある場合もある。

教育においても，こども園（保育園・幼稚園）や学校同士の定期交流や共同授業，また職業訓練における相手国の提携校との交流が行われている。またインターンシップなどの共同プログラムが機械工，マーケティング，小売り，宿泊業，調理師などの職種で構築されている。成人教育については，フランクフルトの市民大学とスウビツェの文化センターが提携しているほか，毎月交互にドイツ側とポーランド側で講演などを開催するシニア・アカデミーが活動している。特筆すべきは，1991年に設立されたヴィアドリナ・ヨーロッパ大学である（コラム6，9)。1811年にベルリン大学の設立に伴って閉鎖されるまでフランクフルトには大学があったが，ヨーロッパ統合を推進するとともにヨーロッパの東西をつなぐ架け橋となるという使命を与えられて再建されたのである。法学部，経済学部，文化学部の 3 学部の連携によって新しいヨーロッパのあり方を構想するとともにそれを担う人を育成するというのが設立の理念である。一貫して柱となってきたのが，ドイツ・ポーランド関係である。当初からポーランド人学生を積極的に受け入れてきたほか，2011 年にはスラブ学の一環としての従来のあり方をこえるポーランド研究の拠点「学際的ポーランド研究センター」を設立して，ポーランド研究のポータルサイト Pol-Int を運営している。同大学の言語センターは，専門と関連する多言語の講座を学生に提供するのみならず，地域の多言語化にも貢献することを掲げて，幼稚園や学校の隣国語プロジェクトの立案・実行や公共施設職員などのポーランド語研修なども行ってきた。そのような取り組みが発展して 2002 年にはヴィアドリナ言語会社（viadrina sprachen gmbh）を設立し，企業や警察官などの語学研修，ドイツ・ポーランド青年交流の通訳者養成合宿なども行っている。

経済界の協力は，文化やスポーツ，教育ほど広範に常態化しているとはいえないが，商工会議所や手工業会議所には相互協力を担当する人が配置され，双方の企業や事業者などの関係構築を支援する業務を行っている。2011 年にフランクフルトの展示場で行われたオーダー地域見本市では，191 の出展者の 1/3 がポーランドからであった（*MOZ* 20121026）。また交通の要所に位置する両市では，物流・運送関係者の定期会合が行われている。

このように，さまざまな分野で協力が行われており，交流や協力関係がない分野はないといっても過言ではない。

新しい境地を開くノヴァ・アメリカ

さまざまな交流・協力のなかで異彩を放つ取り組みが，二つの国に分断されているオーダー・ナイセ川の両側を合わせて一つの地域としてとらえようという「ノヴァ・アメリカ」である。戦後の分断から生まれたこの国境地域には，共通の地域アイデンティティがないということが指摘されている（Opiłowska 2014: 281）。それに対して新しい現実を構築することを掲げるこの企画は，1999 年に始められた，フランクフルトとスウビツェ両市を単一の町としてとらえようとする「スウプフルト」（Słubfurt）運動から派生した。「スウプフルト」は，両市の名称の一部を合体させた名称である。この運動では，ドイツ側の町は「フルト地区」，ポーランド側の町は「スウプ地区」と呼ばれ，国境も「旧国境」と呼ばれる。最初の企画は，見知らぬ相手国の人を自宅に招き入れることに同意する人や家庭を集めて献立を公開し，それをみて応募した対岸の住民に料理をふるまって一緒に食べるというものであった。その後，両市の市民が両市の将来について議論する「スウプフルト市議会」や地域再発見のためのツアーなどが行われてきた。この活動にはこれまで芸術家などの文化人のほか学生や関心を持つ市民が参加してきた。

この発想を国境地域全域に広げようとするのが「ノヴァ・アメリカ」である。「ノヴァ・アメリカ」（新アメリカ）という一見なぞめいた名称は，かつて，この地域を支配したプロイセン王国のフリードリヒ大王が，アメリカに移民するよりもここへ，とオーダー川流域を干拓して移住者を招いたことに由来する。干拓地にはハンプシャーやペンシルバニア，ジャマイカといった名前の村々が作られたという。21 世紀の「ノヴァ・アメリカ」は，こういった歴史を再解釈して経済，文化，教育などさまざまな国境をこえた活動のネットワーク化による地域の活性化をめざしている。この命名は，ドイツ統一後，人口減少が続く旧東ドイツの地域にあって，西に行くのではなくここにとどまろう，ここぞ新天地なり，と宣言しているようにみえる。提唱者の芸術家ミヒャエル・クルツヴェリは，ノヴァ・アメリカを，現実構築をめざす社会芸術としてとらえて，次のように述べる（Kurzwelly 2014: 5)。

> こちら側はドイツ人，あちら側はポーランド人，ということは，私たちのところでは，もはやないのです。私たちはノヴァ・アメリカ人であり，元ポーランド人，元ドイツ人その他の背景を持つ移民なのです。この中間地域に，新しい地域を創設し，国民国家に基づく二つの社会の間の相克を止揚するのです。

国民国家が用いてきた装置を換骨奪胎する一例として，独自の「オリンピック」開催をあげることができる。このオリンピックでは，ドイツ対ポーランドという図式を崩すため，スウプフルト対グビエン（グーベンとグビンという国境地域南部の国境を挟んだ二重都市を合わせた呼び名，9.3 参照）という地域対抗で，競技が行われた。スウビツェで買ったと思われるたばこの吸い殻がそこら中に落ちているフランクフルトの芳しくない景観を逆手にとって「たばこポイ捨て」の距離を競う競技などにもユーモアが表れている。

スウプフルトおよびノヴァ・アメリカの活動は，地域外からも注目され，さまざまなメディアでとりあげられてきたほか，EU などの助成金も多く獲得してきた。しかし，地域外からの高い評価とは裏腹に，現地では厳しい批判にもさらされてきた。「スウプフルト」「ノヴァ・アメリカ」などといったおかしな名称は聞きたくないという声や，助成金目当てでやっているといった非難を筆者もしばしば居酒屋談義で耳にした。この挑発的な社会芸術に対する反応は，両市において協力が進みつつも，一体化することには抵抗があるという現地の雰囲気をよく表しているといえよう。スウプフルトばかりが多くの助成金を獲得していることへの他の市民活動からの妬みもあるという。人工的にアイデンティティを創り出すとして批判する声もあるが，提唱者に言わせると，歴史的なつながりを破壊して成立した，完全に分離された国境の在り方こそ人工的に作り出されたものにほかならない。過去のドイツ人とポーランド人の混住地域を 21 世紀における新たな形で再生することをめざすこの企画は，過去を見直すことで未来を先取りしようとするのである。クルツヴェリ自身は，批判が多いことをも追い風としてとらえて，反発を含む反応を引き起こすからこそ挑発的な問題提起をする意味があると述べている（*Slubfurt PROFIL* 20090705 : 15）。

調査の内容と時期

筆者は，在外研究の機会を与えられた 2012 年 8 月〜2013 年 7 月の 1 年間，キヤノン・ヨーロッパ財団の助成を得て，ヴィアドリナ・ヨーロッパ大学の客員研究員として同地に滞在した。以下で検討する具体的事例は主にこの期間に収集したものである。2014 年と 2015 年に現地を短期訪問し，補足調査を行った。その後は主にメディアや知人をとおして情報を得てきた。

滞在中は，毎日のようにドイツ人とポーランド人の出会いの場に参加し，コミュニケーションについて観察して記録をつけるとともに，可能な場合は録音許可を得て録音を行った。また交流・協力に関わるキーパーソンに現地の事情一般について，また個々の催しや場面での主催者や参加者に，その催しなどについてのインタビューを行った。出会いの場の情報は地元紙の催し欄で得たほか，キーパーソンやその他の知人などから情報を得た。なるべくさまざまなタイプの場に出ることを心がけたため，越境犯罪のような特殊な「交流」以外の，上であげた各種の協力分野すべてで参与観察を行うことができた。ただし，あまりにも多岐かつ多数にわたる出会いの場を網羅することは不可能であるので，本書の記述のもととなったデータは，各方略の使用頻度に関する量的な分析を可能にするものではない。しかし，現地の社会言語学的事情の包括的な記述ではなく，各方略の特徴および使われ方をみるという本書の目的には適うと考える。1年にわたる接触場面の参与観察およびその観察の妥当性について現地の識者に確認したことや識者による発言・記述に基づいて，事例の一般性ないし特殊性にも適宜言及する[6)]。その際，補助的に行ったアンケート結果も使用する。また通常，社会言語学で実際の使用とはみなされない演劇や小説における言語使用をもとりあげる。このようなフィクションにおいては，実際の使用の特徴がより誇張あるいは凝縮された形で現れる場合があり（Kimura 2017a），方略の意味を探る本書の目的からすると有意義であると考える。とりわけ，国境地域では近年，演劇においてもドイツ人とポーランド人の協働が模索され，演劇は，越境的な出会いや協力の場として活用されてきた（Wilkinson 2009）。ドイツ人とポーランド人の市民や学校の生徒が参加したさまざまな演劇プロジェクトも行われており，交流の一つのジャンルを形成しているといっても過言ではない。

なお，筆者は各方略で用いられる言語をいずれも用いて参画できるため（コラム3参照），言語的な理由で筆者の存在が現場の言語選択に影響したとは考えられない。インタビューも，場面や相手によってドイツ語，ポーランド語（および9.4についてはエスペラント）で行った。

これまで，ドイツ・ポーランド国境地域の言語面については，教育に関する提言や議論は行われてきたが（第7章参照），実際の越境的な言語使用を調査した先行研究は，ポーランド側の国境沿いの路上や市場でドイツ人と意思疎通をはかる際のポーランド人の言語使用をとりあげたヤンチャクの調査（Jańczak 2016, 2018a, b）以外，みあたらない。またヤンチャクも，ポーランド人の言語使用にみられる一部の方略のみをとりあげている。本書第二部は，調査地域におけるドイツ人による使用も含めた言語的媒介の方略を総合的に考察することをめざす初めての研究である。

調査時期は，2011年の就労移動自由化の直後であり，現地では，新しい

6）調査期間中，大学の研究会で何回か進捗報告を行ったほか，最後に，コレギウム・ポロニクムの公開講演シリーズと，夏祭りの協力センター主催プログラムで，それぞれ調査のまとめの発表を市民向けに行い，調査結果の妥当性を確かめる機会を与えられた。

写真2　解体される国境検問所

可能性を活かそうとする心意気が感じられた。現地到着後まもない2012年8月には熱供給の統合が発表され，9月には国境検問所が解体され（写真2），12月には国際バス路線開通，共通ロゴの制定，と矢継ぎ早に共同の政策が進められた。現在からふりかえると，両国関係がきわめて上向きであった時期，また大きな変化が起こって状況が複雑化する直前の安定期だったといえる。2015年にはポーランドではドイツとの協力の深化に慎重な保守派が政権を奪還し，またドイツには中東などから大量の難民が押し寄せて，難民受け入れに消極的なポーランドとの関係にきしみがみられた。その影響は両市にも明確に及んだ。スウビツェでは，ドイツとの協力の進展が政府の消極的な姿勢で妨げられることが起こるようになった。またフランクフルトでは，ポーランドとの協力よりも，市への難民受け入れが大きな議題となった。

そして2020年，長年かけて自由化されてようやく気軽に行き来できるようになった国境の橋は新型コロナウイルスの拡大のために，再び閉ざされかけた。ポーランドで最初に確認された患者はスウビツェ郊外のポーランド人で，ドイツ側のカーニバルに行った人であった（Jańczak 2020: 9）。ドイツから新型コロナウイルスが入ることを危惧したポーランド政府は，国境通過箇所の大部分を閉鎖し，ドイツから入国する人はそれから14日間隔離すべきことを3月27日に通達した。これは，ドイツ側に通勤する約15万人のポーランド人にとって，一度ドイツ側に出勤すれば14日間は自由に移動できないということを意味した。ポーランド人を雇用するドイツ企業にとってもポーランド人の労働者にとっても危機であり，ポーランド政府への働きかけが行われた結果，5月4日に，ポーランド政府は，通勤者は隔離措置の対象外とすることを決定した。しかし国際バスは運休となり，密な行き来は中断を余儀なくされた。

このように，その後の変化をふまえると，本書の内容は，すでに歴史に属するといえるが，以下では，調査時期の時点における状況について述べるため，同時期について基本的に現在形で記す。

考察の手順

最後に，第二部の構成を説明する。第 7 章ではまず，言語的な前提としての言語教育と，地域の言語事情への視点として言語景観をとりあげる。それから諸方略を検討していく。第 1 章でまとめた言語的媒介方略の対（1. 2 表 4）を地域にあてはめると，追加言語としては，主要方略としての英語（Ⅳ–1）と，代替的な方略としてのエスペラント（Ⅳ–2）のほか，国境の両岸でかつて学ばれたロシア語を共通語として用いる可能性もある。しかし，現実には，社会主義時代と結びついたロシア語使用は好まれないこともあり，旧ソ連・ロシアに留学した経験のある人が使う以外は，ドイツ人とポーランド人の間では，ほとんど聞かれなかった。また媒介方略のタイプとしても，ロシア語は英語と同じ覇権言語に含まれる。よってロシア語は考察には含めていない。相手言語方略については，ドイツ語（Ⅱ–1）が主に用いられるため，ポーランド語が両者の間で用いられる場合（Ⅱ–2）とドイツ人がポーランド語を話してポーランド人がドイツ語を話す場合（Ⅲ）はいずれも代替方略として位置づけることができる。自言語方略については，通翻訳を用いる場合（Ⅰ–1）に対して，用いない場合（Ⅰ–2）が対置される。さらに，組み合わせと混合という可能性がある（Ⅴ～Ⅹ）。第 8 章では，主要な媒介方略の使われ方としてまず英語とドイツ語，それから通翻訳をとりあげる。代替的な方略の可能性を探る第 9 章では，当事者言語を使う方略をみたうえで，追加言語としてのエスペラントに目を向ける。

いずれの方略についても，両国関係に関わる人の間でどのように意識されているかという言語イデオロギー的側面と[7]，実際に使われているあり方という使用の側面をあわせて検討する。また具体的な場はより大きな社会的文脈に影響されるので，国境地域に焦点をあてつつも，より広く中央ヨーロッパ，特にドイツ・ポーランド関係のなかで位置づけてみていく。方略ごとに考察するため，同じ異言語間コミュニケーションの場で異なる方略が使われる場合，同じ場が異なる章で登場する。その場の説明は，初出時に行う。

7）言語イデオロギーという概念について，詳しくは木村（2005）。

コラム6 国境をまたぐ大学と祭り

1945年以後，両市は川に背を向けてそれぞれの国の内部に向かって発展し，川はいわば「地の果て」であった。そのような姿勢を転換して対岸に目を向けるようになったことを象徴するのが大学と夏祭りである。両市における越境協力の顔ともいえる。

ヴィアドリナ・ヨーロッパ大学は，ヨーロッパの大学がしばしばそうであるようにキャンパスがなく，街中に建物が散在しているが，講堂をはじめとする主な建物群は両岸の川沿いに位置し，教員や学生は，授業や会合によって両岸を行き来する。スウビツェ側の中心となる大学施設コレギウム・ポロニクムは，ポズナニ（ポーランド）のアダム・ミツキェヴィチ大学と共同で運営され，ポーランドおよび中東欧，ヨーロッパ研究関連の講座などを提供している。国境橋のすぐそばに2001年に完成したコレギウム・ポロニクムの新しい建物は，小さな町に不釣り合いな威容を誇り，「異なる惑星に着陸した巨大な宇宙船を思わせる。」（Bollmann 2016: 22）とも形容される。

一方，ドイツ側で特筆すべき建物が，大学の言語センターである。ドイツ帝国時代，フランクフルトは東方防衛の拠点であり，軍隊の駐屯地であった。当時造られたレンガ造りの立派な軍隊の建物に現在は言語センターが置かれている。現地調査当時のプロイガー学長は，「今や隣国は初めて脅威の対象ではなく興味の対象になった」と述べたが，言語センターの建物の用途の変化はそれを体現している。

大学の建物が恒常的な越境協力の看板的存在だとすれば，両市が共に開催する最大の看板行事が7月半ばの夏祭りである。夏祭りでは，ふだんの閑散とした人気（ひとけ）のなさが嘘のように，老若男女が外に繰り出して街は夜遅くまでにぎわう。2013年は，国境橋の上での開会式のあと，市民活動の紹介や表彰式，歴史劇やコンサートなど，さまざまな催しが行われた。

ここでは，川沿いの仮設舞台で19時から行われた音楽劇『Fräulein Śledź』を紹介する。ドイツ語の若い女性の呼びかけ「フロイライン」に，ポーランドの姓「シレジ」なので，いわば「シレジさん」である。Śledźはポーランド語で「ニシン」を意味する。かつてフランクフルトがハンザ同盟の一員として海につながっていたことからこの祭りはニシンがシンボルとなっている。そこで，「シレジさん」は，いわばこの祭りの理念を体現する人，ということになる。

この劇は，特別な演出が施されていた。劇の主なやりとりは舞台の上ではなく，露店やベンチ，テーブルが並ぶ舞台前でくつろいだり行き来したりする人々のただなかで行われるのである。

話のあらすじは，ヴィアドリナ大学で学ぶためにやってきたポーランド人女子学生（これが「ニシン嬢」こと「シレジさん」である）が，刺激のない両市の生活に失望するが，地元フランクフルトのバンド青年と出会って，次第になじんでいくというものである。シレジさんとバンド青年は，夏祭りでにぎわう群衆のなかで出会い，群衆のただなかで話が展開する。シレジさんは，車を盗まれるというお決まりのフランクフルトの洗礼を受けたとき，犯人はポーランド人だとみなに言われて落ち込んだりもする。「こんな町もういやだ」とシレジさんが嘆くたびに，バンド青年にさまざまな音楽やダンスの活動を紹介されて，気を取り直す。舞台上の出演者はみな両市で活動するさまざまなアマチュアの個人や団体であった。そのライブやダンス，合唱などが舞台の上で披露され，主人公はそれを観客にまぎれて観るのである。なかには，舞台ではなく人々でにぎわう路上でギターの弾き語りする出演者もいた。

主人公の動きを追うためには，群衆をかきわけてシレジさんの後について移動しなければならなかったが，大多数の観客は，おしゃべりをしたり食事をしたり知人や家族が出ている舞台を見たりして過ごしていた。シレジさんが話していないときなど，どう見ても，群衆に紛れているシレジさんに注目しているのは私だけ，というときが何度もあった。ピンマイクをつけた主人公たちの会話が拡声される形で劇の会話が行われるので，ビールを飲んだりソーセージを食べたりしていた人々は，突然自分の近くの人がマイクで話しだしたりして驚いたことだろう。

すべての公演が終わり，シレジさんもめでたく現地に溶け込んだときは夜の11時をすぎていた。最初から最後までシレジさんの追っかけをしてすべてのエピソードをもれなく聞き，シレジさんの心境の変化を追体験した観客はもしかすると私一人だったかもしれない。最後は，出演した音楽家全員が登壇して，Stand by me（みんな知っているのはやはり英語の歌）を観客とともに歌って大団円を迎えた。地元の音楽愛好家に晴れ舞台を提供することで，この町もまんざらすてたもんじゃないでしょ，両市あわせて町をもりあげようよ，というメッセージを表現した主催者の熱い思いが伝わってきて，ジーンときた。あえて主張を強く出すのではなく祭りにさりげなく紛れ込ませることを選択した主催者と，祭りの参加者の一人として4時間を演じきった主人公をはじめとする出演者たちに，舞台の下から力の限りの拍手を送った。

第 7 章
前提としての非対称性——地域の言語事情

7.1　外国語教育の非対称性[1)]

1991 年にドイツとポーランドの間で結ばれた「よい隣国関係と友好的な協力に関する条約」では，相互の言語の教育を推進することがうたわれている（25 条）。では，実際はどうだろうか。どの言語が学ばれるかは，地域の事情のみならず，政府の方針，さらにはより広い世界情勢の影響も受ける。ここではドイツ，ポーランドそれぞれについて，国と地域における英語と相手言語の教育・学習事情を概観したうえで，本書でとりあげる両市をあわせてとりあげ，次章以下での言語使用の前提となる言語能力のあり方を考察する。

ドイツにおける英語およびポーランド語教育

社会主義圏に属した旧東ドイツでは，ロシア語が必修の第一外国語であり，その他の言語は学校によって選択できる場合もあったが，学んでいない人も少なくない。ドイツ統一後は，英語が旧東ドイツの各州でも第一外国語となった。よって 1990 年代以降に学校教育を受けた人は，英語を学んでいるということになる。

ドイツでは州によって学校制度が異なる。フランクフルトを含むブランデンブルク州の場合，6 年制の小学校（基礎学校）のあと，主に大学進学をめ

1）本書では，国内で用いられる少数言語を排除しない表現として，基本的に「異言語教育」という用語を使っているが，文字どおり外国のことばを指すときは「外国語教育」をも用いる。

ざす生徒が通う6年制の中高等学校（ギムナジウム）と，4年制の職業教育学校（オーバーシューレ）に大きく分かれる2)。後者を卒業した後は，上級課程センター（オーバーシュトゥーフェンツェントルム）という組織形態のもとにさまざまな職業・専門課程がある。ブランデンブルク州では2003年度以降，英語が小学校3年生から第一外国語として授業科目になっている。加えて，1年生から「出会いの言語」（日本でいうところの外国語活動）という形で英語への導入が行われている。

表1　ドイツにおけるポーランド語学習（Telus 2013: 18に基づいて作成）

種別	人数
学校（大学以外）	8300
ポーランド移民団体	3980
大学	2000
ポーランド留学	411
市民大学	8000
語学学校，企業研修，個人教授など	8000
学校の生徒交流や言語体験	18255
計	48946

では，ポーランド語はどうだろうか。ドイツ全体でポーランド語を学ぶ人の数は，最大数で約5万人と見積もられている（表1）。そのうち，学校教育の枠内で学ぶ生徒数が8300人ほどである。ただし，学校の統計は，選択科目のほか課外活動を含むので，そのレベルにはかなり幅がある。またそのほか，学校の生徒交流や言語体験というカテゴリーもあるが，これは一日や数日程度の限られた時間なので，学ぶというより，接する機会があるといった方がよい。さらに，ポーランド移民団体の講座以外でも，学校や大学のポーランド語学習者の多くは，ポーランド系移民の母語・継承語教育としての学習3)であることを考え合わせる必要がある。よって，ポーランド系でないドイツ人でポーランド語を学ぶ人の数はきわめて限定的であることがわかる。学校における学習者数を州レベルでみると，ポーランド国境沿いのブランデンブルク州とザクセン州のみ，各1000人をこえている。なかでもブランデンブルク州は2000人をこえる年もあり，学校での学習者数が最も多い。

2）両タイプをあわせた総合制学校も設置されている。https://bildungsserver.berlin-brandenburg.de/schulformen-brb#lightbox

3）継承語は，移住先の現地語（ここではドイツ語）との対比で，移民の子どもが受け継ぐ言語としての，出身国語や親の第一言語（ここではポーランド語）を指す。

ポーランドにおける英語およびドイツ語教育

ポーランドにおいても，社会主義時代は，ロシア語が必修の第一外国語であった。体制転換以降，必修外国語の言語選択は自由化され，英語を導入する学校が急速に増えた（Przygoński 2012）。調査時期の学校制度は，小学校（基礎学校）6年，中学校（ギムナジウム）3年のあと，高等学校（リツェウム，3年間）や技術高等学校（テフニクム，4年間）などの学校種からなっていた[4)]。そのあとに，大学や各種専門・職業学校がある。外国語教育は正式には小学校4年生からで，普通課の高等学校では第二外国語が必修であったが，2009/2010年度から小学校1年から第一外国語が導入され，中学校で第二外国語が必修となるとともに，英語は第一あるいは第二外国語のいずれかとして学ぶことが必修となった。すなわち外国語教育の開始時期が前倒しされ，全生徒に二つの外国語（うち一つは英語）が必修になった。

表2　ポーランドにおけるドイツ語学習者数と内訳（Auswärtiges Amt 2015によって作成）

種別	人数
学校（大学以外）	2139070
大学	96555
成人教育	49400
総数	2288125

ドイツにおけるポーランド語学習とは対照的に，ポーランドにおいてドイツ語は，英語についで多く学ばれる言語であり，ドイツ語学習者数は，国別でみると世界最多である。ドイツ外務省の2015年版の国別ドイツ語学習者数のまとめによると，ポーランドの事情は次のようになる（表2）。多くは学校で必修外国語科目として学んでいる。

図1は，学校において，代表的な外国語である英語とドイツ語を学ぶ生徒の割合が1990年代半ば以降，どのように推移してきたかを示している。増加傾向が明確な英語に対して，ドイツ語についてはなだらかな波形をなしていることがみてとれる。2004年にポーランドがEUに加盟した後にドイツ語学習が後退したことは，一見意外に思われるが，ドイツがEU新加盟国からの自国への就労移動を制限したことが関係すると考えられる（Kimura 2014）。一方，復調は，2009年以降，中学校で第二外国語が必修化されたことによる。一方，同時期に小学校1年生から第一外国語が必修化されたことは，英語教育のさらなる拡大につながった。

4）ポーランドの学校制度はその後，2017年の改革で大きく改編された。

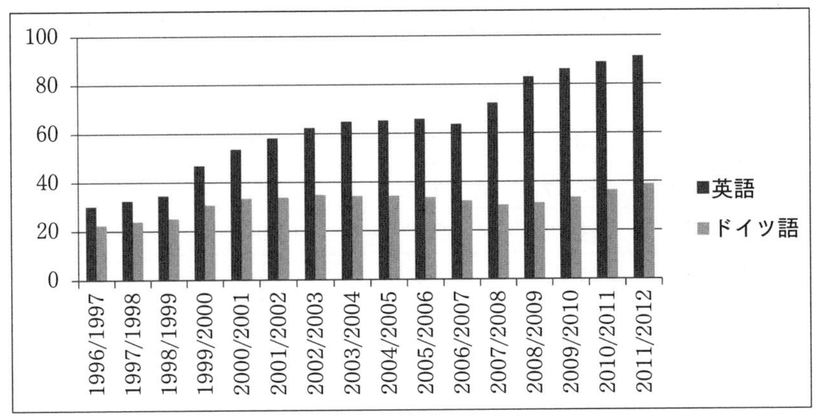

図　ポーランドの学校において必修外国語として英語とドイツ語を学ぶ生徒の割合（Kimura 2014 による）

スウビツェを含むポーランド西部のルブシュ県は，ポーランドでドイツ語が第一外国語として最も多く学ばれてきた地域である。ただし表 3 が示すように，ルブシュ県でも英語教育の拡大はめざましく，2009 年に英語を学ぶ生徒数が初めてドイツ語学習者数を上回った。一方，ドイツ語学習者の割合が減少しているわけではない。この数字をみるかぎり，英語は，ドイツ語教育を犠牲にすることなく浸透しているようにみえる。しかし学校の種別にみると，ドイツ語が必修の第一外国語としての地位を英語にゆずり，小学校における選択科目ないし中学校における必修科目（第二外国語）の領域に移行

表 3　ルブシュ県の学校における外国語教育（生徒数および割合；Kimura 2014 による）

	英語		ドイツ語	
	必修	選択	必修	選択
2008/09	80736 (56.9%)	11244 (7.9%)	81865 (57.7%)	9616 (6.8%)
2009/10	84154 (61.7%)	9305 (6.8%)	80489 (59.0%)	9471 (7.0%)
2010/11	88450 (67.4%)	7889 (6.0%)	78501 (59.9%)	9661 (7.4%)

表4　ルブシュ県の小中学校においてドイツ語を学ぶ生徒の割合（Kimura 2014による）

	小学校		中学校	
	必修	選択	必修	選択
2008/09	47.0%	5.5%	53.6%	13.8%
2009/10	44.0%	7.2%	65.0%	11.5%
2010/11	40.4%	8.0%	73.7%	11.4%

しつつあることがみてとれる（表4）。中学校においては，必修としての履修の増加に伴って選択科目としての履修者に減少傾向がみられる。

フランクフルト/スウビツェ両市における外国語教育[5)]

では，両市の外国語教育について，就学前から成人教育まで，少し詳しくみていく。両市では，相手言語を使う環境が身近に存在するという地の利を生かしたさまざまな取り組みが行われている。

フランクフルトとスウビツェのこども園では，英語活動を取り入れているところが多いが，対岸との相互交流が行われるなど，隣国語に接する機会も提供されている。フランクフルトのいくつかのこども園にはポーランド人の保育士が勤めており，ポーランド語の歌や遊びのほか，近年増えている市内在住のポーランド系家族（多くは父母のいずれかがポーランド出身）の子どもとポーランド語で話す。より計画的な二言語保育を行っている代表例が，1997年に開始した企画をひきついで2000年にフランクフルトに設立されたヨーロッパこども園（Euro-Kita）である。ここでは，ドイツ人34人，ポーランド人20人の枠が用意されており，ポーランド側からも園児を受け入れている。基本はドイツ語であるが，スウビツェの提携こども園から保育士が来て，ポーランド語で子どもたちと遊んだりするほか，ドイツ人の保育士もみな複数回，ポーランド語講座を受けており，両言語で子どもに接することができる。このこども園はドイツ側からもポーランド側からも人気が高く，希望者が定員を上回ってきたため，2014年9月にはスウビツェに，同様の

5）フランクフルト／スウビツェの言語教育事情の概観はJańczak（2018c），Kooperations-zentrum（2011），ドイツ人とポーランド人の共同学習プログラムについてはSeidel（2010）参照。

コンセプトで，ポーランド語を中心としてドイツ語にも積極的に触れるこども園が開園した。こちらは130人のポーランド人枠と40人のドイツ人枠が設けられ，ポーランド人およびドイツ人の保育士が勤める。しかしポーランド語中心の環境に子どもを送るドイツ人の親は少なく，実際には初年度にドイツから通った10名は，ドイツに住むポーランド人ないしドイツ人とポーランド人の家庭の子どもであった。いずれもすでに家庭内でポーランド語に接しているため，ドイツ語のみを話す子どもは含まれていない。当初のねらいとは異なり，結果的に，ドイツ側に住むポーランド系の子どもが母語・継承語としてのポーランド語に重点的に接する環境を提供したということになる。

学校教育では，フランクフルトの9つの小学校のうち市中心部に位置する公立の小学校は，ブランデンブルク州で唯一，1年生から英語とともにポーランド語を学ぶことができる小学校である。同校では2006年からポーランド語が選択科目として開講されており，調査時には生徒の半数弱が参加していた。1，2年生は「出会いの言語」として言語活動をし，3年生から正規の選択科目となる。当初は，この学校をポーランド語重点校としてポーランド語を1年生から英語よりも先に教えるという案が出されたが，英語学習が遅れることを恐れる親の反対のため，英語とポーランド語の両方を1年生から教えるということになった（20130727インタビュー）。その後，ポーランド語は同校で2014年度から必修科目化され，1年生から全員，英語とポーランド語を学ぶことになった。ポーランド語授業では地域の環境を生かしてスウビツェでポーランド語を使う実習なども行われている。他の小学校でも課外活動でポーランド語が提供されることがあるが，それはポーランド系の生徒のための継承語教育の意味合いを持つ場合もある。

スウビツェでは，自治体内の5つの小学校のうち郊外の2校でドイツ語が第一外国語として残っているが，市内の3校では2006年から英語が第一外国語となり，ドイツ語は自由参加の課外活動として提供されている。

中等教育では，スウビツェで遅くとも中学校以降はすべての生徒がドイツ語を学ぶのに対して，フランクフルトの5つの中等教育の学校では，第二外国語としてフランス語，スペイン語，ロシア語のほか中高等学校ではラテン語が選択可能である。2校の中高等学校のうち1校（カール・リープクネヒト・ギムナジウム）は東ドイツ時代からポーランド語教育を行ってきた伝統を持つポーランド語重点校であり，同校ではドイツ人生徒の約3割がポーランド語を学んでいる。また1992年以降，ポーランドから生徒を受け入れるプログラムが始まり，20年間で307人がドイツの大学入学資格試験アビトゥアに合格した。2012年時点でポーランド人生徒は66人在籍していた。さらに2005年度に，スウビツェの提携校と連携して，両国の生徒が共に学ぶラタルニヤ・プロジェクト（Latarnia-Projekt）が開始された。このプログラムに参加する生徒は，数学，音楽，美術，体育，情報などの授業を隔週でドイツとポーランドで，それぞれの学校の言語で受ける。もう1校，ポーランド語が選択できるのが，私立の自由ヴァルドルフ学校（シュタイナー学校）（13学年一貫校）である。ここでは1年生から英語とロシア語を学び，6年生以降，ポーランド語を選択することが可能である。カール・リープクネヒト・ギムナジウムと自由ヴァルドルフ学校では，アビトゥア受験科目としてポーランド語を選択することが可能である。一方，職業教育学校にはポーランド語教育がない。大学卒の人よりも将来も地域にとどまる可能性が高い職業教育学校生徒にポーランド語の授業がないことが問題として指摘されている（Damus 2009）。一方，市内に1校ある上級課程センターでは，職業教育の一環としてポーランド語講座が開講されている。履修者は生徒全体の5％ほどであるが，小売業では2000年代後半からポーランド語が必修化されている。市外の別の上級課程センターでの職業養成コースでは，2004年から運輸・物流コースなどでポーランド語の授業が提供されている。一方，ポーランド側では専門・職業学校でもドイツ語が学ばれている。

以上の各種の学校をあわせて，2012年末時点で，スウビツェでは80％の生徒がドイツ語を学び，フランクフルトでは8.7％にあたる690人がポーランド語学習を学んでいる（Kooperationszentrum 2011）。

上であげた以外の学校でも，両岸の学校間の交流は，文化祭への相互参加や合同の遠足など，さまざまな形で行われている。ただしそこでも関心の格差がみられ，概してポーランド側から関心が高いのに対して，ドイツ側ではポーランドとの交流には必ずしも積極的ではない。そこで，ポーランド人との交流であることを前面に出さない例もみられた。両国の子どもがサーカス体験をとおして交流するという企画を現地のNPOが企画した際，筆者の子どもが通う小学校の掲示板には「子どもがサーカスをやります」（Kinder spielen Zirkus）とのみ記されていた。主催者は，ドイツ側で子どもを集めるのは容易ではないが，とにかく出会いの場を作りたいので企画したとのことであった（20120908）。

語学教育を行う公的な成人教育施設としては，市民大学（Volkshochschule）がフランクフルトにある。ここでは，ポーランド人向けの講座も提供しており，学期ごとの講座案内冊子はポーランド語で記された章を含んでいる。ポーランド人向けの講座は，ドイツ語講座のほか，スポーツ，地域学，消費問題，コンピューター講座などであり，一部はドイツ人と合同の二言語による講座である。2013年春学期の異言語教育講座は，英語が最も多く（29講座開講），次がドイツ語とポーランド語で，それぞれ12講座である。なお，続くのは7講座のスペイン語，3講座のロシア語と2講座のフランス語であり，その他の言語（ノルウェー語，スウェーデン語，イタリア語，アラビア語，中国語，手話，ラテン語）はそれぞれ1講座である（Volkshochschule Frankfurt（Oder）*Kursangebot für das Frühjahrssemester* 2013）。

市民大学でのドイツ語講座へのポーランド人の参加は，職業など実務的な理由が多く，たとえば医療・介護関係者のための講座が開かれていた。一方，担当教員によれば，ポーランド語講座に参加するドイツ人には，主に3つの理由があるとのことである。最も多いのが職業的な理由であり，2013年春学期には，運送業者，看護師，自動車修理工，合唱指導者，眼鏡屋，公務員，消費者センター職員，といったさまざまな業種の人が参加していた。二つめはポーランド人の配偶者などがいるという家族的な理由であり，三つめが，国境地域の住民として文化や社会への関心から学びたいという「教養があり，すでにいろいろな国に行ったことがあって複数の言語ができる人」である（20130727インタビュー）。ただし，地方小都市である両市には，「異言語学習を一般教養の本質的な一部とみなす教養市民層がない」（Vogel 2010: 108）ため，教養として学ぶ人は少ないとされる。

ポーランド語の成人教育は，その他さまざまな職業ごとの職場研修という形で，その有用性が実感されたときに行われている。警察のように，ドイツ人とポーランド人の合同研修という形態をとることもある。それらの例については，ドイツ人によるポーランド語使用（9.1）で改めてとりあげる。

非対称な前提

以上みてきたことをふまえて，住民の言語能力的前提について検討する。

調査時点で30代以降の中堅世代では英語学習経験が前提ではない。ポーランド側では，1990年代に国境地域でドイツ語が第一外国語として導入されたため，英語は後回しにされた。2000年代半ば以降，スウビツェでもドイツ語は第一外国語としての地位を英語にゆずり，第二外国語としての位置づけが確立しつつある。ただし第二外国語の必修化によって，ドイツ語学習経験が前提である状況は変わらない。

一方，フランクフルトでは，1990年代以降，英語は必修化されている。言語的な距離からしても，英語はドイツ語に近いため，ドイツ人の方が学びやすい。一方，ポーランド語能力は，一部の人に限られている。小学校から学校教育で学ぶ選択肢はあり，成人してから具体的な用途をもって学び始める人もいるものの，その大多数は初級ないし一部，中級レベルである。現状では，流暢にポーランド語を話す，ポーランド系ではないドイツ人は，フランクフルトには十数名しかいない。警察が2007年に共同センターを立ち上げたとき，24時間体制でまわしていくためにポーランド語ができる人がドイツ側で7人必要であったが，6人しか該当者が集まらなかったため，ロシア語はポーランド語に近いからより早くポーランド語が習得できるだろうということで妻がロシア人でありロシア語を解する警察官を入れたということがその事情を物語っている。

このように，国レベルでの相手言語学習にみられるあまりにも大きな非対称性は，国境地域レベルでは多少緩和されているものの，非対称であることは両市においても基本的に変わらない。両市では，ドイツ人の方が英語でコミュニケーションをとることができる可能性が高いと考えられるが，ポーランド人の方はドイツ語を学んでいるため，共通語としてはドイツ語の方が用いられやすいというのが一般的な言語能力の前提といえる。

両市は，2010年に決定された合同の行動計画の一つの目標として，「多言語の二重都市」を掲げ，「オーダー川の両岸が故郷」を標語とした。具体的には，幼少時から隣国語に接することが当たり前になること，また小学校6年生までに同じ年ごろの生徒と隣国語で意思疎通ができることを目標としてあげた（Handlungsplan 2010: 21）。しかし，とりわけドイツ側では，まだ道のりは遠い。

7.2　言語景観から見える言語事情

言語景観という観点

次に，ドイツ・ポーランド国境における言語事情を，公共空間における言語の可視性を扱うアプローチとしての言語景観の観点から検討する。まず，言語景観という概念について簡単に確認する。言語景観は，公共空間で見られる書かれたことばを指す。ある領域における言語景観は，情報と象徴という，二つの基本的な役割があるとされる（Landry & Bourhis 1997: 25）。前者はある地理的な領域の印としての役割を指す。後者は，言語景観の効果を指す。前者を，地域の社会言語的状況の反映的機能，後者を，社会言語的状況を創り出す一環としての創造的機能と理解することができる。国境地域に関しては，言語景観は社会言語面での境界形成，境界越えおよび境界域形成（6. 1参照）の指標であるとともにそれらの特徴を作る要素でもある。近代国家においては，言語はしばしば，境界形成の一端を担ってきた。他方，境界越えが進んで境界域が形成されると，言語が，割り当てられた領域の外で用いられるようになる。特定の場所における各言語の可視性を示す言語景観は，境界域形成がどの程度進んでいるかの現状を把握する一つの指標になる。言語景観は，言語境界地域において，言語的な媒介のあり方の一つの表れとしてもとらえることができよう。

ここでは，言語景観論でしばしばみられる「下から」(bottom-up）対「上から」(top-dowm）という単純な二項対立を排するため（Kimura 2017b），スコロンら（Scollon & Scollon 2013: 181）が異なる都市の街角の言語記号に共通してみられたとする分類（規則，社会基盤，商業，逸脱）をもとに，それを調査地域のデータに合わせて若干改変・追加し，(1）路上・施設の表示，(2）公共交通，(3）催しの表示，(4）商業的表示，(5）逸脱した表示，(6）記念碑の銘文の6つに分類して整理する。逸脱した（transgressive）表示とは，落ちている包装や落書きなど，あるべきでない場所にみられる言語表示を意味する（同上：217)。

ドイツ・ポーランド国境地域における言語景観

では，ドイツ・ポーランド国境地域における言語景観を両市を例にとってみていく。具体的には，公共空間において，国境のドイツ側のフランクフルトでポーランド語が，またポーランド側のスウビツェでドイツ語がどの程度，またどのように見られるかが焦点となる。

写真1　フランクフルトの案内標識。上がドイツ語，下左が英語，右がポーランド語

写真2　スウビツェの案内標識。上がポーランド語，下がドイツ語

(1)　はじめに，路上や施設の，道案内のための固定的な表示をとりあげる。行政が設置する道案内などの路上の表示は，国境の両側で基本的にドイツ語とポーランド語の2言語もしくは英語を含めた3言語である。両市の違いは，フランクフルトの方で英語がより多くみられることである。ただしドイツ語と英語のみという表示はみられず，英語はポーランド語と併記されることから，英語はポーランド人以外を対象にしていると解釈できる。フランクフルト市内で新しく設置される案内標識の統一したデザインのように，英語が加わる3言語の場合，ポーランド語は大きな文字のドイツ語の下，英語の後に置かれている（写真1）。一方，スウビツェにおいては，基本的にポー

写真3　キャリアセンターの入り口の掲示。左からドイツ語，英語，ポーランド語

写真4　コレギウム・ポロニクム入り口の案内標識。上がポーランド語，下左がドイツ語，右が英語

ランド語とドイツ語で記されている（写真2）。ヨーロッパを縦断する巡礼路の案内のような地域外からの来訪者向けの看板は，例外的に英語を含む3言語で記されている。ただしその際も，英語よりドイツ語が先となっている。このような，両市の表示の非対称性は，ドイツ側の方が相手言語の位置づけが低いことを反映していると解釈できる。両市をつなぐ代表的な機関である大学においても，ドイツ側は，ドイツ語，英語，ポーランド語の順で案内が記される（写真3）。それに対して，新しく建てられたポーランド側のコレギウム・ポロニクムの館内表示は，フランクフルトの市内で見られるのと同じ表示デザインを採用しているが，ドイツ語が英語より先に来ている（写真4）。

共通のアイデンティティを示す象徴的な意味を持つのが，共通ロゴを用いた表示である（写真5，6）。

写真5　フランクフルト側の国境橋の傍のロゴ

写真6　スウビツェの国境橋の傍のロゴ

公共施設の案内板にも二言語がみられる。フランクフルトの劇場（クライストフォーラム）に続いて，動物園も，動物の説明板を2012年にドイツ語とポーランド語の二言語にした（写真7）。同年に新しい建物に移転した市民大学も建物内の方向表示は二言語である。これらはいずれもドイツ側にしかない施設であり，対岸の客をも念頭においている。

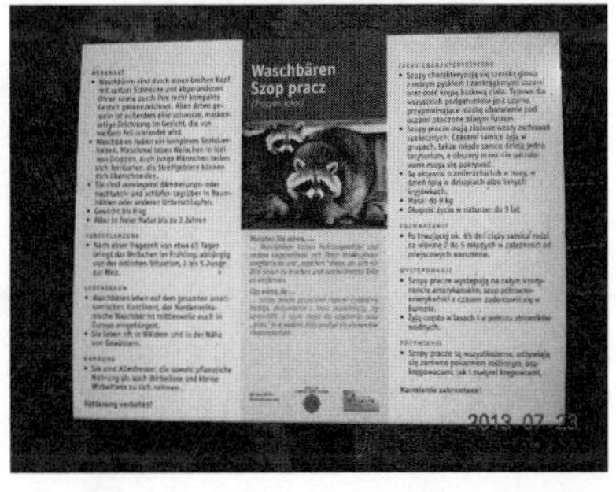

写真7　フランクフルトの動物園の説明板。中心部は上がドイツ語，下がポーランド語，説明は左がドイツ語，右がポーランド語

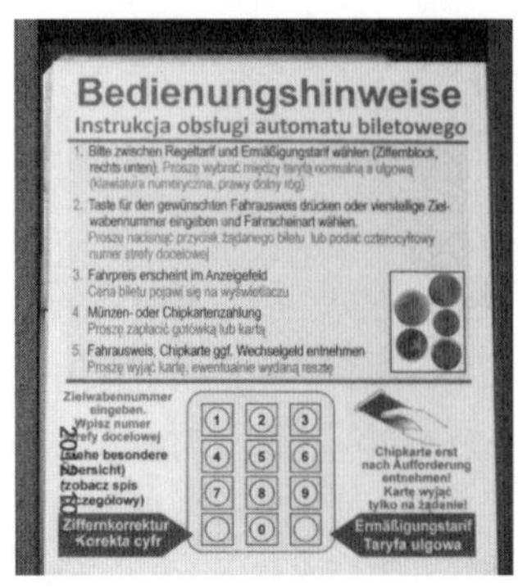

写真 8　バス車内の切符販売機の説明。上がドイツ語，下がポーランド語

(2)　次に，移動手段における案内表示をみる。重要な社会基盤の一つとしての公共交通は，より人口が大きいフランクフルトに市バスと市電が走っている。一方，スウビツェでは，市内の移動に用いられる交通手段は長年，自家用車・自転車など以外は，タクシーのみであった。バスは，2012 年に運行を開始した「国際」路線のみならず，現在，フランクフルト市内のみを走る路線でも，新しい車両の内部の表示はドイツ語とポーランド語を主として英語などのその他の言語が含まれる多言語表記になっている。たとえば，切符の買い方の手順の説明はドイツ語とポーランド語の二言語であるが（写真 8），無賃乗車の罰金の説明は（市内の多言語表示でとびぬけて多い）9 言語[6]で記されている。市内路線でも車内ではしばしば乗客が話すポーランド語が聞かれることから，二言語使用は，乗客の言語に対応しているといえる。他方，バス停の標識はスウビツェのバス停でもドイツ語の H（Haltestelle＝停留所；ポーランド語では przystanek）であり，ドイツの路線バスが乗り入れていることを表している（写真 9）。

(3)　次に，催しなどの一時的な表示をとりあげる。市内の掲示板や掲示

写真 10　フランクフルト市中心部の夏祭りの看板。上がドイツ語，下がポーランド語

写真 9　スウビツェ市内のバス停留所

写真11　歩道上の路上辞典。ポーランド語とドイツ語併記

写真12　賃貸住宅のポスター。「ポーランド語話します」と書いてある

柱にはさまざまな催しの案内が掲示されている。二重都市をうたう両市の政策として，祭りなど公共の催しの多くは越境的な要素を含んで企画され，二言語で案内される（写真10）。音楽やスポーツなどの市民の活動も多くは二言語で告示されている。催しの案内ではなく催しの一環ではあるが，二言語自体をメッセージとする一時的な表示の例として，市の祭りの活動の一つとして行われた「路上辞典」があげられる（写真11）。

(4)　商業的表示についても，二言語表記がみられる。フランクフルトでは，レストランやデパート，商店における二言語の表記や案内が散見される。スウビツェでは，とりわけ国境橋に近い中心部において，商業的表示は二言語が基本である。またフランクフルトの商業施設におけるポーランド語は，ドイツ語より小さい文字で書かれているのに対して，スウビツェでは，ドイツ語はポーランド語と同じ大きさであることが多い。

時には，相手言語のみの表示もみられるが，その内容は両市で異なる。フランクフルトでは，ドイツ側で開業するポーランド人の店主によるポーランド語表記のほか，ポーランド人向けのドイツ側での就職や居住，生活に関する相談の案内がみられる（写真12）。これらのポーラン

写真13　スウビツェの中心部でのドイツ語のみの看板

6) 書かれている順にドイツ語，英語，フランス語，ポーランド語，ロシア語，イタリア語，スペイン語，トルコ語，チェコ語。

ド語による相談業務はたいていはすでにドイツ側で就労・居住しているポーランド出身者が行っている（詳しくは 8.2 参照）。他方，スウビツェでは，アルコールやたばこ，花火，また医療や理容・美容関係などで，ドイツ語のみの表示がみられる（写真 13）。とりわけ，国境近くの，ドイツからの客を主な顧客とする常設の国境市場（ドイツ語での俗称は「ポーランド市場」）ではドイツ語のみの空間が広がっている。この市場でポーランド語表記は，トイレのような非商業的表示に限られている。これらの，相手言語のみの使用からは，フランクフルトではポーランド人が仕事や生活をしているのに対し，スウビツェではドイツ人はもっぱら消費者として現れるという違いが浮かびあがる。

写真 14　ポーランド語の落書きのあった公園遊具

写真 15　ポーランド語で記されたたばこの箱

(5)　逸脱した表示については，フランクフルトの公園などでは，注意深く見ればポーランド語の落書きが見つかる（写真 14）。また同市では，路上に頻繁に落ちているポーランド語の記されたたばこの箱が，町の景観のあまり美しくない側面を代表している（写真 15）。前者は，ドイツ側におけるポーランド人の活動を物語り，後者は，ドイツ人がスウビツェでたばこを買っていることを示唆する。ポーランド側には，このような逸脱したドイツ語景観はみられなかった。

(6)　一方，ポーランド側にしか見られない言語景観は，ドイツ語の銘文のある記念碑である。1945 年に新たな国境線が引かれてポーランド領になるまで，現在のスウビツェがフランクフルトの一部であったことは，社会主義時代は事実上タブー視されて，その痕跡は除去されていた。しかし近年になってドイツの過去を記念する銘文が散見されるようになっている。これらは，両国民の和解を示す象徴的な意味合いが強い。写真16は，スウビツェ郊外の教会入り口に設置された，戦前のドイツ人を含む過去の住民を記念する碑である（写真16）。

写真16　スウビツェ郊外の教会入り口の記念碑。上／左がポーランド語，下／右がドイツ語

領域性の持続のもとの非対称的な境界域形成

以上のことから，異言語間コミュニケーションという観点からの，フランクフルト/スウビツェにおける言語景観とその意味は次のようにまとめることができる。まず，就労を含む行き来が制度上，完全に自由になった現在では，相手言語が両市の言語景観に溶け込んでいることが確認できる。施設や催しなどの案内は国境のどちら側でもドイツ語とポーランド語で享受できる。言語景観の反映的機能という観点からは，かつて明確に分けられた二つの言語領域の境界であったオーダー川が明確な言語境界ではなくなったことを示しているかのようにみえる。創造的機能の観点からは，このような言語景観自体が境界域形成の一環である。二言語で行われる催しの案内を二言語ですることにみられるように，二言語表示は，国境の両側において二言語空間が形成されていることを示している。越境的な共通の地域アイデンティティが生まれているというのは性急にすぎるだろうが，共通ロゴに代表されるような共通の表示デザインは，共通の地域としての一体感の形成に寄与しようとするものである。ただしその共通性は，個別の言語領域を解消しようとするものではない。橋のそばのスウビツェの入り口に置かれた共通ロゴの下にポーランド語で「ようこそ（Witamy）」と書かれた看板（写真6）は，ここからポーランド語の領域が始まることを主張するかのようであり，その意味でも象徴性を帯びている。

また媒介言語論の観点からは，二言語表記がいきわたっていることは，裏を返せば，相手言語の理解力が前提とされていないことでもあり，両当事者言語および英語が相手言語話者に向けた媒介言語としては限られた役割しか果たしていないことを示唆する。たとえば，スウビツェのたばこ屋で，ポー

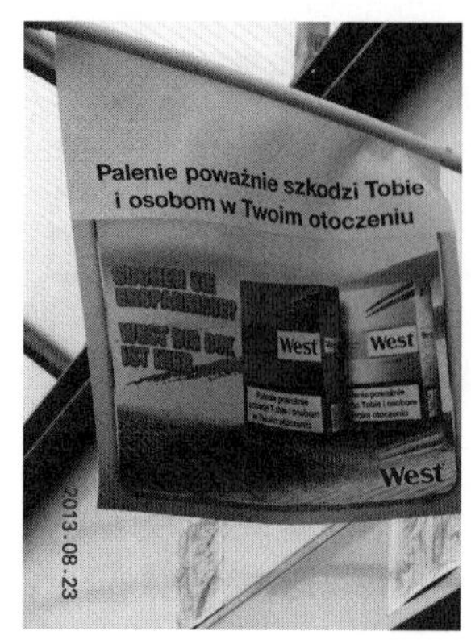

写真17　スウビツェの国境市場でのたばこの宣伝。上がポーランド語，下のたばこの写真の横がドイツ語

ランド語でたばこを表す papierosy がほとんどみられないことは，この単語がドイツ人顧客には理解されないことを反映しているだろう。ポーランド語のたばこの箱に記された警告の文言（写真 15 では「喫煙すると死ぬ」とある）をほとんどのドイツ人は読めないため，警句を気にすることなくたばこを買うことができる。スウビツェのたばこ屋の看板（写真 17）において，ポーランド語で「喫煙はあなたと周りの人に深刻な被害を与える」と書かれていることも同様である。ドイツ人顧客が理解できるのは「お買い得品をおさがしですか？　大箱入りウェスト〔タバコ〕はこちら」というドイツ語の記載のみである。これはポーランドではポーランド語で警告表示をつければよいという法的な領域性原理の抜け穴といえる。

さらに，ドイツ側とポーランド側で非対称性がみられる。フランクフルトでは，ポーランド語は付加的な言語であり，ポーランド語だけの表示がみられるのはまれである。他方，ドイツ語使用はスウビツェではきわめて一般的であり，ドイツ語のみの空間も存在する。このように，言語景観は，ドイツ語とポーランド語の非対称性を反映するとともに，形作る要素でもある。

言語景観の掲示者に注目すると，自治体や市民活動団体による表示以外の商業的・私的な表記について，ポーランド側ではポーランド人によるドイツ人向けの表記が多いのに対してドイツ側ではポーランド語表記はポーランド人自身によるものが多いことは，相対的にはドイツ語の方が媒介言語として機能していることを表している。

コラム7 どうする？ ポーランド語文字

現地調査で驚いたことの一つは，フランクフルトの多くの人が，対岸のポーランド側の町の名前「スウビツェ（Słubice）」を「スルビツェ」と発音することであった。ポーランド語の文字記号ł を正しく発音するのは，少数派（主にポーランド語学習経験者）である。これは，発音が難しいからではない。ポーランド語では，L（エル）に横棒をいれたŁ（小文字ł）という文字は発音が「ウ」に変わるというだけの話である。そのことを知らない，もしくは知らなくてもよいと思っているようにみえることが気になったのは私だけではない。フランクフルトでドイツ語とポーランド語の二言語演劇を上演した演出家（他地域出身）は，次のように述べていた（20121025 インタビュー）。

> ずっと前から驚かされてきたことは，フランクフルトの人たちが，スウビツェという町の名前を間違って発音していることです。これは，何といっても相手に対する敬意の欠如に他ならないでしょう。その意味で，ここの国境には，一見思われる以上に大きな隔たりがあるようです。

もちろんこのような間違った発音がみられるのは国境地域だけではない。ドイツの放送局 ARD のワルシャワ特派員ベンダーは，ドイツとポーランドの関係が正常にはほど遠い例として，「ドイツ人が〔フランスの都市〕ボルドー（Bordeaux）をボルデアウクスと発音したら笑われる。〔ポーランドの都市〕ウッジ（Łódź）を，ロッチではなく正確に発音したら，〔他のドイツ人には〕どの町か理解されない。」と述べている（Bender 2005: 7)。しかし国境地域でも事情が変わらないことはやはり驚きであった。

ポーランド語では，補助記号で発音を区別する文字が 9 つ（ą, ę, ć, ł, ń, ó, ś, ź, ż）ある。いずれもドイツ語にはない。筆者が参観したフランクフルト市民向けのポーランド語入門講座では，これらの文字を学んだとき，参加者の一人の中年の女性が，「これ全部ポーランド語なんですか？　それとも，方言も入れているのですか。」と聞いた（20121205)。つまり，これらが正式のポーランド文字に含まれることすら認識されていないのである。

このように，フランクフルト市民に認識さえされていない状況は，ドイツ側の公共空間やメディアでこれらの文字記号がきわめて無造作に扱われていることにも裏打ちされている。フランクフルトの路上標識などでは Slubice と記されている。これはポーランド語の補助記号がドイツ語の一部ではないという理由で方針として記さないのかとおもいきや，そうでもないのだ。市の文書でも，

Słubiceと記されていることもある。一貫していないのは公共交通にもあてはまる。国際バスの停留所の時刻表にはSlubiceとあるが，バス車体の行き先表示にはSŁUBICEと書いてある。

地元の新聞でも，łがあったりなかったりする。地名だけではなく，人名も同様である。Stanisław（スタニスワフ），Małgorzata（マウゴジャータ）といった，きわめて多い個人名も，横棒のないl（エル）で記される。Lagów（正確にはŁagów）のように，一部の記号だけつける例もみられた。ちなみに，óはポーランド語補助記号のうちドイツ語メディアで記される頻度が最も高い。これは，Caféのようにドイツ語でも用いられる母音記号のタイプだからであろうか。一方，母音の下や子音の上につく補助記号は，記されないことがほとんどであった。このような記号のつけ方はドイツ語にはないので，なじみのない（打ち方がわからない？）タイプほど無視するという傾向といえようか。

ポーランド語の引用も，しばしば補助記号抜きで記される。スウビツェの学校で学ぶ（きわめて例外的な）フランクフルトの子どもをとりあげた記事（*MOZ* 20130614）では，その子がポーランド語の本を読んでいることを紹介する写真の説明で，本のタイトルを“Ksiaze i zebrak”と紹介している。しかし，記事に付された写真を見ると，本にそうは書いてない。正しくはKsiążę i żebrak（王子と乞食）である。日本語でいえば，「おうじとこじき」を「おうしとこしき」（雄牛と古式？）と書くようなものである。

フォントがないといった技術的な理由は21世紀には通用しない。実際，Iñaki Urdangarín（スペイン語），Besançon, Nîmes（フランス語），Miloš，Doležel（チェコ語），Uggerhøj（デンマーク語），Yıldız（トルコ語）など他の言語での記号は新聞でそのまま記されていることが多かった。単にコピペしたのかもしれないが。

地元新聞のポーランド担当記者に，新聞における補助記号の扱いについて聞いたところ，そんな些細なことをいちいち指摘するのは，「先生，トイレの電気がついてます！」と言うような野暮なことだと言われた。大切なのは相手をどう見ているかだと。確かに補助記号は些細なことにすぎない。でも，小さなところにこそ，姿勢が表れるのではないだろうか。相手の言語をぞんざいに扱って気にしないということは，相手をどう見ているかの一つの表れではないだろうか。無駄な電気がつけっぱなしであることに気がついたら，面倒がらずに消すものである。自分が書く語や文でポーランド語の文字記号が消えていることに気づいたら，ちょっとキーボードを操作して付けてもいいのでは，と思ってしまう。一度キーボードの設定をすれば，簡単に打てるのだから。

第8章
主要な媒介方略の意義と限界

8.1　基本方略としてのドイツ語と補助としての英語

本章では，主な媒介方略について検討する。現地における言語能力の分布からして，媒介方略としての使用可能性が高いのが英語とドイツ語である。そこでまず，英語とドイツ語がどの程度，またどのように媒介方略として機能しているかをみていく。ヨーロッパにおける共通語としての英語についてはすでに第一部でとりあげたので，ここではまず，中央ヨーロッパ（中欧）におけるドイツ語の地位について述べる。そのうえで，調査地域における英語とドイツ語の媒介言語としての使われ方をみていく。次節では言語的仲介について検討する。

中欧における地域通用語としてのドイツ語

言語の政治・経済・社会・文化的な指標に基づく言語社会学的な総合力を数値化した一覧では，ドイツ語は，世界の言語のなかで，英語，スペイン語，フランス語につぐ4位につけている[1)]。他方，ドイツ語の使用は，1位から3位の言語に比べて特定地域に集中している。現在，ドイツ語が国の公用語（の一つ）であるのはドイツ，オーストリア，スイス，ルクセンブルク，リヒテンシュタイン，地域的な公用語となっているのはイタリアとベルギーである。さらにポーランド，チェコ，デンマークなど近隣諸国に言語的少数者として居住するドイツ語話者を合わせて中欧ドイツ語圏をなしている。2012

1）Baromètre Calvet（http://wikilf.culture.fr/barometre2012/）

年の調査（European Commission 2012a）では，EUでドイツ語を母語とするのは16%であり，英語，イタリア語（いずれも13%），フランス語（12%）を上回っている。異言語としてドイツ語がある程度話せる人は，英語（38%），フランス語（12%）に次いで3位（11%）となっている（2.1の図参照）。ドイツ外務省によれば，「1億人の母語話者を持つドイツ語はヨーロッパで最も話されている言語である。世界で，その大部分はヨーロッパであるが，現在，1540万人がドイツ語を異言語として学んでいる。」（Auswärtiges Amt 2020）。

このような，ヨーロッパにおけるドイツ語圏の政治的・経済的・文化的な重要性にもかかわらず，EUなどの機関でのドイツ語の使用率が低いことがしばしば指摘される。その背景には，ナチス時代を思わせる大国主義との周辺諸国の懸念をかきたてないように，ドイツが積極的なドイツ語使用の促進には慎重な姿勢をみせてきたこともある（Stark 2000）。1973年のヨーロッパ共同体（EC）へのイギリスの加盟後，英語使用が拡大し，すでにフランス語に対して弱い立場にあったドイツ語の使用頻度は大きく低下した。

ドイツ統一後の1993年，当時のコール政権の肝いりでドイツ語が欧州委員会の英仏に次ぐ3つめの作業言語として認められたものの，EU諸機関における使用の増加にはつながっていない。またEUの東方拡大をみすえて，ドイツ語が中欧で共通語としての役割を果たすことをも期待して新規加盟国へのドイツ語教育援助が重点化されたが，そのような期待は現実的ではないことが認識されるようになった（Ammon 2015: 1103–1104）。

このような状況の中，ドイツ語研究所の所長を長く務めたアイヒンガーは，EU市民の3分の1はドイツ語が多少ともわかるとする。そして，5分の1近くを占める[2]ドイツ語母語話者に出会う可能性が高いことによって，「リンガ・フランカの使用では失われる文化的な近さの要素が保持される」ことをヨーロッパにおけるドイツ語の利点としてあげている（Eichinger 2010: 35）。ヤンセンスら（Janssens et al. 2011: 90）も，主に非第一言語話者のみによって使用される「共通語（lingua franca）」と，第一言語話者と非第一言語話者がいずれもある程度含まれる「通用語（vehicular language）」を区別して，特定の地域や話者集団，文化と密接に結びついた通用語は共通語とは異なる役割

2）イギリスの離脱後は，5分の1をこえている。

を果たせるという。ヨーロッパにおいては，ドイツ語をはじめとする通用語は，ヨーロッパ・アイデンティティをもたらすうえで，グローバルな英語に比べて付加的な利点を持ちうるという。

このように，伝統的にドイツ語の影響圏であった中東欧においても共通語としての地位を大方失ったドイツ語について，共通語としての英語を認めたうえで，あえて英語とは異なる特徴を持つ有力な地域的通用語として展望を見出そうとする傾向がみられる。ドイツ語普及に関わるドイツ文化センター（ゲーテ・インスティテュート）の総裁を務めたリムバッハが述べた，「英語は必須，ドイツ語はプラス」（Englisch ist ein Muss, Deutsch ist ein Plus, Ammon 2015: 514）という標語がその立場を端的に示している。そのプラスは，ドイツ語の文化力とともに，移民をも引き付けるドイツ語圏の強い経済力を後ろ盾にしている。

存在感の薄い英語

では，共通語としての英語と，通用語としてのドイツ語は，ドイツ・ポーランド国境地域の異言語間コミュニケーションでどのように使われているのだろうか。両市の相互交流に中心的に関わってきた協力センターの長は，地域の「ドイツ・ポーランド関係について英語は経済界においても行政においても役割を担っていません。」と明言する（20130422 インタビュー）。英語が行政で共通語の役割を果たしていないことは筆者の経験でもある。筆者がフランクフルトで住民登録をする際，日本での雇用証明などの英語書類を提出したところ，英語はわからないといって受け付けてもらえなかった。次節でみるように，地域行政においては言語的仲介が大きな役割を果たしている。

では，経済界についてはどうだろうか。地域のドイツとポーランドの企業のコミュニケーションにおける言語使用を調べるため，両国の物流企業のマッチングの催しにおいて，使用言語を聞くアンケート調査を行った（20120927）。物流業界は，現地において調査時期に成長率が 1 位の重要な産業分野である（*MOZ* 20130618）。参加した 101 人の企業・組織代表者のうち 65 人から回答を得た。母語はドイツ語が 31 人，ポーランド語が 31 人，両言語が 2 人，英語が 1 人との回答であった。そのうち，異なる母語を持つ人と会場で商談したと答えたのが 48 人である（両言語が母語という 2 人は除いた）。その際の使用言語は何かという質問（該当する言語・手段に印をつける形式）への回答で最も多いのはドイツ語であり，英語はポーランド語よりも少ない（表1)。英語のみと回答した人は5人だけである。言語的前提からも，地域の言語事情からしても，ドイツ語が優位であるのはうなずけるが，ポーランド語が多くあげられたのは予想外であった。これには二つの可能性がある。一つは，参加したドイツ人にポーランド語が堪能な人が多かったということである。前述（6.2）のように，調査時期の10年ほど前から，ブランデンブルク州では物流企業に勤める人を養成する職業教育の課程にポーランド語講座が含まれており，ポーランドでのインターンも行われている。そのため，他業種よりもポーランド語能力のある人が多い可能性がある。他方，使用言語についての問いが，自分の母語を書く質問の後にあったため，商談相手の母語を答えた可能性も否めない。特に，ドイツ人で，商談にポーランド語のみを使ったと答えた人が5人いたが，これは，誤記の可能性がある。ドイツ人で，ドイツ語とポーランド語を使ったと答えた1人は，記入したアンケート用紙を筆者に渡すとき，ポーランド語の能力が高い自分は例外であると述べていたことからも，商談をこなせるほどポーランド語ができるドイツ人は，物流業界でも少ないことが想定できる[3)]。

表1　物流業界の催しにおける使用方略（アンケートより）

使用した手段	回答数
ドイツ語	28（うち，ドイツ語のみ17）
ポーランド語	21（うち，ポーランド語のみ10）
英語	13（うち，英語のみ5名）
通訳	3（うち，通訳のみ2）

いずれにせよドイツ語が優勢であることは確認できる。またこの回答でも英語があげられたように，英語がこの地域で全く使われていないということではない。国境地域に本拠地を置く企業でも，グローバルに展開する企業の経営者は英語を他国の取引相手とのやりとりに使っている（Steinkamp 2018)。ただし両市の位置する地域では，多国籍にまたがる企業はごく少数であり，

3）通訳を使ったと回答した人が少ないが，これは会場で用意された通訳者の助けを借りたことを示す回答としてはうなずける。用意された通訳者ではなく相手言語ができる社員（主にポーランド人）などが言語的に仲介する様子がみられた。

圧倒的多数を占める中小企業の活動においては，ドイツ語使用が前提となっている（フランクフルト手工業会議所のドイツ・ポーランド協力担当者；20130608インタビュー）。

両市内で最も英語が使われる場は企業ではなく，多くの国からの留学生を受け入れている大学である。大学で行われる国際会議などでは，英語が用いられることが多い。大学などの研究機関に務める専門家同士が英語を使うこともある。ポーランドの専門家と共に地域の環境モニタリングを行ったドイツ人の専門家は，「私たちは英語で多く会話しました。ポーランド側はドイツ語ができることがよくありますが，ドイツ側では一般にポーランド語を話せません。」と述べた（20130508インタビュー）。しかしこうした相互協力の企画に携わってきたユーロリージョンの担当者は，実務的な現場で英語が用いられるのは稀であると述べている（20130321インタビュー）。また上記の物流企業の会合を含めて，英語が用いられる場合の多くが，地域外の人を含むことをおさえておきたい。裏を返せば，両市の住民同士の越境コミュニケーションにおいて，英語は通常用いられる基本的な選択肢とはなっていないのである。

筆者は，現地調査の終わりに，両市合同の夏祭りで調査結果を発表する機会を与えられた。そのなかで，英語が含まれる発話例を報告したところ，司会者は，「英語がここでそんな役割を果たしているとは驚きました。ドイツ語とポーランド語だと思っていました。」と意外感を表明した（20130717）。その報告で英語が含まれる例として紹介したのは，ドイツ・ポーランド青少年オーケストラの練習での指揮者の発話であった（20130413）。しかしその事例は，むしろ英語の例外性を裏打ちするものであった。同オーケストラは，演奏会に向けての合同練習で集まる。構成員への聞き取りによれば，ポーランド人の団員は基本的にドイツ語がある程度できるのに対して，ポーランド語ができるドイツ人はほとんどいないとのことであった（20130414）。これは，ポーランド側では学校でドイツ語が学ばれる場合が多いのに対して，ドイツ側ではポーランド語学習が一部に限られるという，地域の言語事情を反映している。オーケストラにおいては，団員間の言語コミュニケーションがなくとも協力して演奏できるのが特徴であり，合同練習で話すのは主に指揮者であった。指揮者はドイツ人とポーランド人がおり，分担して練習・公演を担当している。いずれも言語使用のパターンは類似していた。すなわち主にドイツ語を用い，ポーランド語や英語を交えていた[4)]。「もっと速くてよい（es könnte noch schneller sein」）（ドイツ人指揮者），「速すぎず（nicht zu schnell）」（ポーランド人指揮者），「今度はとてもゆっくり（jetzt ganz langsam）」（ポーランド人指揮者）といった演奏中の指示は基本的にドイツ語が中心であり，このレベルのドイツ語はポーランド人団員もわかることが前提とされていた。それに対して，通常の指示をこえる特別な内容を伝えるときに英語が用いられていた。英語を使うこと自体が強調する意味を持っていると考えられる。たとえば，筆者が参観した練習において，最も長い英語使用をそれぞれあげる。

例 1　ドイツ人指揮者の最も長い英語使用

A little faster, **ein bisschen schneller**.〔演奏〕Remember, remember, I promissed icecream, eight Euros, for everybody who can play *litera B XX Litera E. Jeszcze raz.*

（もう少し速く，もう少し速く（…）思い出して，思い出して，アイスクリーム約束したよね，8 ユーロ，演奏できる人はみな，文字 B を XX，文字 E〔のところを弾いてください〕。もう一度。）

例 2　ポーランド人指揮者の最も長い英語使用

Eins zwei drei vier.〔しばらく演奏した後，手の合図で演奏をとめる〕You never know what happens, so be careful. I don't want to XX, eh, slow down so much. You never know, so you have to, eh, conductor, eh, such a place. Well, **Buchstabe H. Zweihundertachtundachtzig**. *Dwieście osiemdziesiąt osiem.*

（1，2，3，4。…何が起こるかいつもわからないから気をつけて。XX したくない，そんなにゆっくりには。いつもわからないから，指揮者を見ないと，このような個所で。文字 H〔から弾いてください〕。288〔小節です〕。）

ドイツ人指揮者の場合，アイスクリームを買ってあげると言って動機づけを高めようとする場面である。英語とドイツ語で同じ指示をしたあと，演奏が続き，演奏を止めて英語で話したが，最後はポーランド語になっている。ポーランド人指揮者の例では，演奏中，ドイツ語で演奏速度を指示して指揮

4）そもそも指揮者の指示はメロディーやリズム，強弱を「パンパンパン」などと口でなぞることが多く，言語はどちらかといえば補足的な役割である。

していたが，ふと演奏をとめている。そして，指揮者をきちんと見るように英語で促したあと，再びドイツ語に戻り，一部をポーランド語で繰り返している。なお，この例のように，弾く箇所の数字などは，どの指揮者もドイツ語とポーランド語で繰り返していた（9.3参照）。

このように若者に向けて英語とドイツ語が用いられる場合も，ドイツ語が基調となっている。ポーランドでの野外コンサートの付属イベントとして行われた若者向けのワークショップでは，ドイツ人の学生がドイツ語で説明を始めた後，途中で「みんな英語わかるよね（Everyone understands English?）」と聞いて，英語でしばらく話していたが，いつの間にかドイツ語に戻っていた（20130801）。

調査地域において，英語が共有する唯一の言語となるのが，ポーランド側でドイツ語をまだ全員が習っているとは限らない小学生である。小学生に向けた発話で英語が用いられた例として，ドイツでの演劇にポーランドの児童合唱団が参加した例をあげる。練習の時は，ドイツ語のできるポーランド人の成人の合唱指導者がついていたが，たまたまその人が席を外した際，子どもたちが歌いながら退場する指示をドイツ人の演出家はきわめて単純な英語で行った（20121017）。

例3　ドイツ人演出家の英語による指示

Children stop, children out. Children out, children bye bye. Schiii〔もっと静かに歌うようにという意味で〕Children go!

英語力の不足

英語の使用が限られている理由の一つは，言語能力的な前提である。越境交流を行う市民活動ノヴァ・アメリカの中心的な参加者（ドイツ人）の一人は，ノヴァ・アメリカ活動における言語使用について次のように述べている（20120901 インタビュー）。

そう，ドイツ人は互いにドイツ語を話し，ポーランド人はポーランド語。英語は残念ながらあまり使えない。ドイツ人はまあ話せるが，ポーランド人はあまり使えない。長い間英語〔教育〕がなかった。何回かやってみたけど。共通語としての英語ってやつね。でもそれはだめなんだ。

ポーランド側で英語力が低い理由として，スウビツェの英語学校経営者は，「残念ながら，スウビツェの住民の間では，〔ドイツとの〕国境の町なのでドイツ語ができれば十分だという意見が多いと言わざるをえません。」と，英語の意義が十分認識されていないという見解を述べている[5)]。

現地の中堅世代の英語事情の一端は，次のような事例からもうかがえる。調査期間中，地域でのさまざまな職種に向けて語学研修を行ってきたヴィアドリナ言語会社による，ドイツ人とポーランド人を対象とする救助隊員のための英語研修を見学した。主催者によると，異なる言語を話す人とのコミュニケーションに問題があるという現場の声をうけて，研修を行うことになった。共同研修という形態は，ドイツ人とポーランド人の警察の語学研修の例から思いたったとのことである。ただし，警察や消防と異なり，事故に派遣される救助隊は，相手国の同僚よりも，怪我人や急病人を相手にすることの方が多いので，英語力の向上をはかる研修にしたとのことである。救助隊員の養成・研修センター長は，「ドイツ人〔の救助隊員〕がみなポーランド語を，そしてポーランド人がみなドイツ語を学ぶよりも，両者が英語を学ぶ方が簡単だ」と述べた（20121008 インタビュー）[6)]。講座の内容は，負傷者とのやりとりや，電話での状況説明の練習が中心であったが，参加者にとっては難しかったようである。たとえば，印象に残った仕事上の出来事を語り合うという課題では，自分の順番になったとき「英語で言うのは難しい（It is difficult to say it in English）」といって途中からドイツ語で話した人（40代ドイツ人）や「大丈夫だった（It was OK.）」とだけ言った人（30代ポーランド人）もいた。講師は，今度研修を行うときは，すでにある程度英語ができる人に限るといった条件を設けなければならないと言っていた。専門的な英語を学ぶ以前の問題だというのである。前年の研修でも，ついていくことができず，病気だといって途中で来なくなってしまった人がいたとのことである。英語を推していたセンター長も自身はドイツ語であいさつを行い，通訳者が英語に訳していた。研修の最後に，言語会社の担当者が「また参加したいですか（Who would like to come again?）」と聞いたとき，ポーランド人参加者の一人は，「な

5）*Gazeta Słubicka* 7/2013 Rozmowa z Anną Kopno（szkoła języka Angielskiego JUST ENGLISH）

6）実際には，参加したドイツ人のなかには，英語をよく使うという高速道路担当者もいれば，地域での仕事においては英語よりもポーランド語の方が役に立つという地域密着型の現場を担当する人もいた（20121017）。

んだって？（Co?)」と隣の人に聞いて教えてもらってから手をあげていた。

英語を避ける言語イデオロギー

しかし英語が使われないのは，単に話せないからということだけではない。ユーロリージョンのドイツ側の事務局長は，英語の役割についての筆者の質問に対して，「英語は，双方がドイツ語あるいはポーランド語ができないときの補助手段です。(Englisch ist ein Hilfsmittel, wenn beide Seiten kein Deutsch oder Polnisch können.)」と答えた（20130321 インタビュー）。これはドイツ語とポーランド語が優先されるべきだという趣旨の発言といえる。両言語の研修を行ってきた警察の共同センターの代表も，「私たちはここでは，これが基本線なのですが，ドイツ語とポーランド語を中心に置きたいのです。中心において，これらの言語がいわば作業言語として話されるようにしたいのです。(Wir wollen hier und das ist der Tenor, wir wollen hier Deutsch und Polnisch in den Mittelgrund stellen, Mittelpunkt stellen und diese Sprachen sollen sozusagen hier als Arbeitssprachen gesprochen werden.)」と述べ，英語使用はあくまでも例外であるとした（20130722 インタビュー）。

両国の人々の交流自体を目的とする集まりの場合，このような姿勢はより明確である。ドイツ・ポーランドの青少年交流の手引きには，次のように記されている（Cybulka 2007: 44)。

> 言語は文化の中心的な要素です。文化の仲介をするのです。言語を学べば，文化にも接して異なる存在を受け入れて，その特性を感じます。このような経験は，第三言語によるコミュニケーションではできません。

英語を話す前提が最も整っていると考えられる大学においても，ポーランド側の施設コレギウム・ポロニクムの事務長は，創設以来の大学教職員の言語使用をふりかえるなかで，英語について次のように述べている（Wojciechowski 2020: 87)。

> 創立以来の年月の間，コレギウム・ポロニクムにおいてずっと隠れていて表に現れなかったのが英語である。隠れていたというのは，基本的に，大学の会合に出る人たちの間では英語力は，会議を進行するのに十二分にあったからである。

このような，使うことが控えられるような英語の位置づけは，大学のドイツ側での新年度式典での，コレギウム・ポロニクムの共同運営者であるポーランドのアダム・ミツキェヴィチ大学（ポズナニ）の学長のあいさつにも表れている。学長は，あいさつを次のように始めた（20121019）。

例 4　アダム・ミツキェヴィチ大学学長あいさつ

I would like to apologize that I will address you in English.

（英語でごあいさつすることをお詫びいたします。）

学術界ではすでに英語が共通語として認知されており，英語が用いられることには意思疎通のうえでは問題がないと考えられるにもかかわらず，このようなお詫びをするところに，本来は当事者言語，この場合はドイツ語で話すべきだという言語イデオロギーがうかがえる。このような言語イデオロギーは，とりわけ大学人のような教養層の間では，3. 1 でみたようなヨーロッパ統合に伴う複言語主義に共鳴するものといえよう。

ポーランド語に対するドイツ語の優位

ここまでの記述で明らかなように，両市の住民の交流で第一に前提とされる方略はドイツ語といえる。両市における越境的な通用語としてのドイツ語の急速な普及については，上述のコレギウム・ポロニクムの事務長のふりかえりが要約している（Wojciechowski 2020: 86）。

> 1991 年にビザなしの行き来が可能になったばかりの頃は，スウビツェにおいてドイツ語を話す人はほとんどいなかったのとは対照的に，2007 年に国境検問がなくなってからは，ほとんどどこでもドイツ語を使うことができるようになった。店，市場，ガソリンスタンド，レストラン，床屋。役所はまだかもしれないが。

ここで「ほとんどすべての場所」というのは，事実上，ドイツ人の顧客を見込める店舗，ということである。このような場で必要なドイツ語力は限られているが，高度な言語能力が求められる協働の場でも，ドイツ語が優位であることは変わらない。筆者が参加した協働の場では，公的には言語的仲介が用いられることが多かったが（次節），より直接的な伝え合いでは，主にドイツ語が用いられていた。たとえば，消防の共同訓練では，本部には通訳者がいたが，消火の現場では，無線を持った若いドイツ人消防士がポーランド人の消防士に，出動先の指示をドイツ語でしていた（20130420）。ドイツ語使用が当然のこととなっている様子がうかがえる。

ただし，ドイツ語が英語に対してのみならず，ポーランド語に対しても優位であることについては，疑問もみられる。現地調査では，公的な場でドイツ語が通用語として用いられる際，ドイツ人側から弁明やお詫びがたびたび聞かれた。これは，ドイツ語のみが通用語として使われることへの，ある種のきまりの悪さを表しているといえるだろう。ここでは筆者が出会った最も洗練された弁明を紹介する。さきほど，ドイツ側での大学の新年度式典における英語使用についてのお詫びの例をみたが，その前日にコレギウム・ポロニクムで開催された新年度式典で，ドイツ側の学長は，冒頭部分をポーランド語で述べた後に次のように述べた（20121018）。

例 5　ヴィアドリナ大学あいさつ

Leider muss ich jetzt auf Deutsch weiter machen. Ich habe zu Polnisch dasselbe Verhältnis wie zu meiner Frau. Ich liebe sie, aber ich beherrsche sie nicht.
（残念ながらドイツ語で続けさせていただきます。私のポーランド語との関係は，妻との関係と同じです。愛していますが，思うように操ることはできないのです。）

まとめ

以上のように，調査地域においては依然としてドイツ語が最も多く使われる通用語となっている。このことは，当事者言語の一つを用いた直接的なコミュニケーションを可能にする。ポーランド人は，ドイツ語で顧客の対応ができることで商売の範囲が広がる。またより高いドイツ語力を身につけることで，ドイツ社会に直接参入できる。これは，当事者の言語ではない追加言語に対して，当事者の言語を通用語として用いる利点である。ポーランド人の間で，英語で話せばよいという姿勢が優勢にならないのは，ヨーロッパ統合といった理念に基づくというよりは，英語では，仕事や文化活動を含む相手地域の通常の生活にアクセスできないという現実的な判断に基づいているからだと考えた方がよいだろう。知識人層などを除けば，複言語主義の理念というより，追加言語を用いるにはあまりにも密接な現場のつながりが地域でのドイツ語の優位を維持していると考えられる。

反面，ドイツ語のみの使用は，言語学習・使用においてポーランド人が一方的に負担を負うこと，またドイツ語のできるポーランド人はドイツ語を使ってドイツ社会や文化にアクセスできる一方，ポーランド語を知らない大半のドイツ人はすぐ目と鼻の先にあるポーランドの社会や文化に疎遠なままであること，という二重の非対称性を含んでいる。その点，英語はドイツ，ポーランドの間では中立であり，今後，世代交代とともに英語の使用は増えることが予想される。ただし地域社会への直接のアクセスをもたらさない英語は，当面は補助的な役割にとどまるだろう。両学長のお詫びからは，英語だけでもドイツ語だけでも不十分であるという思いがにじみ出ているといえよう。

8.2　交流と協力を支える通訳と翻訳

通訳の用いられる諸領域

現時点での基本方略としてのドイツ語と，補助としての英語の能力はいずれも，個人によって言語能力に大きな差がある。そのことによる意思疎通の限界を補うとともに，当事者のいずれもが異言語能力を前提とせず自言語を用いる媒介手段を提供しているのが，通翻訳である。はじめに，自言語で表現したことを相手言語話者に伝える通訳についてみたうえで，自言語で情報を受けとる言語的仲介の用いられ方についても検討する。

ユーロリージョンのドイツ側事務局長は，ユーロリージョンの助成を得て行われるようなさまざまな越境協力活動や企画を念頭において，「基本的にここではドイツ語かポーランド語が，言語仲介者〔通訳者〕の助けを借りて用いられます」と述べた（20130321 インタビュー）。実際，調査地域において言語的仲介は，政治，経済，文化などあらゆる領域で用いられるといってよい。通訳の形態も，その場での随時的なものから計画的なものまできわめて多様である。政治・行政などの公的機関，教育・文化，経済の順に例をあげる。

両市の政治・行政における協力について，協力センター長は次のように述べる（20130422 インタビュー）。

市の行政や政治の領域では通訳なしで済ますことができる場面はありま

せん。例外は統合委員会です。でもそれが政治，行政の領域で唯一の場面です。

統合委員会のドイツ側の委員長はポーランド語を話せるが，彼が唯一，ドイツ側の議員で相手言語でやりとりができる。スウビツェ側では，市長をはじめドイツ語を多少理解できる人やある程度話すことができる人はいるが，責任ある立場についている人で，行政のやりとりや議事について話すことができるほどドイツ語ができる人はいないとのことである。両市の公的機関の間の個別の打ち合わせには通訳者が同行して逐次通訳をすることが多いが，会議には同時通訳がつくことも多い。筆者が傍聴した合同市議会では，両市長と両議長の4名，またフランクフルトの出席議員29名全員，スウビツェの出席議員14名中11名が同時通訳の受信機（ヘッドホン）を耳につけていた（20121212）。

公的な組織のなかで相互に言語を学ぶ取り組みが最も継続的に行われてきた警察においても，フランクフルトの警察署には専属の通訳・翻訳者がおり，警察の共同センターにも専属の翻訳者がいる。両国合同の会議の際は逐次通訳が行われる。共同センターでは警察官が日常業務に使うために相手言語を学んでおり，事故や事件のとき，ドイツとポーランドのパトカーの間を仲介するのも共同センターの役割である。しかし会議で自由に表現できるほど言語能力を高めたり文書を訳すことができるわけではない。またそこまで学習することや翻訳業務を行うことは，必ずしも警察官の本分ではない。そこで，より高度な内容が必要になる場合や純粋な翻訳作業は言語的仲介の専門家に委ねているのである。

市民レベルでの越境交流は急速に盛んになっているが，仲介者がいることで成り立つ共同の場が多い。スウビツェの合唱団に入っているドイツ人は，「私たちは，通訳者を介しないと会話できないにもかかわらず，7年前から多くのポーランド人と親しくつきあっています。」と述べて，仲介者の役割を評価している（*Kooperationszentrum NEWSLETTER* 04/2014: 5）。

相手言語を学んでいる参加者が比較的多いノヴァ・アメリカの会合も基本的に通訳をつけて行われる。小さな会合では逐次通訳，あるいは個別の人向けのささやき通訳が行われ，大きな会合では通常，同時通訳が用意される。

地域で盛んに行われている青少年交流においても，通訳者は必須である。

青少年交流に携わってきた指導者の一人は，なんとか「「わかり合える」から通訳者は必要ないという想定は，ほとんど現実的ではない」（Cybulka 2007: 42）とする。ドイツ・ポーランド青少年活動の指針（Miller et al. 2016）には，「言語的仲介によって二言語の使用を可能にする（すべての参加者に母語で質問に答えたり質問したりする可能性を与える）」ことが記されている（37）。

大学における通訳について，コレギウム・ポロニクム事務長は，次のようにその変遷をふりかえる（Wojciechowski 2020）。大学設立当初は，ドイツ人はだれもポーランド語ができず，ポーランド側もドイツ語力が低かったため，一人でも相手言語話者が加わる会合はすべて逐次通訳された。その後，ポーランド人教職員はすべてドイツ語を学び，またドイツ語ができる人が採用され，ドイツ人職員にもポーランド語講座が行われ，通訳なしでも話し合いができるようになった（9.2 参照）。通訳は，当初のような杓子定規な逐次通訳というより，（事務長の表現では）「言語的な障害」のある人のために，小規模会合では適宜ささやき通訳がなされるようになり，大規模な会合では同時通訳が行われる。たとえば，前節でとりあげた新年度の式典も同時通訳付きであった。

経済面では，地域の弱点として，依然として企業の越境的なつながりが弱いことへの対策として，双方をつなぐ場を作るほか，通翻訳に対し助成することがブランデンブルク州政府の文書で述べられ，企業活動でも言語的仲介が大きな役割を果たすことが前提となっている（MWLB 2008: 25, 34）。

言語的仲介の担い手

このように随所で行われる通訳を担うのは，ほんの一握りのドイツ人以外，ほとんどの場合，両言語を話すポーランド人である。この点にもドイツとポーランドにおける言語的媒介の非対称性が現れている。また市やユーロリージョンなどの公的な会議での同時通訳にはプロの通訳者があたるが，企業や市民活動の逐次通訳やささやき通訳は多くの場合，プロではない，二言語に通じた人が行っている。企業や店舗では，両言語ができる人を雇って業務の一環として言語的仲介や相手言語対応を担当してもらうことも多い。警察や消防，市や商工会議所，手工業会議所などで雇用されて通訳や翻訳を行っている人も，純粋な通訳・翻訳のみというよりは，相互関係の取り持ちや維持，また共同企画の補助金の申請書などを書いたり，イベントで二言語で司会をするなどの多様な仲介業務にあたっている。ユーロリージョン事務局の場合，ポーランド側でドイツ語ができるポーランド人が職員として働いているだけではなく，ドイツ側の事務所員9名のうち4名がポーランド人でドイツ語もできる人である。高いポーランド語能力を持つ人を養成することの困難に直面した警察では，2014年以降，ブランデンブルク州の警察官になりたい人をポーランドで募集するようになった[7)]。

これらの，独立したプロや専任の職員の働きを補う役目を担っているのが，学生である。ヴィアドリナ大学にはドイツ語・ポーランド語通訳講座が開講されており，その履修者（大多数がドイツ在住のポーランド系の学生）たちは，市民の文化的な催しやスポーツ大会などで実習を行っている。

さらに，一般人で二言語ができる人が通訳を依頼されることもある。消防の出動に際しては，要請する側が通訳者を用意する責任があることになっているが，いつも用意できるとは限らないようだ。両国の消防が出動した火事で，言語が十分に通じず，地元の二言語ができる住民が急遽呼ばれて通訳として助けた例も新聞で報道された（*MOZ* 20121106）。

より小規模な会合や，突発的な場面では，二言語ができる人がその場で通訳を依頼されたり自発的に行ったりする場面も多くみられる。ドイツ人とポーランド人の俳優が参加する演劇の練習で通訳者がその場にいないときは，演出家は，俳優のうち両言語ができる人に「ちょっと助けてくれる？（Kannst du mir gerade helfen)」と通訳を依頼したり（20121017），警察官の研修の昼休みに同席したドイツ人3人，ポーランド人3人の席では，ドイツ語がかなりできるポーランド人警察官が通訳をして会話が行われた（20121026）。ノヴァ・アメリカの会合では，3人の参加者が，それぞれ二言語のわからない3人に個人的にささやき通訳をする場面や，ある人の発言がわからなかったので通訳してくれ，と話し合いの途中で依頼する場面もみられた（20130226）。買い物でも，ドイツの靴屋でポーランド人の顧客が靴は気に入ったが違う大きさを試したいということが店員に通じず，その場に居合わせた別の客が通訳として助けた例があった（20130703）。言語的仲介は，両市の日常の一部となっている。

なお，現時点で言語的仲介にプロないし専属として関わっている人の大多

7）ポーランドからの応募者のためのウェブページ参照。https://www.polizei-brandenburg-karriere.de/informationen/bewerbende-aus-polen

数は地域外出身であり，地域の人材需要を地域で供給することはまだできていない。また調査時点では，機械翻訳は，グーグル翻訳のような文字情報の翻訳が部分的にみられたものの，個人での読解などの補助にとどまり，社会生活や職場で特筆すべき役割を果たしていなかった。

通訳の意義

通訳を用いることの意義は，自覚的に通訳を用いてきた青少年交流の関係者によって，繰り返し言及されている。

> ドイツ語による議論では（…）通訳者がいないとポーランドのグループが不利になることを考えましょう。すべて異言語で表現するのは，とりわけ感情的な議論になるときは，難しいからです。ドイツのグループは，ポーランドのグループにとっては〔ドイツ語が〕異言語であることを忘れがちです。（Cybulka 2007 : 42）

> ポーランド語とドイツ語はいわゆる非対称的な言語の対です。それを補正するためにも，基本的に多言語で行うことが大切です。（Grammes 2016 : 100）

ドイツ語とポーランド語の関係が非対称的であるからこそ，対等な参加を保証するために通訳が意義を持つということになる。このような対等性は，通訳がなされる公的な場や市民活動においても意識的に追求されている。たとえば，ユーロリージョンの会合やシニア・アカデミーの講座など，両国で交互に行われる会合の場合，ポーランド側で行われるときは，司会はポーランド語で話し，ドイツ側のときはドイツ語で話す。また市の催しなどで来賓紹介が行われるとき，二言語ができる協力センターの司会者は，ドイツ人来賓をドイツ語で，ポーランド人来賓をポーランド語で紹介していた。いずれの場合も通訳者がもう一方の言語に訳す。これらの場合，属地原則や属人原則に基づく言語選択によってそれぞれ対等性がはかられているといえる。

逐次通訳の場合のさらなる意義として，参加者にとって，考える時間がより多く得られて理解が深まるという気づきも国境地域の教員研修の例として報告されている（PONTES-Agentur 2008）。青少年交流の指導者も，次のように述べている（Grammes 2016 : 100）。

通訳作業が必要であることを，私はいつも，あるテーマについて省察する可能性を豊かにするものとして受けとめてきました。逐次通訳や聞き返し，いわゆる簡単なことばで話すことは，「組み込まれた遅さ」によって省察（Reflexivität）の余地を高めてくれます。

また，現地でのフィールドワークでは，通訳者が，言語を置き換えるだけではなく双方のギャップを知っているゆえの付け加えによって相互理解に貢献していることがたびたび観察された。このような気遣いは，とりわけ，主催者側の一員が通訳を務める場合にみられた。次の例は，フランクフルトとスウビツェの消防署の協力について，スウビツェの消防署長がシニア・アカデミーで講演を行ったあとの質疑の一部である（20130409）。ここでは，ポーランド語での話にドイツ語への通訳がついた講演のあと，参加したドイツ人（D）からドイツ語でされた質問をポーランドの消防署長（P1）が理解し，ドイツ語で答えている。一応，質疑として通訳者なしで成立しているが，ポーランド人の通訳者（P2）は，消防署の場所がどこかを補足説明している。スウビツェ市民にとって郡の役場はなじみのある場所であるが，ドイツ人にはわからないだろうということを想定して，通訳者が情報を補って質問者の理解を助けているのである。

例 6　消防隊長の講演の後の質疑

D : Wo ist der Standort der słubicer Feuerwehr?（スウビツェの消防署はどこですか）

P1 : B, b bei Landkreis. bei Landrat.（...）（郡のところ，郡長のところです。）

P2 : Wo sich wirklich der Standort befindet, ich weiß es nicht ob Sie sich auskennen, in Słubice auskennen. Platz der Helden, kennst du vielleicht Platz der Helden, und in der Nähe des Platzes des Helden befindet sich, aa, die der Standort der Feuerwehr.（本当にどこにあるのか，スウビツェをご存知かわかりませんが，英雄広場，英雄広場をご存知ですか，英雄広場の近くに消防署があります。）

同様に，たとえば両市の夏祭りで行われた子どもサーカス公演について，ドイツ語の案内ではポーランド側での公演は木曜日にスウビツェで，とのみ言ったのを，ポーランド語通訳は「木曜日に，英雄広場で 16 時から」と付け加えていた（20130717）。祭りの開会式でも，フランクフルトの副市長が「私はこの美しい町で副市長をしております」と自己紹介したのを，通訳を務めたスウビツェ文化センター長は，「こちらがフランクフルトの副市長で，文化や投資などを担当しています」と詳しく紹介し，また副市長が，フランクフルトの，旧西ドイツの姉妹都市ハイルブロンの市長を紹介して姉妹都市提携が25周年を迎えると述べたときには，訳す前に，ドイツ語で，「スウビツェとも姉妹都市になって15周年めです」と付け加えたうえで，スウビツェともフランクフルトとも姉妹都市のハイルブロンの市長です，とポーランド語訳した（20130712）。

さらに聴き手に配慮した柔軟な仲介が行われることもある。両市でのドイツ・ポーランド協力専門のコンサルタント業者は，通訳として関わった案件を次のように報告する（Bollmann & Zdziabek-Bollmann 2006: 275）。

> 取引に関心を持った人〔ポーランド人〕が，長時間，詳しく話を聞いたあと，「それならポーランドでもっと安く手に入る」と言ったのを通訳者は，「値引きできないでしょうか」と訳し，（…）数分以内に話はまとまり，両者ともに満足して握手した。

一方，内容が省略されてしまう場合もある。ポーランド側で行われた二言語による演劇のあと，会場の責任者があいさつで，この劇を楽しむためにも二言語を学ぶべきですね，と言った部分を通訳者はドイツ語に訳さなかった（20140829）。ドイツ人にポーランド語を学ぶように要求しているようで，不適切と思ったのかもしれないが，配慮のしすぎといえるかもしれない。

通訳の限界

仲介の利点は容易に欠点に反転する。通訳による訳のずれは，意図的な追加や削除でなくとも生じる。環境問題についてのシンポジウムの休み時間に主催者と話したところ，「通訳はいつも難しい。専門用語をきちんと理解している通訳者は少ない。さっきも誤訳があった」と言っていた（20130508）。

時間の問題も，通訳の弱みとなる。二言語劇を行った演出家は，通訳をまじえた練習の難しさをこう語る（201221025 インタビュー）。

> 言うまでもなくすべてがずっとずっと時間がかかり，なんでもいつも二

言語で言うので，ちょうど何か話したいことがでてきて言おうと思っても，待たないといけない。そうすると，またエネルギーがわきあがってくるまで，時間がかかってしまう。(weil es natürlich alles viel, viel langsamer, weil man immer alles zweimal sagt und dann wenn man gerade loslegt und, und was zu erzählen hat, oder so und dann muss man aber warten, dann ist das, bis diese Energie mal hoch ist und das dauert natürlich.)

同時通訳の場合も，話し手は通常よりもゆっくり話す必要がある。このことは，会議やシンポジウムなどのたびに，主催者が注意を喚起したり講演者が言及したりしていた。一度，司会者が催しを紹介するときに，各講演に通訳がつきますと述べたとき，同時通訳者が通訳ブースの戸をあけて，「そんなに速く話し続けるなら，通訳はつきませんよ」とけん制したこともあった(20120928)。また小規模な会合で通訳者が一人しかいないときは，通訳者のための休憩を設ける必要もあり，通訳者への配慮も求められる。

間接的なコミュニケーションゆえの限界も指摘される。ドイツ・ポーランド間の越境的ネットワークに関する調査報告では次のように述べられている(Kunert 2005 : 60)。

ネットワーク形成の本質的な障壁は言語障壁であった。新しい人間関係の構築については，言語が主要な問題としてさえ認識されていた。通常，公的な通訳を介して行われる改まった形式の会合においては，ちょっとした会話が行われにくい状況になるためである。

同時通訳の場合は，受信機をつけなければならないなど，不便であることも問題となる。両市の夏祭りのとき，フランクフルトの野外会場で，両市の関係についての座談会が行われたが，始まる前に，司会者が「第一部はポーランド語で行われて，同時通訳がつきます」とアナウンスするやいなや，20人以上が立ち上がって会場を去った。祭りの一環なのでリラックスして聞くならともかく，受信機までつけて集中して聞く気はないということだろう(20130713)。

二言語による情報提供

次に，二言語による情報提供についてみていく。言語景観についてみたように，両市では，公共的な情報は二言語で提供する体制が整ってきている。両市のウェブサイトの行事カレンダーは共通であり，言語をドイツ語とポーランド語で選ぶことができる。代表的な文化行事のポスターやチラシ，また市民団体のパンフレットなども，多くはドイツ語とポーランド語版が別々に作られるか二言語である。物流関連企業の催し（8.1参照）の，参加企業紹介資料もドイツ語とポーランド語の二言語で提供された。2011年から，協力センターの発意によってレストランのメニュー翻訳プロジェクトも行われた。スウビツェでは以前からドイツ語併記が多かったが，フランクフルト側でも増やすのが主なねらいであった。これらはいずれも翻訳を必要とするので，翻訳は両市のつながりの基盤を支える役割を果たしているといってよい。

あらかじめ二言語で情報が用意されることでスムーズに進む場合もある。たとえば消防では，援助要請の書式が二言語表記になっており，該当箇所に印をつけることで，どういう事態でどういう助けが必要かが相手側に伝わる。また二言語情報の活用の工夫例として，カトリックとプロテスタントの合同礼拝では，説教で用いる聖書箇所は二言語で読まれたが，会衆が唱える詩編は，詩編が二言語併記された紙が配布され，節ごとにドイツ語とポーランド語で交互に唱えられた（20130717）。

二言語による情報提供は，文字とは限らない。ドイツ鉄道は，1990年代から，ベルリンとフランクフルトをつなぐ路線で，フランクフルト到着時に，ポーランド語でも案内放送を行ってきたが，市電でも2012年から市中心部ではポーランド語でもアナウンスをするようになった[8)]。市内の博物館は，係員による展示の案内ツアーをポーランド語でも提供している。これは，通訳ではなく，ポーランド語による独自の対応であるが，ドイツ語で話すのと同じ内容をポーランド語で提供するという意味で，一種の翻訳といえる。前節でみた青少年オーケストラにおいて，指揮者が演奏箇所の指示を二言語で行っていたのも，二言語による情報提供の例である。

口頭での二言語の情報提供として興味深いのが，二言語演劇である。演劇における情報保障として最も徹底したものは，字幕である。2012年10月に行われた地元出身作家クライスト（1777–1811）の『シュロフェンシュタイン家』を翻案した二言語での上演では，せりふがすべて，二言語の字幕で投影

8）長くなるので，英語は考えていないとのことである（*MOZ* 20121218）。

された。それに対して，字幕を使わない興味深い例が，シェイクスピアの『真夏の夜の夢』の二言語による上演である（20140829）。

この劇では，ドイツ語話者とポーランド語話者の男女一組ずつが登場する。ポーランド語話者の方では，父エゲウシは娘ヘルミアを同じくポーランド語話者のデメトリウシと結婚させたいが，彼女はドイツ語話者のリザンダーを好きになる。親はそのことを許さない。一方，ドイツ語話者のヘレナはデメトリウシを好きになる[9]。

劇は，受容的二言語使用が基調であったが，その際，どちらかの言語しかわからない観客のために内容を対話相手などが繰り返すことがしばしばみられた（9.3 参照）。上演のあと，ポーランド語がわからないドイツ人の観客の一人は，筆者に，「たくさんポーランド語があったのに全部わかりました。こんなことが可能とは思いませんでした」と感想を述べた。

それに加えて，二言語での情報提供にカギとなる役割を果たしたのが，二言語を操ることで原作より進行上大きな役割を果たすことになった妖精プ(ッ)クである[10]。ドイツ語やポーランド語のどちらかの話者だけで話しているときは，プ(ッ)クがもう一つの言語でまねをしたりからかったようなコメントを入れたりする。いわば観客向けの通訳といえる。しかし，話を聞いて面白がるという趣旨で演劇の一部として行うので，不自然ではなかった。両言語の例を一つずつあげる（Hl: ヘレナ，Hm: ヘルミア，Pu: プ(ッ)ク）。

例 7　ヘレナのセリフにコメントするプ(ッ)ク

Hl: **Andre mit andern können glücklich sein! Ich gelt als grad so schön wie sie; allein: Was hilft das mir? Demetrius hört es nicht, wenn ganz Athen von meiner Schönheit spricht**. (...)（私もヘルミアと同じように美人なのになんにもならない。デメトリウシはきいてくれないんだから（…）アテネじゅうが私の美しさでもちきりでも。）

Pu: *Taka jestem piękna jak Hermia, a Demetriusz tego nie widzi, ojojoj*.（〔ヘレナをからかって〕（…）あたしヘルミアみたいにきれいなのに，デメトリウシったらみてくれないの，だって。いやはや。）

9）もともとはいずれも英語名であるが，ここでは，上演のとおり，ポーランド語名とドイツ語名で記す。日本語訳に際しては，大場（2005）を参考にした。

10）ドイツ語ではプック（Puck），ポーランド語ではプク（Puk）。

例 8　ヘルミアのセリフにコメントするプ(ッ)ク

Hm: *Lizandrze! Nie ma go? Czy gdzieś się chowa? Nie słyszy? Odszedł? Jak to — tak bez słowa? Biada! Gdzie jesteś? Przemów, skarbie drogi,* (...)（リザンダー，いないの？　どこかにかくれちゃったの？　聞こえないのかしら？　行っちゃったの？　なんと，何も言わないで？　どうしよう，どこにいるの？　返事をしてよ，あなた。）

Pu: (...) **Er [Lysander] ist nicht da, er ist fort, niemand hört sie, kein Ton, kein Wort ...**（彼はいない，行っちゃった。だれも彼女の言うことを聞く人はいない。一音も，一言も。）

いずれも単なる繰り返しではないので，演劇としても単調にならず，絶えず両言語を行き来するプ(ッ)クによって，この演劇はどちらかの言語のみを理解する観客にとっても楽しめるようになる。そして二言語がわかる人にとっては，さらに楽しみが増す。この演劇は，仲介が入ることでかえって表現が豊かになるような工夫によって，冗長になりがちな「逐次通訳」の欠点を克服している点で，仲介活動の意義を再提示する試みといえる。なお，プ(ッ)クを演じた俳優は，ポーランド出身でドイツ在住であり，両言語を自由に操ることができる。本人は，自分のことを「ドイツ・ポーランド人(Deutsch-Pole)」と言っていた（20140829 インタビュー）。

まとめ

以上みたように，通翻訳は，調査地域において相互関係を支える不可欠な役割を果たしている。これは，自言語の尊重をうたう EU の多言語主義を実践しているともいえる。言語的仲介は，言語能力の限界を補うのが基本的な意味であるが，単にことばが通じないから仕方なく用いられる「必要悪」とみなされるのではなく，相互の対等な関係構築，維持，促進に積極的な役割を果たすことが期待されている。その付加価値が，間接的なコミュニケーションであるという限界を上回るとき，この方略は積極的な意味を持つことになるといえよう。ただし，二言語による情報提供が充実するほど，それぞれの言語的・文化的な居場所から出なくともよいので心地よい反面，相手言語を学び使うことをとおして相手の文化や社会と直接向き合うことがなくなるというジレンマがある。

コラム8 推理小説に描き出される言語事情

調査期間中の両市を舞台とする推理小説が2冊ある（Bollmann 2013［2016］, Bollmann 2015）。一冊めは2012年秋から冬，続編となる二冊めは2013年の夏祭り前後を扱っており，まさに調査期間と重なっている。前者の殺人事件や後者の連続侵入窃盗事件，また登場人物は架空であるが，描かれる両市のさまざまな場所やその時期に市内で起こった出来事など，背景となる時空設定は実際に筆者が現地調査で経験したとおりであり，懐かしい気持ちで読んだ。いずれも越境的な事件であり，異言語間コミュニケーションについてもさまざまに触れられている。

とりわけ詳しく描かれるのが，事件解決の役割を担う警察の言語使用である。両市の警察幹部の公式の会議では，通訳を用いることになっている。しかし，ドイツ語がきわめて堪能なスウビツェの刑事ミウォシュにとって，通訳が入ることの意義は，言語的な仲介自体よりも，やりとりに間（ま）を置くことに見出される。たとえば，通訳が訳し終えるのを待ってから答えるため，ミウォシュは，上から目線でポーランドの警察を「助けてあげる」と言うフランクフルトの警察署長に対してわきあがる怒りを抑えて冷静に対応することができる。今後の捜査でのやりとりにいちいち通訳を介するのは不都合だともらすドイツの担当刑事マトゥシェクに，ミウォシュは流暢なドイツ語を話してみせて安堵させる。ミウォシュはドイツ語力を生かしてフランクフルト市内でも取り調べに参加して功をあげる。

また，マトゥシェクは，ミウォシュ（Miłosz）の名を正しく発音する。これは，「ミロスさん」と呼びかけてポーランド語が全くできないことを露呈するフランクフルトの警察署長と対照的である。ミウォシュとマトゥシェクは，実質的なことはドイツ語で話し合うが，マトゥシェクが積極的に使う簡単なポーランド語は相手との関係を深めることに貢献する様子がうかがえる。捜査の際も，マトゥシェクは，文法のおかしい簡単な文ではあるが，ポーランド人とポーランド語を話し，ポーランド警察のポーランド語の報告書もゆっくりとであるが読むことができている。

続編では，異言語間コミュニケーションのさらなる諸相がみえてくる。二言語化の取り組みについては，路上辞典（7.2参照）を見てポーランド語をちょっと学んでみようかということを話題にするフランクフルトの人々や，フランクフルトのレストランに二言語メニューができたこと（8.2参照）に驚くポーランドからの客の様子が出てくる。スウビツェの少女が，新しく入ったフランクフルトの柔道クラブで，ポーランド語のできるメンバーに通訳してもらう箇所からは，生活の中の言語的仲介のありさまもうかがえる。また，通用語としてのドイツ語に加えて，若い世代の間では Do you speak English? と聞いて英語で会話する場面もみられる。ポーランド側のロックフェスティバルで，乾杯をした相手がドイツ人とわかったポーランドの若者は，*Jesteś* ok, **Deutsche und Polen, zusammen**, friends, ok?（いいやつだ，ドイツ人とポーランド人，一緒に友達，OK？）といった具合にことばを混ぜて話す。前編で気心の知れた仲となったマトゥシェクに，ミウォシュはポーランド語で話しかけるようになり，それぞれが自言語を使う会話や，互いに相手の言語を使う言語交換もみられる。次の会話は，最初の侵入窃盗事件が発生したあと，マトゥシェクがミウォシュに電話をかける場面である。はじめは冗談めかして英語で話し，相手がすぐわかったミウォシュがポーランド語で答えるが，そのあと主な会話はドイツ語になっていくありさまがわかる。これは国境地域の越境協力における異言語間コミュニケーションのあり方をよく示している。

> „Hallo Kollege Miłosz, here's Frankfurt（Oder）calling." *„Dzień dobry Matuszek, co słychać?"* **„Wir haben hier einen Einbruch in eine Villla, Schmuck und Bankkarten, Sie haben nicht zufällig eine Idee, wer das gewesen sein könnte."** Miłosz lachte. **„Hat der Täter seinen polnischen Ausweis nicht gleich dagelassen?"**（17）（「やあ，ミウォシュ刑事，こちらフランクフルト・オーダーです。」「こんにちは，マトゥシェク，どうしましたか。」「別荘に侵入窃盗がありました。飾りや銀行カード〔が盗られました〕。だれがやったのか見当つかないものでしょうか。」ミウォシュは笑った。「犯人はポーランドの身分証明書を落としていかなかったのですか。」）

こうしてはじめはポーランド人が犯人ではないかと疑うのであるが，最後には，ドイツ人が犯人であったことがわかるというのが，ネタバレになってしまうが，この続編のオチである。

実は，著者は，第二部でたびたび登場する両市の協力センターの所長であり，この二冊が初の小説である。筆者の滞在中，著者は，小説を書いているとはおくびにも出さなかったので，本書を贈られたときは驚いた。さすがは両市の関係の実情に詳しい著者の手になるだけあって，両市の様子のみならず，異言語間コミュニケーションのあり方をみるうえでも興味深い小説である。

第9章
代替的な媒介方略の可能性

9.1　あえてポーランド語を使う意味

次に，代替的な媒介方略を検討する。まず当事者言語の一つであるポーランド語のドイツ人による使用（言語交換を含む）をみたうえで，それぞれが自言語を用いる受容的多言語使用，さらに言語混合をみていく。最後に，エスペラントをとりあげる。

「必要性」にとぼしいポーランド語

ポーランドは，21世紀に入ってEUに加盟した中東欧で最も大きな国であり，国際的にも評価される文化伝統を持ち，EU加盟後，経済的にも成長を続けてきた。しかし，隣国ドイツとの比較では，人口も経済力も，より小さい。これは言語面にもあてはまる。ポーランド語話者はポーランド国内で約3800万人，世界では5000万人ほどと推計されるが，ドイツ語の半分以下であり，相対的に小さい言語ということになる。GDPでは，ポーランドはドイツの15%ほど（2020年）であり，経済力の差は大きい。

ドイツ・ポーランド関係においては，政府間の公的な交渉から専門家の会合，経済面の関係など，多方面で，ドイツ語が当然のように使われてきた。ポーランド語が使われる事例は，特例と言ってよい。たとえば，1964年以降，ドイツ人とポーランド人の歴史家を中心とする知識人の対話の場として開催された「リンデンフェルス集会（Lindenfelser Gespräche）」が，「ドイツ・ポーランドの話し合いや交渉の歴史で初めてポーランド語が会議言語となった」（Strobel 1999: 82）きわめて例外的な事例とされ，この独自性は，ドイツ側の真摯な姿勢の表れとしてポーランド側の参加者から繰り返し高く評価されたとのことである[1)]。国境地域においても事情は変わらない。ドイツ側でポーランド語教育が限られている以上，ポーランド語は媒介方略としては用いられにくく，ドイツ人とポーランド人がポーランド語で話す場面はきわめて限られている。本節ではまず，ドイツ人のポーランド語理解の欠如度合いを確認する。そしてそのような背景のもとでポーランド語使用にどのような意義が提起されているかを紹介したあと，実際に使われる様子をみていく。

第7章でみたように，現在の大多数のドイツ人成人は，国境地域においても，初歩のポーランド語をも学んだことがない。コラム7でも，ポーランド語の文字記号や発音がほぼ認識されていないことを確認した。ポーランド語独自の記号に限らず，ポーランド語の文字と音の対応は知られておらず，ポーランド語の人名や地名をある程度正確に発音することもできない。元首相マゾヴィエツキや作曲家ペンデレツキのように「〜ツキ」で終わる，比較的多い家族名も読み方はドイツ人には共有されず，たとえば救助隊員の研修に参加したポーランド人マリツキ（Malicki）は，ドイツ人の参加者から「マリキ」と呼ばれ，ポーランド人同僚から，「おい，マリキ」と冷やかされていた（20121017）。ガソリンを買う以外，ポーランドに行かないというあるドイツ人は，自分が使うポーランド語は，「こんにちは，ありがとう（Dzień dobry, dziękuję），あとはガソリンスタンドの番号を1〜5までだけ」だと言っていた（20130724）。フランクフルト市民に広く共有されているポーランド語の単語はこの程度といえる。

そしてこれらの基礎的な表現さえ使われるとは限らない。両市の関係が非対称的であることについて述べたポーランドの新聞記事（*Tygodnik Powszechny* 20201116）では，その一例として，ポーランドの店でドイツ人の顧客がポーランド語を口にしないことをあげている。

> スウビツェに買い物に行くドイツ人の発することばに耳を傾けるだけでよい。何年も，いや何十年もこちらに来て，安いたばこを買っていくが，どういうわけか，ポーランド語で「こんにちは」や「ありがとう」を覚えるという発想もないらしい。そのような人たちにとって，二重都市の

1）この集会に参加した人々の多くは，戦前のドイツ人とポーランド人の混住地域の出身であり，両言語に接して育った世代であった。

住民であるということは，消費者としての権利を遂行するということだけを意味する。

もちろんドイツ人がみなそうだということではない。ポーランド語入門講座に参加したフランクフルト市民の一人は，理由として，日常の買い物や会合でポーランド人がドイツ語を話すのを前提としたくないとして，「これは相互の尊重の問題です」と述べた。しかしその発言が地元紙の記事にとりあげられて記事になる（*MOZ* 20120911）くらいであるから，ドイツのことわざに言うように「例外が規則を裏打ちする」。ポーランド人の負傷者や急病人に寄り添うためにも多少のポーランド語は「当然知っておくべきです」（20121017）と述べたドイツ人の救助隊員のような態度が一般的であるとはいえない。

ドイツ人がポーランド語を学ぼうとしない理由としては，ポーランド人の多くはすでにドイツ語や英語を学んでいると想定されていることと，ポーランド語を難しく感じるということがあげられる（Vogel 2010: 116–117)。ドイツ人にとってポーランド語が難しく感じられるのは，ドイツ語にはない区別を含む子音の多い発音の難しさとともに，学習の最初から直面する格変化の多さが大きな要因と考えられる。「単語を二つやっただけでもう参ってしまう。(Die Sprache macht mich schon nach zwei Wörtern fertig.)」と言って嘆いた，共同訓練での消防隊員のことば（20130420）にはポーランド語に接した多くのドイツ人が共感できるだろう。フランクフルトの風刺劇団（カバレット）の公演でも「ポーランドの隣人は尊敬に値するよ，あれほど難しいことばで意思疎通しているんだから（Ich habe große Hochachtung vor unseren polnischen Nachbarn. Wer sich in so einer schwierigen Sprache verständigt ...)」というセリフがあった（20130704)。フランクフルト市民向けの「とっさの一言ポーランド語講座」では，名詞を格変化させる必要があることでやる気をなくさないように，変化形を教えないという回避策をとっていた。

だからこそポーランド語を使う意味

しかし，このような事情が，かえってドイツ人によるポーランド語使用に特別な意味をもたらしている。ドイツ人とポーランド人の相手言語学習の非対称性と，そのことによってドイツ人のポーランド語使用がもたらしうる効果を如実に表しているのが，両国の政府によって設立されたドイツ・ポーランド青少年協力会（1991年設立）が出している両国の事情紹介冊子である。ドイツ語で書かれたポーランド事情紹介冊子では，「教育」，「就職」，「EU」という3つの項目で，ポーランドの若者が異言語学習に熱心にとりくんでいることが書かれている。そして「言語」という項目では「少なくとも少しは努力をみせることで，ポーランドの受け入れ側で株が上がる」ため，『ポーランド語で言ってみよう（Versuch's auf Polnisch）』という表現集を同会が出していることが書かれている（Deutsch-Polnisches Jugendwerk 2005）。ポーランド人の若者が熱心にドイツ語を学ぶのに対して，ドイツ人の若者はポーランド語を学ぶことが稀であるからこそ，ポーランド語を少し口にするだけで「株があがる」というのである。国境地域でドイツ人とポーランド人の青年交流に携わってきたポーランド人の新聞への寄稿では，非対称な関係と，だからこそ生まれる効果が浮かび上がる（*Gateta Wyborcza* 20101007）。

〔地域のポーランド人は〕だれもが少なくとも〔ドイツ語の〕基礎を知って，たとえばドイツのガソリンスタンドで意思疎通ができるようになっておくべきだ。またドイツで仕事をする可能性も開ける。ドイツ語ができる働き手がますます求められている。他方，ポーランド語で3つ単語を言うことができる〔ドイツ〕人が，私たちの難しい “proszę”〔どうぞ〕や “przepraszam”〔すみません〕を発音することは，私たちの心になんと甘く響くことだろうか。言語のやりとりは双方向であるべきだ。

すなわち，相互性をうたいつつも，ポーランド人にとってドイツ語は買い物のみならず就職にも関わる意味を持つので本格的な学習が求められるのに対して，ドイツ人は3つの単語だけで十分効果を発揮するというのである。このようなことは繰り返し表明されている。たとえば，青少年交流の手引き，また仕事でポーランド人と接するドイツ人のための案内には，それぞれ次のように書かれている。

ポーランドの若者の大部分は学校で少なくとも多少はドイツ語や英語を学んでいるので，ドイツ人はそもそもポーランド語を口にしようとは思わないことが多い。しかし明らかになったことは，両者が混ざったグループでは，みな少なくとも相手の言語の単語をいくつかは学んでおくと，コミュニケーションがより創造的で，思いやりのある，そして少しはより平等なものになるということだ。（Kelbling 2007: 41）

〔ポーランド語を学ぶという〕努力は日常的な交流においてよい影響を及ぼします。なぜならば，いくら初歩的でたどたどしくとも，ポーランド語を話そうとすることはポーランド人に感激をもって受けとめられるからです。（Fischer et al. 2007: 11）

そしてフランクフルトの新聞には，そのような例が記事として掲載されることもある。たとえば，ポーランド語を学んでいるというある男性は，2012年で一番よかった日は，ポーランド西部の都市ポズナニに旅行に行ったときであると報告する。その理由は，ポーランド語であいさつしたりコーヒーを注文したり道を聞いたりしたことで向こうの人々が喜んでくれたのが気持ち良かったからという（*MOZ* 20130208）。あるいは，月2回の従業員用ポーランド語講座を始めた自動車販売店の店長は，「ポーランド人の顧客は，自分の言語で話しかけられると喜んでくれます。（…）よい印象を与えることができます。」と述べた（*MOZ* 20110103）。この販売店では，顧客の5〜10％ほどがポーランド人であり，さらにポーランドに販路を広げるために講座を始めたとのことである。実質的なやりとりには必要でないのに学んでいるからこそ，ここまで評価されるのである。

ただし，このような非対称な関係のなかでドイツ人が二言三言，ポーランド語を使うことの意義を過大評価することもできない。次の例に現れているような，ドイツ語とポーランド語の対訳における微妙な乖離は，このことに注意を喚起する。最初の例は，国境地域でドイツの子どもとポーランドの子どもが相手言語を学ぶプロジェクト報告書における，運営責任者だったドイツ人の文章と，ポーランド人訳者によるポーランド語訳である（強調は木村）。

Selbst **geringfügige** Kenntnisse der Sprache des anderen können helfen, Barrieren zu überwinden, Interesse zu signalisierun und **gleichberechtigte** Beziehungen aufzubauen. （Schramm 2004 : 23）
（相手言語を**ほんの少し**知っているだけで，障壁を乗り越えて，関心を持っていることを示し，**平等な**関係を構築する手助けになります。）

Nawet **ograniczona** znajomość języka drugiej strony może bowiem pomóc w

przełamaniu barier, okazaniu zainteresowania i nawiązaniu **partnerskich** stosunków.（Schramm 2004：24）
（相手言語の知識が限られていても，障壁を乗り越えて，関心を持っていることを示し，パートナー関係を構築する手助けになります。）

ドイツ語では「ほんの少しのポーランド語ができればもう対等である」と読めるのに対し，ポーランド語では「ポーランド語能力が限られていてもパートナーとしての関係にはなれる」という，より冷静な評価が読み取れる。また次の例は，国境地域のドイツ人向けのポーランド語日常会話学習CDの一部である（Euro-Schulen 2007）。ドイツ語の文と，対応するポーランド語の文が交互に読まれる形式となっている。ここでは，「ポーランド語話せますか（Sprechen Sie Polnisch? Mówi pan po polsku?)」という質問に対して，ドイツ語では「少しポーランド語ができます（Ich spreche ein bisschen Polnisch.)」と肯定的に表現されているのに対して，ポーランド語では「少ししかポーランド語できません（Mówię tylko trochę po polsku.)」と否定的なニュアンスとなる。

象徴的ポーランド語使用の実際

では，ドイツ人のポーランド語使用の実態をみていこう。まず，両市の相互交流の代表的な場といえる祭りと大学（コラム6参照）から例をあげよう。両市合同の最大の催しである夏祭りの開会式（20130712）で，フランクフルト副市長は，開口一番，「こんばんは，スルビツェのみなさま（Dobry wieczor, Slubiczanie!)」（発音どおりの転写。正しくはDobry wieczór, Słubiczanie!）とポーランド語で呼びかけた。それに対して，観客から，「こんばんは（Dobry wieczór)」という反応や「ブラボー（Bravo!)」ということばとともに喝采が起こった。それから「淑女紳士のみなさま，ご来賓のみなさま（Meine sehr geehrten Damen und Herrn, liebe Gäste)」とドイツ語でつづけて，通訳者がドイツ語をポーランド語に逐次通訳する形で開会式は進行した。また新年度の始業式でヴィアドリナ大学学長は，あいさつを同じくポーランド語で「こんにちは，みなさんを心から歓迎します。（Dzień dobry, witam państwa serdecznie.)」と始め，拍手を受けた。その後はドイツ語で続けた（20121018）。これらのポーランド語使用とそれへの反応は，このような象徴的なポーランド語使用が評価されることを示している。

筆者が滞在中に参加したドイツ・ポーランド協力に関する州や市といった自治体，警察，企業，学会などの会合では，ドイツ側のあいさつでGuten Tag, dzień dobry!（あるいはたまにDzień dobry, guten Tag!）と，一言ポーランド語を交えることがたびたびみられた。興味深いのは，ドイツ人がポーランド語のみであいさつする場合である。青少年オーケストラのドイツ人指揮者は，筆者が参与観察した練習日のとき，午前も午後も，練習場に入ってくるときのあいさつはドイツ語なしのDzień dobry!のみであった。このような決まった形式の発話でポーランド語を優先することが，練習の実質的な指示でドイツ語が優勢になることへの補償の役割を果たしているとみることができる。

より日常的なポーランド人の知人との出会いの際のあいさつでも，ドイツ人がDzień dobry!あるいはお互いに知っている場合など，より親しみのあるCześć!（やあ）と言うことがみられた。このようなささやかな歩み寄りの例は，一部，商店でもみられた。たとえば，客がポーランド語なまりのドイツ語を話すことに気づいた店員がポーランド語で「どうぞ。(Proszę.)」「ありがとう。(Dziękuję.)」と言ったり，なじみの客と「レシートは？—けっこうです。—ありがとう，さようなら。(Paragon?—Nie dziękuję.—Dziękuję, do widzenia.)」とポーランド語でやりとりしたりする。客が来たことに気づいてHallo!とドイツ語で言ったあとでふりかえってポーランド人の顧客だとわかって「すみません，こんにちは（Przepraszam, dzień dobry!)」と言い直したこともある。そのような経験をしたポーランド人に聞くと，そういう店員はまだ少数であるとのことであったが（20130217, 20130727インタビュー），小売り業の店員の職業訓練でポーランド語が必修化されたことも関連しているだろう。

コレギウム・ポロニクムの事務長は，ポーランド語の地位がこの20年間で向上したと述べた（20140302インタビュー）。1990年代はじめ，ポーランド語はほとんどフランクフルトで聞かれず，街なかでポーランド語を話すと泥棒ではないかと疑われるなど，ポーランド語の地位は低かったが，その後，ポーランド語への態度は180度変わり，受け入れられるものになったという。今や，「ポーランド語であいさつするのは感じのいいことになったのです(Es gehört zum guten Ton, auf Polnisch zu begrüßen.)」[2)]。

2）ポーランド語のインタビューでここはドイツ語で言った。

このような説明は，ポーランド語使用が肯定的にとらえられるということとともに，なお「特別」であることを示している。一言二言のお決まりのあいさつをポーランド語で言うだけで拍手が得られるということは，より多くポーランド語を話すことがさらに大きなインパクトを与えうることを示唆する。現地で企業などの越境協力を支援するコンサルタントは，ポーランドの工場でポーランド語であいさつしたドイツ人管理職の例を「他のドイツ人管理職と区別されて記憶に残る，ポーランド人従業員に対して成功した顔合わせとなった」と報告している（Bollmann & Zdziabek-Bollman 2006: 263）。ほかにも，市議会議員がポーランドでの会議に出席した際，この例の場合と同じく事前に練習をして長めの文を述べるような例があったとのことである。

象徴的なポーランド語使用の意義をとりわけ明確に浮かび上がらせるのが，クライストの戯曲『シュロフェンシュタイン家』を翻案した公演である。親戚関係にありながら敵対する両家の息子と娘が愛し合うという，いわば『ロミオとジュリエット』のような話である。その両家をドイツとポーランドの両家の関係になぞらえたこの公演では，両者の関係を表すために言語が効果的に用いられた。

ドイツ側の家族は両親と息子，ポーランド側は両親と娘がいるのだが，憎しみに満ちた父親たちと，相互に不信感を持ちつつも融和を模索する母親たち，そして互いに愛し合うようになった子どもたちの姿が描かれる。しかしながら，『ロミオとジュリエット』と同じように，話はハッピーエンドでは終わらない。憎しみのあまり理性を失ってしまった父親たちは，自分の子どもと仲良くするのをやめさせようと，相手の子どもを殺そうとするのである。一方，若い二人は，両家を和解させようと画策して，お互いの服を交換していた。すると，ポーランド側の父親は，ドイツ側の息子と思った自分の娘を殺してしまう。そしてドイツ側の父親は，自分の息子をポーランド側の娘と思って，遠くから見て，撃ち殺してしまうのである。こうしてどちらも，自分の子どもを殺してしまった後で，近寄ってみると自分が撃ったのは自分の子どもであると気づく。そこに母親たちも来て，絶句する。

これが劇の最後のシーンなのであるが，ここで，自分たちの憎しみの愚かさに気づいた父親たちが，初めて和解を模索する。幕が下りる前の最後の会話をみてみよう。ドイツ側の父親ルペルト（R）とポーランド側の母親ゲルトルーダ（G）と父親シルヴェステル（S）の会話である。

例1　二言語劇『シュロフェンシュタイン家』末尾

R: **Dir hab ich ein Kind genommen. Kind,** bambino, **und biete einen Freund dir zum Ersatz. Freund?**（おまえの子どもを奪ってしまった，代わりに友を提供したい。友？）

G: *Przyjaciel.*（友。）

R: *Przyjaciel.*（友。）

S: ......〔無言でうなずく〕

ここでは，ドイツ人の父親が，ポーランド人の父親に話しかけようとしている。しかしドイツ語では伝わっているか定かではないので，身振りをまじえながら，イタリア語でbambino（子ども）という単語を使って伝えようとする。なぜ英語ではないのかとふしぎに思うかもしれないが，1990年代の体制転換まで社会主義体制で育った年配の世代は，英語ができないことが少なくない。イタリア語のこの単語の方がよく知られていると思ったのだろう。

そして，今後は争いを捨てて友となろう，と申し出るのである。これはまさに，第二次世界大戦の凄惨な殺し合いを経て和解を模索してきたドイツとポーランドの関係を念頭においているといえよう。

この決定的なせりふにおいて，ルペルトは，少しドイツ語を解するポーランド側の母親に，ポーランド語で「友」は何と言うのかと聞いて，przyjacielというその単語を口にするのである。そして，シルヴェステルは無言でうなずいて，幕が下りる。ここでは，悲劇のあとの和解の急進展が，「自言語（ドイツ語）→追加言語（イタリア語）→相手言語（ポーランド語）」という三段階の使用言語の変化によって実践，そして同時に象徴されている。すなわち，それまで使ってきた自言語から，追加言語を経て，相手の言語を使うことによって，歩み寄りを示しているといえるだろう。悲劇を乗り越えて和解する手がかりとして，最終的に相手の言語を使うに至ったということになる。ドイツ人のポーランド語使用が特別な意味をもって受けとめられる現実があるからこそ，この公演の終わりに，それまで一言もポーランド語を話さなかったドイツ側の父親がポーランド語で意思疎通をはかろうとしてポーランド語を口にしたことが，演出のクライマックスになれたのである。またここに，この発言をするルペルトの家族の方がドイツ系であるという必然性もある。言語関係が逆であれば，この最後の一言はこれほどのインパクトを持つことはなかっただろう。この演出は，俳優の言語能力や言語使用をとおして，地域社会における言語事情をも反映している。

実用的ポーランド語使用

ここまで象徴的なポーランド語使用をみてきたが，より実用的なポーランド語力の必要性を指摘する声もみられる。6.1 で言及したように，とりわけ2011年の就労移動の自由化を受けて，そのような声がドイツ側の経済界からあがるようになった。ポーランド語が必要ないというのは，これまでのように経済的なつながりが弱いことを前提としているが，経済基盤の弱い国境地域の活性化には国境をこえた地域の協力・一体化が不可欠であり，より密接な協力のためにはポーランド語が必要になるというのである。実務でのポーランド語は，目的に見合う言語能力を身につけることが必要であるため，ここでは，そのような言語的前提を作る場という観点からみていきたい。

フランクフルトを含むブランデンブルク州東部の経済界からはドイツの学校のポーランド語教育拡充への要望が出されている（Kimura 2014）。それに対して，ポーランド語を実務で使うための研修を職場で定期的に行ってきた代表的な職種が警察である。1997年に，両言語併記の警察用の相手言語教材が作成され，2004年からは，ヴィアドリナ言語会社がドイツ人警察官に研修を行ってきたが，2006年からは，ドイツとポーランドの警察官がペアで相手言語を学ぶ「タンデム研修」が導入された。2004年以降，研修に参加した警察官は国境地域のドイツ側で320人ほど，ポーランド側200人ほどである（Furmanek & Wolfgramm 2020: 66）。タンデム研修が行われることはその都度，地域の新聞でも報道される。調査期間中は年3回，各10日間の日程で研修が行われていた。警察官用の教材には，「車から降りてください。」，「身分証明書を見せてください。」，「何を運んでいるのですか。」，「落ち着いてください。」，「スピード出しすぎです。」といった表現が二言語で掲載されている。

タンデム研修は，相互に学ぶという前提である。しかし，ポーランド人の場合，すでにドイツ語を多かれ少なかれ学んでいるのに対して，ドイツ人警察官は全くポーランド語の予備知識がない場合もあり，ここでも非対称性が明確であった。たとえば，指示の練習で，ドイツ人のポーランド語発音があまりにも不正確で，容疑者役のポーランド人警察官に指示がわからなかった例がみられた（20121018）。上述の風刺劇団の公演でも，警察を扱った場面でドイツの警察官のポーランド語発音が通じないために犯人を逃すというシーンがあり，この問題が意識されていることがうかがえる（20130704）。

そのような非対称性は，ポーランド側とドイツ側の代表者がそれぞれ研修のまとめを話す最終日の全体報告でより明確になった（20121026）。ポーランド側は，ドイツ語がかなり得意な警察官がドイツ語で報告した。ドイツ側は，ドイツ人警察官で最もポーランド語ができる人が話すことになったが，「ドイツ語で話すことにします。ポーランド人の同僚にははるかに及ばないので。（Ich werde es auf Deutsch machen, da ich es bei weitem nicht so gut kann wie mein polnischer Kollege.）」と始めた。すると，ポーランド人警察官から，「ポーランド語でやってみろよ（Spróboj po polsku!）」と何人か声があがった。しかし報告者は「申し訳ないけど，それでもドイツ語で話します。その方がみんなよくわかるから。（Tut mir leid, ich werde trotzdem auf Deutsch machen, so versteht ihr's viel besser.）」とドイツ語で続けた。

一か月後に行われた警察研修の反省会（20121127）でも，ポーランド側からは，きちんとポーランド語のできる人を送ってほしい，という意見が出た。ドイツ側の研修担当者はそれに対して，「少なくとも2回タンデム研修に参加した人かすでによくドイツ語とポーランド語が話せる人だけを送ります」と答えていた。だが，ポーランドの警察の担当者にあとで個人的にきいたところ，ドイツ側のポーランド語は不十分だったとのことであった。

警察と異なって人目に触れることはないものの，警察以上にふだんからドイツ人とポーランド人の同僚が共に勤務しているのが，鉄道の運転手である。ベルリンとポズナニをつなぐ電車区間では，国境区間はドイツ人とポーランド人の運転手が二人で乗り込み，国境付近の地点で運転を交代する。現在ドイツ・ポーランド間を走るドイツ人運転士17名は2年間の職業訓練に参加してポーランド語を学んでおり，B1レベルを修了しているとのことである（20130716インタビュー）。2012年に開通した両市の越境バス路線の運転手もポーランド語講座を受講している（*MOZ* 20121210）。

そのほか，ヴィアドリナ言語会社などの語学サービス企業が，さまざまな職域で比較的短期で，用途を限定した講座を行っている。警察と同様の研修は，頻度は低いものの消防でも行われている。ドイツ人向けのポーランド語研修としては，大学教職員，手工業会議所，ポーランド人顧客が多いドイツ側の店舗の従業員，また文化施設の職員向けの講座も行われてきた。たとえば，フランクフルト市内の劇場の職員向けの研修では，日程調整，謝礼，技術的な問題などに関する会話例を劇場側が用意し，それをポーランド語に訳して学ぶ形で進められた。目的が明確な分，やる気も高いとのことである（20130727インタビュー）。警察同様，ここでも「アンプのケーブルが必要です。(Potrzebuję kabla do wzmacniacza.)」，「ギターのアンプが必要です。(Potrzebuję wzmacniacza do gitary.)」，「これが出演者の衣装部屋です。(Tu jest garderoba dla artystów.)」といった，絞られた内容の文が学ばれた。

このほか，ポーランドと特に関わる役割を持っている特定の個人がポーランド語を使っている例として，新聞や通信社のジャーナリスト，州や市の経済振興担当者や協力センター職員があげられる。これらの人は，大学でポーランド語を専攻した人や，配偶者がポーランド人である人，またポーランドで一定期間語学講座に通うなどしてポーランド語を学んだ人であり，仕事でも自由に使える例外的に高いポーランド語力がみられる。

相互の相手言語使用

ここまで，ドイツ人のポーランド語使用をみてきたが，最後に，双方が相手言語を話す自言語不使用（言語交換）についてもとりあげる。ヴァイトが念頭においていたような，理想的なコミュニケーション形態としての言語交換が，ドイツ・ポーランド関係においても，ごく例外的ながら，現実にみられたことについては，本章冒頭にあげた「リンデンフェルス集会」が証している。当時の主催者の一人は次のようにふりかえる（Strobel 1999: 82）。

> 互いに親しくなるにつれて，多くのポーランド人参加者が，当初思っていたよりもドイツ語がよくできることが明らかになった。〔ドイツ人の言語的な歩み寄りという〕この話し合いの特徴を評価し，礼儀として，また微妙な表現の場合によりよく理解してもらえるように，多くのポーランド人が厳密なドイツ語で発言するようになると，ドイツ人は依然としてポーランド語を話しているのにポーランド人はドイツ語使用に移行したという状況が生まれた。こうして言語が逆説的な形でひっくりかえった。しかしこのことで議論はかえって，より生き生きとした，直接的なものとなった。だれも〔言語的に〕優位に立って相手を言い負かそうと

はせず，（…）こういったことが，「リンデンフェルスの精神」とでもいうべきもの〔の醸成〕に貢献した。

その後続・発展版ともいえる，2000年以降年2回集まって話し合うドイツとポーランドの両国関係の識者30名ほどからなる「コペルニクス・グループ」でも，同様に相手言語の相互使用がみられるとのことである[3)]。しかし国境地域には，現時点では，このような高度な相手言語使用による対話が成り立つ前提はほぼ存在しない。ポーランド側でドイツ語を学ぶ人数に対して，ドイツ側ではポーランド語を学ぶ人が少数である以上，そもそも相互の相手言語使用は想定しにくいと思われる。

ところが，まさにそのような非対称な学習状況が，言語交換の場面をもたらすことがある。すなわち，ポーランド語を学ぶドイツ人は覚えたポーランド語を積極的に使おうとするが，ドイツ人とドイツ語で話すことに慣れているポーランド人は，往々にしてドイツ語で応じるのである。こうしてドイツ人がポーランド語を話し，ポーランド人がドイツ語を話す場面が成立する。国境のポーランド側の町の居酒屋での会話について，あるドイツ語話者の作家が書いた紀行文をみてみよう（Haffner 2002: 21）。

ウェイトレスは私にドイツ語で，何にしましょうかと聞いた。「ビール一杯」と私はポーランド語で答えた。「濃色ビール？」と彼女はドイツ語で聞いた。「淡いのを」と私はポーランド語で言った。彼女は微笑んだ。ポーランドの制服でも用意した方がいいんだろうか，と私は思った。

この作家はポーランド語を学んでおり，居酒屋でもポーランド語を使おうとする。一方，ウェイトレスは，他のドイツ人客に対してと同様，ドイツ語で客をもてなそうとする。双方の善意によるものとはいえ，この作家は，この種のコミュニケーションを理想的とは思っていないことが引用の最後の感想からうかがえる。類似する経験は，ポーランド語を話すことができるドイツ人から繰り返し聞いた。また筆者も何度か経験した。たとえば床屋では，ポーランド語で話しても，一貫してドイツ語で応対された。これが，ドイツ人顧客が多い床屋の「サービス」の一環なのだろう。筆者を含めて，ポーラ

3）https://www.deutsches-polen-institut.de/politik/kopernikus-gruppe/#projekt

ンド語を話しているのにドイツ語で応対されることは，自分のポーランド語能力が不十分であると思われているように感じられ，あまり好ましくないという気持ちになりやすい。しかし別の受けとめ方も可能である。市民向けポーランド語講座において，参加者したドイツ人女性は，「ドイツ語で反応が返ってきたってポーランド語で話したいのよね。向こうだってドイツ語話してくれてるんだから。」と述べていた（20121107）。ここには，相互の相手言語使用を肯定的に受けとめる見方が現れている。現在国境地域でみられるような，ドイツ語が基本的な共通語であるという非対称性を背景にして言語交換が成り立っている場合であっても，否定的にのみとらえるのではなく，有効なコミュニケーション形態の萌芽として評価しなおすべきなのかもしれない。

「リンデンフェルス集会」などの高度な内容ではなく，より単純なやりとりのレベルでは，ヴァイトが提起していたような言語交換の理想形に近い会話は，長年，共に仕事をしてきた間柄で観察された。相手国との協力担当のドイツ人（D）とポーランド人（P）の警察官がポーランドでのロックフェスティバルで共同勤務した際に，二人は主にドイツ語で話していたが，ドイツ側がポーランド語を話す場合もあった。そのような場合，結果的に相手言語の相互使用ということになる。そのような会話例をあげる（20130801）。二人とも下の名前で呼び合っており，親しい関係であることがわかる。文脈がないとわかりにくいが，船着き場に行こうという提案に対して，コンサートから戻る人々で混み合うからやめた方がよいという会話である。

例 2　警察官の会話

P: **Wir fahren jetzt zum Boot, oder?**（これからボートに乗るよね？）

D: **Nee, wir können ja probieren,** *spróbujemy. ... Wiele ludzi, wiesz?*（いや，試してみることはできる。試してみよう。人がいっぱいいるんじゃない？）

P: **Aber, versuch mal hier. Hans, danach, versuch mal.**（でもこれ試してみて。ハンス，それから試してみて。）

D: *Nie mogę.*（それはできない。）

P: **Warum?**（どうして。）

D: *Nie jest możliwe. W ogóle nie.*（無理だよ。全くできない。）

P: **Hast du gesehen?**（みたのかい？）

D: ... *kiedyś*.（前のときに。）

P: **Ach so.**（そうなんだ。）

D: *Oni wrócą*.（みんな戻ってくるんだ。）

上にあげた『シュロフェンシュタイン家』の上演でも，このような親しい関係を象徴する相互の相手言語使用がみられた。通常，ポーランド側の娘アグニェシカ（A）とドイツ側の息子オトカル（O）は自言語を話すのであるが（9.2参照），二人の仲がさらに決定的に深まる場面で次のように会話をしている。

例3　『シュロフェンシュタイン家』の子ども世代の会話

O: **Drum will ich, dass du nichts mehr vor mir birgst, und fordre ernst dein unumschränkt Vertrauen.**（隠し立てしないで，信頼してほしい。）

A: **Ich kann nicht reden, Ottokar.**（話すことができないの。）

O: **Was ängstigt dich?**（...）（何を恐れているの。）

A: **Du sprachst von Mord.**（殺すと言わなかった？）

O: **Mord?** *Morderstwo? Miłość!*（殺すだって？　いや，愛と言ったんだ。）

ここでは，アグニェシカがドイツ語を口にし，オトカルはポーランド語で答えている。相手に対する最後の不信感をぬぐいさる決定的なところで，相手の言語を用いるのである。これは観客にとっても，大きなインパクトを持つものであった。劇中でそれまで両家の登場人物がそれぞれ自分の言語を使うと思ってみていた観客は，ここで，あれ，アグニェシカがドイツ語を話した，オトカルがポーランド語を口にした，と気づいてハッとする。なお，アグニェシカの方がドイツ語で文を言っているのに対してオトカルは単語のみである。ここでも劇の中の会話が現実の非対称性を投影している。

まとめ

相対的な少数派の言語を多数派が使うことを少数派言語話者の人たちがありがたがるという，言語間の階層差によって生じる現象を，社会言語学者の山田寛人は「ありがたがられ効果」と名づけた（山田 2001）。山田は，「ありがたがられ効果が存在するために，大言語話者は少数言語を学べば高い評価を得ることができ，逆に学ばなくても非難を受けることはない」（同上：

103）と述べる。他方，少数言語話者が大言語を学ぶ際には，学んでも低い評価を受ける場合が多く，相当できないと認めてもらえない。そして学ばなければ全く評価されない。本節でみたような，ドイツ人のポーランド語使用は，まさにそのようなありがたがられ効果に支えられている。

このような「ありがたがられ効果」は，ドイツ人の象徴的なポーランド語使用を促す側面を持っているともいえるが，実用的なポーランド語使用を促進するとはいえない。成人教育におけるポーランド語教育は概して特定の決まった表現に限定されたものである。それをこえたドイツ人による創造的な相手言語使用は，特定の個人に限られている。ドイツ人がポーランド語を使用する言語能力的な前提がない以上，相互の相手言語使用も，意図的な方略というよりは，偶発的にみられる現象の域をこえていないのが現状である。

9.2　聞いて / 読んでわかる人のための受容的二言語使用

ドイツ語とポーランド語の受容的使用

では次に，それぞれが自言語を仲介なしで使う方略をみていく。ここではドイツ語とポーランド語の二言語をとりあげるので，受容的二言語使用と呼ぶ。ドイツ・ポーランド関係において，受容的二言語使用は，両国関係に関する専門家や学生のセミナーや会合などで，発表や議論においてみられる場合がある。前節でとりあげた，歴史家による一連の「リンデンフェルス集会」に対して，両国の次世代の対話を進めるために 1988 年以降，開催された研究会「若い世代のハンバッハ集会（Hambacher Gespräche der jungen Generation）」では，それぞれ自言語を話すことが前提となり，参加者は少なくとも相手言語を受容的に理解する能力が求められた（Rogall 1992）。「リンデンフェルス集会」参加者のように二言語に接して育った世代と異なり，この集会に参加するドイツ側の学生は，ポーランド語専攻なみの集中的な訓練を受けて参加した（Rogall 20170108 私信）。このように受容的二言語使用は，ドイツ・ポーランド関係においても，意図的に選択する方略となりうる。

ドイツ・ポーランド国境地域においては，受容的な理解力を持つことの意義は，相手言語の教育を推進する文脈でたびたび指摘されてきた（Damus 2009, Euroregion Pro Viadrina 2011 : 9）。両市の交流に長年携わってきたシニア・アカデミーの世話役は，話せなくとも相手の言語を互いに理解できるようになるのが，国境地域におけるドイツ人とポーランド人のコミュニケーションの理想であると述べた（20130709）。青年交流の企画者からは，越境的なアイデンティティを作るためにも，少なくとも相互に言語を理解することが必要だという見解もみられる（Matzdorf 2016: 145）。本節では，実際の接触場面での使用の事例を検討したうえで，受容的二言語使用のモデルとしての演劇の役割にも注目する。

どのようなときに使われるのか

ヤンチャク（Jańczak 2016）の実験によれば，スウビツェでは，ドイツ語で話しかけられて道などを聞かれたポーランド人がポーランド語で答えることがしばしばみられた。また筆者の調査でも，ドイツ人向けの国境市場ではないスウビツェの一般商店でドイツ人がドイツ語で品物を頼み，ポーランド人の店員が値段なども含めてポーランド語で返事をする場合もあった。その意味では，相互の自言語使用は稀ではない。ただし，これらの場合，どこまで言語が通じているかが不明確であり，むしろ指差しなどの非言語的コミュニケーションや値札など，視覚化された数字に依拠する度合いが高いともいえる。

路上や買い物よりも内容のあるやりとりがみられる例として，まず教育現場をあげることができる。隣国語を話す保育士が子どもと接する機会が提供されている両岸のこども園では，そのような保育士と子どもの双方が自言語を用いることがしばしばみられる。次の例は，相互に相手言語に接するプロジェクトで記録された補助教員（Tutorin）アガ（ポーランド人（P1）），カーリン（ドイツ人（D1））と子ども（D2, P2）の会話である（Bień-Lietz & Vogel 2008: 64, 68）。

例 4　ドイツのこども園での例

P1 : *Idziemy na górę budować wieżę?*（上に行って塔を作ろうか。）

D2 : **Meinst du, wir können einen Turm bauen?**（塔を作れるってこと？）

P1 : *Tak.*（そう。）

D2 : **Aga, ich verstehe deine Worte!**（アガが言ってることわかったよ。）

例 5　ポーランドのこども園での例

P2 : *Można wszystkie kolory?*（全部の色でもいいの？）

D1 : **Ja, ihr könnt alle Farben verwenden, rot, blau, grün, gelb, braun.**（うん，全部の色を使ってもいいよ，赤，青，緑，茶色。）

P2 : *Wszystkie?*（全部？）

D1 : **Ja, alle.**（うん，全部。）

さらに，越境交流に関わる人々の間でも，受容的二言語使用がみられる場合がある。次の例は，ドイツ人とポーランド人の共同のバス旅行の報告からとったものである。ポーランド語を学ぶドイツ人とドイツ語を学んだポーランド人の二人が，どのように会話しようかとあれこれ試したあげく，それぞれが自言語で話すことに落ち着いたことが記されている。

> 結局，二人とも，自分の母語で発言するのが一番楽であることを認めるに至りました。会話ははじめは奇妙にきこえます。一人がポーランド語で質問すればもう一人はドイツ語で答えるのです。そして逆も同様に。でも，理解し合えるというのが肝心です。（Ziętkiewicz 2011 : 21）

越境協力の場では通訳が前提になることが多いが，筆者の調査では，小規模の会合などで，相手言語がわからない人がいないため通訳することが必要ないことが判明した場合，受容的二言語使用がみられた。とりわけ以下の例のように，両国の交流や協働に関わるNGOなどの会合で，その実例に接した。例6はドイツ人三人とポーランド人二人が参加した文化交流に関する打ち合わせの一部，例7は相互協力に関する集まりでのポーランド側の観光名所についての二人の個人的な会話である（P：ポーランド人，D：ドイツ人）。

例6　フェスティバルの日程に関するやりとり（20130302）

P : *Jest festiwal Łemkowski co roku.*（毎年，〔少数民族〕レムコのフェスティバルがあります。）

D : **Wann ist denn das?**（いつですか？）

P : *Nie wiem.*（...）*Ja wiem, że jest, ale*（....).（いつかはわかりません。あることは知っているのですが。）

例7　ポーランドの観光名所に関するやりとり（20140301）

D : **Sind Sie auch mit dem Fahrrad?**（あなたも自転車で行きましたか。）

P : *Ja rowerem nie jechałam, zawsze piechotą chodziłam.*（...）（私は自転車で

は行っていません。いつも歩いて行っていました。）

D : **Dort sind viele Fahrräder.**（そこには自転車がたくさんありますよ。）

P : *Tak, dużo, dużo.*（そうですね，たくさんたくさん。）

二言語で行われたカトリックとプロテスタント合同の礼拝の後の懇談会でも，10人ほどの参加者が基本的にそれぞれ自言語を話した（20130717）。このような，参加者がある程度流動的な会合では，その場での参加者によって使われる方略が左右されるのに対して，いわば恒常化した受容的二言語使用となっているのが，スウビツェ側の大学施設のコレギウム・ポロニクムである。20% ほどのドイツ人教職員と 80% を占めるポーランド人教職員はそれぞれの言語で会話が可能であり，受容的二言語使用が受け入れられている（Wojciechowski 2020: 85–86）。ドイツ側の大学でも，受容的多言語使用を指す「多言語対話」は言語教育関係者によってコミュニケーションのポリシーの一つとして意識的に推進されている（Hufeisen & Merkelbach 2020: 75）[4)]。たとえば言語センターが地域のこども園などで行った相互言語教育プロジェクトの会合では，双方の言語教員たちが自言語で発言するのが通例となった（Bień-Lietz & Vogel（Hg.）2008: 41）。

これらの例に共通するのは，相手言語を理解できない参加者がいないということとともに，参加者の相手言語能力が，必ずしも自由に使いこなせるほど高くないということである。前節でみたように，国境地域のドイツ人は，ポーランド語を学んだ場合でも，なかなか自由に使いこなすレベルまで到達しないことが多い。またポーランド人は，多くが学校でドイツ語を学んでいるものの，言語能力には個人差が大きく，話すことに不自由を感じる人は少なくない。筆者の現地調査では，ドイツ語は聞くとだいたいわかるが話すのが困難だということをポーランド人からたびたび聞いた。そのように相手言語の限定された運用能力を持つドイツ人とポーランド人が出会ったとき，受容的二言語使用が有効性を発揮すると考えられる。

参加者の一部に相手言語があまり理解できない人がいる場合は，受容的二言語使用を基調としつつ，その人のためにささやき通訳が行われることや，聞き取れなかった場合に聞き返して，二言語が得意な人が説明的に通訳する

4）言語センターの教員の間では，英語も交えた3言語でそれぞれが話す場合もあるとのことである（20130727 インタビュー）。

こともみられた。市議会の統合委員会のポーランド語ができるドイツ人の委員長は，発言は基本的にドイツ語で，そしてポーランド語はヘッドホンをつけずに聞き取っていた（20130522)。このような通訳と受容的二言語使用の併用は，市民活動においてもみられた。ある市民向け講演会では，質疑で，ポーランド人の質問者はポーランド語で質問し，ドイツ人の発表者は通訳を聞いてドイツ語で応答し，質問者はそれをヘッドホンなしで聞き取っていた（20130209)。

一方，参加者の全員が高い相手言語能力を持っている場合は，受容的使用にとどまる必然性はない。たとえば，筆者が傍聴した協力センターの会合では，4人のポーランド人と2人のドイツ人参加者がいずれも二言語を話し（9.3参照），受容的二言語使用は会合の中で散発的にみられた（20130514)。最も長く連続して自言語使用が行われたのは，今後の予定をそれぞれが述べるときで，約4分（20ターン）の間，参加者全員が自言語で発言した。ここでは，相手に反応するやりとりというよりは，同じテーマについてそれぞれが個別に発言する場面であったため，自言語が連続して用いられたと考えられる5)。

受容的二言語使用は，ドイツ語での発話にポーランド人がポーランド語で応答し，それをドイツ人が理解するという具合に，申し合わせをしないやりとりによって生まれる場合もあるが，依頼する発言によってもたらされることもある。たとえば，ポーランド語がわかるドイツ人が「ポーランド語でどうぞ」と言ったり，相手が受容的に理解できることがわかっている場合，ゆっくり話すから通訳なしでいいか確かめたりする場面がみられた。

次の例は，話し合いによって受容的二言語使用が選択された事例である。国境地域の協力の深化に関するある会議では，全体会では同時通訳が行われたが，分科会では通訳者が用意されていなかった。筆者が参観した分科会の参加者はポーランド人10人とドイツ人4人であった。ポーランド人の司会者（P1）はポーランド語で話し始めたが，すぐに参加者の，特にドイツ人（D1, 2, 3）の言語能力についてドイツ語で質問した。もう一人のポーランド人（P2）も発言している。

例8　コミュニケーションの取り方についての相談

5）9.3でみるように，相手の発話に反応する際は相手の使う言語になりやすい。

P1：**Kann jemand übersetzen? Oder wie machen wir das. OK, zu, zuerst die Frage, wer versteht hier kein Deutsch?** *Kto nie rozumie tutaj niemieckiego? Ile jest takich osób?* OK, **und wer versteht kein Polnisch? Verstehen Sie?** （だれか訳せますか。あるいはこうしましょう。OK，まず質問です。ドイツ語わからない人は？　ドイツ語わからない人は？　そういう人はどのくらいいますか。OK，で，ポーランド語がわからない人は？　あなたはわかりますか。）

D1：**Ein bisschen.**（少しは。）

P1：**Ja?**（そう？）

D2：**Ungefähr.**（だいたい。）

P1：**Es gibt zwei Möglichkeiten. Entweder übersetzen wir alles, oder sprechen wir alles zweisprachig, was auch schwierig wird.** *Masz tak dwie propozycje: Albo mówimy wszyscy dwujęzycznie albo ktoś tłumaczy wszystko* (...)（二つの可能性があります。すべて訳すか，すべて二言語で話します。それも難しいですね。つまり二つの提案があります。みんな二言語で話すか，だれかすべて訳すかです。）

P1：**Du verstehst?**（わかる？）

D3：**Ja, es geht schon, denke ich.**（まあ，なんとかなると思います。）

P2：*On rozumie dużo, tylko mówi, że nie będzie mógł po polsku mówić.*（彼はかなりわかるけど，ポーランド語で話すことはできないと言ってます。）

P1：(...) **Also, die die Polnisch sprechen, sprechen einfach Polnisch, die die Deutsch sprechen, spricht jeder in eigener Muttersprache.** (...)（であれば，ポーランド語話す人はポーランド語話して，ドイツ語話す人は，みな自分の母語を話しましょう。）

P2：**Deutlich und langsam.**（はっきりと，ゆっくり。）

P1：**Ja, genau.** (...) *OK, dobrze, możemy zacząć mówić po polsku. Moja propozycja jest taka,* (...)（そう，まさしく。(…) OK，よし，ではポーランド語で話し始めます。私の提案は，こういうことです。）

ここでも，はっきりゆっくり話すことが確認されたように，受容的二言語使用の際は，相手の理解度に配慮してゆっくり話したり，理解を確かめたりすることがしばしばみられた。またゆっくり話してほしいという要望は，ドイツ人からもポーランド人からもしばしば聞かれた。そうした配慮がみられない場合，参加者がしびれをきらして「訳して！　話すの速すぎ！（Tłumacz! Za szybko mówi!）」と叫んだ場合もあった。ドイツ人とポーランド人が参加したベルリンの空港見学でも，ドイツ語の説明が速すぎて聞き取れなかった，もう少しゆっくりだったらよかったのに，という声が聞かれた（20121017）。ポーランド語を学んでいるドイツ人警察官からも，ポーランドの研修先で，ゆっくり話してとお願いしてもすぐ速くなってしまって聞き取れないという不満が聞かれた（20121026）。

口頭のやりとりでない受容的理解は，調査において観察することが困難であった。相互に文書を自言語でやりとりする警察の共同センターにみられるように，書面での受容的な理解は相手言語の学習者によって行われていると考えられる。

モデルとしての演劇

計画された受容的二言語使用の特別な形といえるのが，演劇における使用である。調査期間中も，いくつかの劇で受容的二言語使用が舞台上のコミュニケーションの方略として活用されていた。9.1 でとりあげた『シュロフェンシュタイン家』の上演において，ドイツ側の家族はドイツ語，ポーランド側の家族はポーランド語を話し，それぞれがドイツ人とポーランド人の俳優によって演じられた。そして，相互の関係は，とりわけ言語使用のあり方において反映されていた。父親同士は，そもそも互いに話す場を設けようとしないし，相手言語を理解することができない。ポーランド人の母親は初歩的なドイツ語知識があるようだ。一方，恋仲になった若い二人はお互い，相手の言語を理解はできるが，能動的に話すのは困難があるということで，基本的に，それぞれが自言語を話して会話する。次の例はポーランド側の娘アグニェシカ（A）とドイツ側の息子オトカル（O）が互いの気持ちを確かめ合う場面での会話の抜粋である。

例 9　アグニェシカとオトカルの会話

A: *Czy coś ci dolega?*（どうかしたの？）

O: **Jetzt nichts.**（いや別に。）

A: *Jesteś tak dziwne. ...*（どこかおかしいわ。）

O: **Und mir du.**（きみこそ。）

A: *Jeśli mnie kochasz, powiedz mi zaraz ...*（好きならそうと言ってよ。）

O: **Erst sprich du.**（まずきみから言って。）

8.2でとりあげた『真夏の夜の夢』の二言語上演でも，受容的二言語使用は，異なる言語を話す両家の間の基本的な媒介方略であった。『シュロフェンシュタイン家』と異なり，字幕なしで上演されたこちらの場合，どちらかの言語がわかれば，舞台上の状況からしても，話の流れは観客にも理解された。ただし一つの言語で長い独話が続くと，その言語がわからない人がついていけなくなるので，次の例のように原作を変えて，相手言語での反応が挿入されたり，前の発言を要約する形で聞き返しがいれられたりした。

例10　エゲウシ（E）の独話に聞き返しを入れるテセウス（T）

E: *Przychodzę w ciężkim strapieniu — ze skargą na własne dziecko, moją córkę Hermię.*（ほとほと困り果ててきた次第。自分の娘のヘルミアを訴え出ようとは。）

T: **Deine Tochter bereitet Dir Sorgen?**（娘が心配かけているわけですな。）

E: *Ten oto człowiek — Demetriuszu, zbliż się — chce ją poślubić, na co ja się zgadzam. A ten — Lizandrze, podejdź też — opętał serce dziewczyny zgubnymi czarami.*（この人が――デメトリウシ，前に出なさい――娘と結婚したいと思っており，わたくしも同意している。そしてこちらが――リザンダーもこちらへ――娘の心を悪い魔法でたぶらしたのです。）

T: **Nochmals. Du willst, dass sie Demetrius heiratet, sie will aber den Lysander.**（なるほど，彼女にはデメトリウシと結婚してほしいが，彼女はリザンダーがいいというのだな。）

例11　リザンダー（L）の独話に聞き返しを入れるヘルミア（H）

L: **Gut, Hermia, dass du es so siehst! Hör: Ich habe eine alte Tante, eine Witwe, sie ist begütert, aber kinderlos und wohnt nur sieben Meilen von Athen. Ich bin für sie, als wäre ich ihr Sohn. Dort lass uns Hochzeit machen, Hermia, liebste!**（よし，ヘルミア，君もそういう意見でよかった。聞いておくれ，ぼくには寡婦のおばがいる。大層な財産を持っていて，でも子どもがいない。家はアテネからわずか7マイル。ぼくを息子のようにかわい

がってくれている。そこで結婚しよう。最愛のヘルミア。）

H: *Ślub z Tobą, w domu Twej ciotki, siedem mil od Aten?*（あなたと結婚できるの？　あなたのおばさんのおうち，アテネから7マイル先で？）

これらの工夫は，第一義的には，観客の理解のためであるが，8.2でみたプ(ッ)クの仲介と同じく，このような繰り返しや補足が効果的に挿入されることは，演劇にとって邪魔になるどころかむしろより生き生きとした対話をもたらし，演出上の効果をもたらすものでもあった。特に重要なことは，カギとなる語や文を相手が繰り返すようなこれらの工夫が，演劇という文脈を離れて，受容的二言語使用の実践において有意義な役割を果たすことである。この方略では，理解が異言語でなされるために，理解度を確認することが望ましい。要約したり聞き返したりするという工夫は，まさにそのために資する。字幕に頼ることができない観客の理解を助けるための工夫が，受容的二言語使用によるコミュニケーションの望ましい進め方のモデルともなっているのである。ヨーロッパでは，演劇は国民国家化の過程で，「正しい」標準語使用の確立に貢献することが期待されたが，現在では，異言語間コミュニケーションのモデルを提示する役割をも果たせるかもしれない。

教育における応用

どちらか一方の言語に収れんしない受容的二言語使用に慣れるためにも，演劇は有効と考えられる。参加型の演劇によって，実体験をさせることができる。たとえば，調査期間中のクリスマスには，国境両岸の生徒による，受容的二言語使用による演劇が両市で上演された。

次の例では，ニコラウス（サンタクロース）(N) が話すのがドイツ語，ミシャ（M）とおばあちゃん（B）が話すのがポーランド語である。演じ手の生徒は，学校でそれぞれ相手の言語を勉強しているので，このような形でコミュニケーションが可能になっている。恐ろしそうなうなり声が聞こえるところを通らなければならないとき，だれが先頭に立つかを議論している場面である（20121208)。

例12　ニコラウスとミシャとおばあちゃんの会話

N: **Habt ihr, habt ihr dieses schaurige gehört?**（あの世にも恐ろしい音，聞いた？）

M: *A jeśli to drapieżny zwierz?*（猛獣だったら？）

N: **Beim Fressen eines Kängurus!**（カンガルー食べてるところだったとか。）

B: *Oburzające byłoby gdybyśmy, moi mili, w uczcie mu przeszkodzili.*（...）（ごちそうたいらげてるところじゃましたら大変だよ。）

N: **Mischa, ab jetzt gehst du voran!**（ミシャ，ここから先頭に立って！）

M: *A jeśli przyjdzie drapieżny zwierz?*（でも猛獣が来たら？）

N: **Mischa, Wer ist der Mutigste hier?**（ミシャ，だれが一番勇敢かなあ。）

M: *Babcia!*（おばあちゃん！）

N: **Och, Mischa.**（ああ，ミシャったら。）

M: *Ale, Mikołaju, ale ja wcale nie jestem odważny!*（ニコラウスったら。でもわたしは全然勇敢じゃない。）

N: **Ich bin der Mutigste hier.**（ぼくが一番勇敢だよ。）

M: *Naprawdę?*（本当に？）

N: **Na! Und hinter dir halte ich Ausschau.**（そう，だから君の後ろで見張ってるよ。）

M: *No to się cieszę!*（なんとありがたいことだ。）

ここにおいても，受容的二言語使用は，演出の要素であると同時に，相手の言語を多少理解する演じ手たちにとって最も演じやすいコミュニケーション形態でもあった。このようなモデルを見せたり体験させたりすることで，受容的二言語使用によるコミュニケーションの可能性や，ゆっくりはっきり話す，理解を確認するといった注意点への意識を高めることは意義が大きいと考える。授業のなかでの寸劇を行うことも考えられる。演劇の観客にも，媒介方略の工夫に注意を喚起することが考えられる。

まとめ

以上のように，国境地域において，受容的二言語使用は，少なくとも交流に携わる一部の人々の間では方略として意識されており，主に越境関係に関わる特定層の間に限られるとはいえ，実際に用いられている。自言語使用による対話は，相手言語能力が低い人や高い人の間でもみられたが，相手言語能力が低すぎる場合は，理解が十分にされない。一方，高い場合は，受容的二言語使用は，特に積極的に採用される方略とはいえない。この方略の最大の可能性は，中程度の相手言語能力を備えた人々の間に見出されるといえよう。双方にそのような言語能力が見出される場合，この方略は有意義な，さらには最も効率的な方略にさえなりうる。すなわち，相手言語を聞く力の方が，自ら話すよりも高いということが多くあるため，そういった場合このようなコミュニケーション手段をとることは合理的と考えられるのである。

学校に関しては，相手言語を学んでいる生徒同士の交流や演劇のような共同の企画においてさらなる応用の可能性があると考えられる。ポーランド語教育の導入に反対する理由として，生徒に過剰な負担をかけることがしばしばあげられる。その点，ある程度限られた言語能力でも実践可能な受容的二言語使用のモデルを見せたり体験させたりすることで，ハードルがより低いコミュニケーションの可能性への意識を高めることは意義が大きいと考える。

9.3　混合言語「ポイツ語」は生まれるか

「ポイツ語」による連帯感

当事者言語を用いた方略として最後に残るのが，組み合わせと混合である。複数の使用者がそれぞれ異なるタイプの言語を組み合わせて使用する形態については，全く存在しないわけではない。たとえば，「自言語／追加言語」については，ドイツ人がドイツ語を話し，ポーランド人が英語で答えることは想定しうる。また「相手言語／追加言語」は筆者自身，ポーランドのホテルで経験した。筆者がポーランド語（すなわち相手言語）で話したのに対し，ホテルの従業員は（筆者のポーランド語力に疑いを持ったからか外国人とは英語で話すことに慣れている／決めているからか）追加言語の英語で話したのである。ただしこれらの事例は，特定の場面で繰り返し観察できるほど定着したものではなく，意識的に選択しうる方略とはいえない。そこで本節では，ドイツ・ポーランド国境地域における媒介方略の一つとしての「言語混合」に注目する。9.1でとりあげたような象徴的なポーランド語の単語の使用も，ドイツ語の文に含まれるので，言語混合といえるが，ここでは，それよりは相手言語の使用度が高い場合をとりあげる。

国境地域の，特にドイツ側に住むポーランド人の間ではしばしばドイツ語とポーランド語を混ぜる話し方がみられる。そのような話し方は，この地域のラテン語名から（コラム9参照）ヴィアドリナ語，あるいはより一般化して polski（ポーランド語）と Deutsch（ドイツ語）をあわせて Poltsch（いわば「ポイツ語」）と呼ばれることがある。ドイツ側の学校に通うポーランド人生徒の話し方を調査したツィンクハーン・ロボーデス（Zinkhahn Rhobodes 2016）は，Poszedłem do Prüfungsamt.（試験課に行きました）という，言語の境界が明確な混合から，jakaś Richtlinia（何らかの方針）といった，言語の境界が判然としない混合まで，連続的な混合の度合いがみられることを明らかにした。前者の例では，前半の Poszedłem do がポーランド語，Prüfungsamt がドイツ語である。後者では，jakaś はポーランド語であるが，指針を意味するドイツ語の Richtlinie（文字どおりには指向線）という単語にポーランド語の linia（線）という単語が連想されて，ドイツ語の単語がポーランド語風に変化して語末が“e”から“a”に変わっている。なお，ポーランド語の「指針」は wytyczna である。

このような言語混合は，一定の背景を共有する話者の間においては非常に効率的かつ効果的な伝達ができる。すなわち，ドイツに住むポーランド系の人々にとっては，社会的に慣れ親しんだドイツ語の単語を入れることは非常にわかりやすいばかりでなく，自分たち独特の話し方という一体感がもたらされるようになると考えられる。とりわけ言語境界が乗り越えられたりあいまい化したりすることは，越境人としてのアイデンティティの形成・表出として理解できる。では，このような言語混合は，ドイツ人とポーランド人の間のコミュニケーションでは，どのような役割を果たしうるのだろうか。ポーランド人とドイツ人のそれぞれによる一方向の比較的単純な言語混合をみたあと，双方向かつより高度な例，また実験的な試みをみていく。

言語能力の不足による言語混合

ドイツ人とポーランド人の出会いの場で，言語混合がみられる最も単純なパターンは，たとえば，国境のポーランド側でポーランド人がドイツ人にドイツ語で話しかけられた場合の返答にみられる[6)]。ヤンチャクの調査によれば，そのような場合，ドイツ語で答える場合とポーランド語で応対する場合のほか，言語混合もみられる。次の例では，ドイツ語で答えようとしているが，ポーランド語の単語が入っている。ここで Restauration は，ポーランド

6）第 7 章でとりあげたような非対称性から，ドイツ側でポーランド人がドイツ人にポーランド語で話しかけることは基本的にみられない。

語の restauracja（レストラン）をドイツ語風に言おうとしたものと考えられる（正確なドイツ語は Restaurant）。

例 13　路上での言語混合（Jańczak 2018a: 210–211 による）

Bitte fahren Sie *na* **links** *i* **geradeaus. geradeaus** *i* *na* **links**
どうぞ　行く　あなた に　左　そして　まっすぐ　まっすぐ　そして に　左

Restauration **schreiben** (...) *To jest* **drei, vierzig eh vier eh vier hunde**
レストラン　書く　それは　3　40　えー　4　えー　4　ひゃ7)

vierhunde Meta
4ひゃ　メタ

（左に曲がってからまっすぐ行ってください。まっすぐ行くと左にレストランと書いてあります。それは 3，40，400 メートルです。）

このような路上での言語混合は，いわば急場しのぎとしてその場で生み出されたものである。それに対して，ドイツ人の客を目当てに国境沿いに設けられたいわゆる「国境市場」では言語混合が最も広く用いられる方略である。店員がドイツ人の顧客にできるかぎりのドイツ語の単語や表現を入れて話しかける場合，同じような表現のパターンが繰り返しみられ，ある程度，言語混合が慣用化する例もみられる。その際，次の例のように，文内（2–1）や語内（2–2，3）のレベルの混合がみられる。

例 14　市場での言語混合（Jańczak 2018b: 95–98）

14–1　*A* **Junge!** *Bo* *dla* **Mädchen** *to* *są* *jeszcze*
そして　男子　だって のために　女子　それ ある　まだ

takie ***Pupy*** (...) **Das ist** *takie* **gut, gucken!**
こんな　人形　これは である こんなに よい　見る

（それで，男の子。女の子にはこんな人形もある。これはこんなにいい，見てごらん。）

14–2 **Zigaret***ki*　ドイツ語 Zigarette（たばこ）＋ポーランド語指小辞 -ki

14–3 *Krop***chen**　ポーランド語 kropki（水玉模様）＋ドイツ語指小辞 -chen

路上での例が，おおむね形式的にはドイツ語の文にポーランド語が入る挿入的なコード切り替えであるのに対して，市場の例は，両言語がより密接に

7）ドイツ語の hundert（百）の末部を発音していないため，「ひゃく」の最後を抜いた「ひゃ」とした。

絡み合うコード混合といえる。個別には挿入的といえるが，14–1 のように文によって基調言語が交代する場合もあり，交互的な面も強い。ただしヤンチャクによれば，慣用化が進んでいるとはいえ，文法的な規則性がみられるわけではないので，市場の言語使用は混合言語とはいえない（Jańczak 2018b: 100）。

言語行動としてはいずれも，意図的というよりは，ドイツ語を話そうとするものの言語能力の不足で言語混合が起こると考えられる。ポーランド語を学んでいない大多数のドイツ人にはポーランド語の単語は理解されないと考えられるので，ここでのポーランド語の要素は，意味を伝えるというよりは，発話の流れを止めないための潤滑油的な，あるいは気持ちをこめる役割を果たしていると解釈できる。

双方の尊重と一体感

以上の例は，ポーランド人が言語を混ぜる例であった。上述（7. 1）のとおり，ポーランド人の方が相手言語を学んだ経験がある人が多いため，言語混合の事例はポーランド人の方が多いが，ポーランド語をある程度学んだドイツ人がポーランド語を混ぜて話すこともみられる。ここでは，ドイツとポーランドの若者が一緒に演奏するドイツ・ポーランド青少年オーケストラのドイツ人の指揮者の言語使用をとりあげる。この指揮者は，本人への聞き取りによれば少ししかポーランド語ができないということであったが，練習中は，数字をはじめとする簡単なポーランド語の単語や決まった表現を交えて指導をしていた。

例 15　オーケストラの練習のときの指示（201304 13）

15–1 **Bratsche** always forte. Piano **existiert nicht.** (...) I am sorry. *Przepraszam.*
ビオラ　いつも　強く　弱く　存在　しない　申し訳ない　申し訳ない
（ビオラはいつも強く。弱く弾くのは〔この部分には〕ない。申し訳ない。申し訳ない。）

15–2 **Das muss** subito fortissimo, **das ganze Orchester**, as much as you can.
これ 必要だ 直ちにきわめて強く この　全　オーケストラ　できるだけ
Wir gehen in one, two, three, poco meno mosso. *Jeszcze raz.*
私たち　行く　いち　に　さん　今までより少し遅く　もう一度
（ここは直ちにきわめて強く，オーケストラ全体で，できるかぎり。いち，に，さんで始めます。今までより少し遅く。ではもう一回。）

15–3 **Vier Takte und dann kein Auftakt**, no *przedtakt*, **sondern** directly *dwa*
4 拍 そして その後 なし 弱起 なし 弱起 ではなく 直接 2

pięć sieść.
5 6

（4 拍で，それから弱起ではなく，直接，2，5，6）

ここでは，音楽用語のイタリア語を含めて 4 言語が登場する。ドイツ語が基調であり，ポーランド語や英語が補助的に用いられる。その意味では挿入的なコード切り替えといえるが，これらの例では，ポーランド語は，数字や決まった文言が句や文の末尾に追加的に置かれ，英語がいわばドイツ語とポーランド語のつなぎとなっている。よって，交互的な切り替えという要素も強い。類似するパターンが繰り返しみられるという意味ではコード混合ともいえるが，複数の人に共有された話し方ではなく，この指揮者のいわば個人方略だろう8)。構成員の当事者言語であるドイツ語とポーランド語に中立的な音楽用語（イタリア語）や英語を交えることで，複数の言語で同じ内容を繰り返すことなく効率的に理解の共有が促されるとともに，どちらの言語を母語とする団員も直接話しかけられていると感じることができる。このことで，全体として双方の尊重と一体感が醸成されると考えられる。限られた要素ながらきわめて効果的に用いられており，どれか一つの言語だけを使っていては不可能な，言語混合ならではの効用をもたらしているといえる。

高度な言語混用

以上は一方向の初級レベルの例であった。次に，双方向で両言語を自在に行き来する例をみていく。そのようなコミュニケーション形態が常態となっている代表例が，職員全員が高度なドイツ語とポーランド語の運用能力を持っている協力センターである。センター長（ドイツ人）によれば，「どちらの言語を話してもかまわないというのがみなの共通理解です。」（20130402 インタビュー）。

ここでは，毎年 5 月に行われる，ポーランドの EU 加盟を記念する「ヨーロッパの日」の行事をふり返ることなどを議題としたセンターの定例会議の

8）ポーランド人の指揮者の場合，より自由に相手言語のドイツ語を操るので，このような固定的なパターンはみられなかった。

例をあげる。この会議では，センターに勤めるドイツ人二人とポーランド人四人が出席し，一つのテーブルを囲んで話し合いを行った。出席者のうちドイツ人一人とポーランド人二人は主にそれぞれの自言語で話したのに対して，もう一人のドイツ人（センター長）と二人のポーランド人は頻繁に言語を切り替えた。コミュニケーションにおいては部分的に受容的二言語使用がみられたが，一貫して自言語のみを話す人はおらず，しばしばコード切り替えがみられた。全体としては，参加者の言語比率に対応してポーランド語使用が優勢であったものの，言語混合が主な方略であった。

コード切り替えは，主に句や文の区切りで起こる交互型であった。切り替えが起こるきっかけとしては次の 3 つの場合がみられた。(1) 話題転換。これはコード切り替えが話題の転換を表すものである。(2) より詳しい説明が必要なとき。そのような場合，話し手の自言語への切り替えが起きた。両言語の高度な運用力を持つセンター職員の間でも，より詳しい意味やニュアンスを的確に伝える表現は自言語の方が都合がよいためと考えられる。(3) 主に自言語を使うドイツ人やポーランド人が相手言語での他の人の発話の後に自言語で発言するとき。その後は他の参加者も同じ言語で続けることが多かった。下記の括弧内の数字は，コード切り替えのきっかけの種類を表す。

これらの要素は，会議の冒頭でのセンター長（D）の発言においてまとめて明確に表れている（例 16)。傍聴者として筆者をドイツ語で紹介した後，ポーランド語に切り替えて議題に入り（1)，出来事をふりかえったあと自身の意見を説明するところでドイツ語に切り替えている（1, 2)。それに対して，ポーランド語を主に話す出席者（P）がポーランド語でコメントを述べて (3)，センター長もそのままポーランド語で応答したが，マイナス面についても考えようという話題転換でドイツ語に切り替えている（1)。それに対して再び同じポーランド人がポーランド語で発言し（3)，ポーランド語でセンター長が応答した後，しばらくポーランド語で話したが，自身の考えの理由を述べるところで，文の途中でドイツ語に切り替えた（2)。

例 16　協力センターの会合

D:（ドイツ語で，筆者を紹介した後,）

(1) *OK, zaczynamy od dnia Europy. Proponuję tak, żebyśmy zbierali wszystkie plusy i minusy* (...)（では，ヨーロッパの日から始めましょう。よかった点

とよくなかった点をあげることを提案します。）

（1）（2）**Ich denke, das ganze Szenario**（...）（進行全体としては…）〔自身の見解を述べる〕

P:（3）〔ポーランド語でコメント〕

D: *Czyli, to wszystko*（...）*znacznie na plus.*（...）（すなわち，それはすべて（…）よかったことといえます。）

（1）**Wie die ganzen Veranstaltungen dann gelaufen sind**（...）**Was nicht gut funktioniert hat, ist**（...）（それから諸行事全体がどのように進行したか（…）うまくいかなかったことは）

P:（3）*Na początku.*（はじめは。）

D: *Na samym początku.*（...）*Ja uważam, że tutaj, w tej sytuacji, mieliśmy bardzo dużo szczęścia, że nie doszło do większych,*（2）no, **Protesten, Irritationen, aus dem Grunde,**（...）（はじめから。（…）私が思うに，この状況では，大きな，（2）えー，抗議や混乱が起こらなかったのは運がよかったです。その理由は…）

この場合の言語混合は，話題転換の表示や自言語使用および直前の発話者と同じ言語での応答といった，コミュニケーションの円滑化に寄与する実用的な機能を果たしている。と同時に，一方の言語を会議の基調言語としない形で両言語のバランスをとることで，両市の対等な関係構築をうたうセンターの姿勢を示す意義もあるといえよう。このような双方向の言語混合は，ドイツとポーランドの生徒が共に学ぶ中高等学校の生徒間や，共同でパトロールなどを行う警察など，ある程度持続的な関わりがある場合にもみられる。

越境的アイデンティティをめざす「ノヴァ・アメリカ語」

日常生活や職場の中で生み出される混合形態とは別に，混合言語を意図的に作り出す例もある。その代表例が，社会芸術「ノヴァ・アメリカ」（6.2参照）の一環として創出された「ノヴァ・アメリカ語」である。この「言語」は，実際に使用される言語というよりは，ある種の言語芸術である。国民国家のアイデンティティ構築の諸要素を換骨奪胎するこの企画にとって，とりわけ中欧において国民国家の成立の基盤ともなってきた言語という要素が大きな役割を果たすことは不思議ではない。クルツヴェリによれば，「ノヴァ・アメリカ語」のねらいは，言語の壁をユーモアで乗り越えるとともに地域共通のアイデンティティを作り出すことである。ウェブサイトでは，ノヴァ・アメリカの紹介がこの「言語」で記されている。

例 17　「ノヴァ・アメリカ」紹介文[9)]

NOWA AMERIKA **wurde auf einem** *zakonspirowanym* **Treffen** *założona w dniu* 20. **März** 2010.（...）*Zapraszamy do* **Entdeckungsreise** *po naszej* "**Land**".
（ノヴァ・アメリカは，2010 年 3 月 20 日，ひそやかな会合で結成されました。（…）私たちの「くに」の発見旅行においでください。）

ここでは語句単位で交互に言語が混ぜられている。それに対して，「ノヴァ・アメリカ語」の他の文例では両言語を組み合わせた造語もみられる。「ノヴァ・アメリカ」自体，Nowa はポーランド語，Amerika はドイツ語表記である。たとえば，国境の両側の行事などの日程が記された 2013 年版『ノヴァ・アメリカ・カレンダー』には，「前書き」"Vorstęp"（ドイツ語 Vorwort ＋ポーランド語 Wstęp）がノヴァ・アメリカ語，ドイツ語，ポーランド語の 3 言語で書かれている（Kurzwelly 2012：3）。ここでみられる合成は，市場でみられるような語内の言語混合に刺激を受けたものと考えられる[10)]。以下，［　］内にドイツ語とポーランド語の対応する単語を補った。

例 18　カレンダー「前書き」より

Der ***Kalender****z*［**Kalender**＋*kalendarz*］2013 *ma*［**soll**］**Ihnen** *pomóc przy*［**helfen beim**］**find***owaniu*［**Finden**＋*znajdowaniu*］**einen** ***interess****ując***en**［***interess*****anten**＋*interesującego*］*szlak*［**Weg**］**durch Zeit und** *przestrzeń*［**Raum**］**von** *Nowa*［**Neues**］**Amerika**［*Ameryka*］.
（2013 年カレンダーは，みなさんがノヴァ・アメリカの時間と空間において興味の持てる道筋を見つけるための手助けとなるべきものです。）

カレンダーには，毎月の初めに，3 言語による「語彙と表現」欄がある。たとえば次のように両言語の合成造語がみられる（Kurzwelly 2012 : 12, 48）。

9）http://www.nowa-amerika.eu/informacjonen/nowa-amerika/（2020 年 8 月 31 日閲覧）。
10）カレンダーでは，市場で「ノヴァ・アメリカ語の方言」が話されていると述べている（Kurzwelly 2012 : 36）。

例 19 「ノヴァ・アメリカ語」文例

19–1 *Szczęśl*iches Neues *Rok!* ［Ein glückliches Neues Jahr!＋*Szczęśliwego Nowego Roku!*］（よい新年を！）

19–2 Guten *dzień*! Möch*cesz* käs*ernik* — *T*j*a*k, ger*nie*. Dan*kuję*!
［Guten Tag! Möchtest du Käsekuchen? — Ja, gerne. Danke!］
［*Dzień dobry! Chcesz sernik? — Tak, chętnie. Dziękuję*］
（こんにちは，チーズケーキはどう？ —うん，よろこんで。ありがとう。）

これらの例は，実用的というよりは，一体性を創り出すという機能の方が大きいといえる。この観点から興味深いのが，地名である。ポーランドには，戦後ポーランド領となった地名のポーランド語への改名にも関わった国立の地名委員会（Komisja Ustalania Nazw Miejscowości）があったが[11]，地名の国語化による地域の国民国家への統合をめざすこの委員会に対して，越境的なアイデンティティをめざす「ノヴァ・アメリカ地域における改名委員会」を設けて改名を行うとして，実際に活動では次のような町や川の名を用いている。グビエン（*Gub*ien）［Guben＋*Gubin*］，ズゲジェリツ（*Zg*ö*rze*l*ic*）［Görlitz＋*Zgorzelec*］はスウプフルト同様，両岸にドイツとポーランドの町がある二重都市の名を合体させたもの，シチェティン（*Szcz*ettin）［Stettin＋*Szczecin*］は，戦前のドイツ名シュテティーンと現在のポーランドの市名シュチェチンをかけあわせている。ラス・フォルスト（*Las* Forst）［*Las*＋Forst］は，ドイツ側にある町フォルストは対岸にポーランドの町がなく，ポーランド名がないが，ドイツ語の Forst（森）に，該当する意味のポーランド語の単語 las をつけて，アメリカのラスベガスをもじったものである。川の名は，オーダー＋オドラ＝オーデラ（Oder*a*）［Oder＋*Odra*］，ニサ＋ナイセ＝ニセ（N*y*ße）［Neiße＋*Nysa*］といった具合である。

では，ノヴァ・アメリカ語はどの程度実際に使われているのか。ノヴァ・アメリカの会合は原則として二言語で，たいていは通訳付きで，参加者の言語的前提によっては受容的二言語使用で行われる。口頭で「ノヴァ・アメリカ語」の長めの文を述べるのは事実上，提唱者のクルツヴェリに限られる。

11）現在は「地名および自然地理学的対象の名称委員会」（Komisja Nazw Miejscowości i Obiektów Fizjograficznych）。

それも，「スウプフルト語／ノヴァ・アメリカ語」自体の紹介以外では，あいさつの冒頭部やお礼といった特定の機会に限られ，一種のパフォーマンスの域を出ない。

例 20 「ノヴァ・アメリカ語」の口頭使用

20–1 **Sehr** *szanowni* **Damen und** *panowie*（20130507）
（淑女および紳士のみなさま）

20–2 *Dziękuję* **sehr, und jetzt wünsche ich uns allen** *smacznego. Dziękuję* **an den** *tłumacz*.（20130209）
（どうもありがとう，そしてこれからおいしく召し上がれ。通訳もありがとう。）

口頭使用の困難は次のような場面からもうかがえる。2012 年の「ノヴァ・アメリカ大会」の開会式（20121110）において通訳者の到着が遅れたため，提唱者は「おはようございます。通訳者がまだ来ていません。なのでノヴァ・アメリカ語で始めます。（**Guten** *rano*. **Unser** *tłumacz* **ist noch nicht da. Also** *zaczynam* **auf Nowoamerikanisch.**)」と話し始めたが，参加者から「それではだれもわからない。（Das versteht keiner!)」と抗議が出たため，通訳者が来るまで「とりあえず私が入ります。彼はまもなく来るでしょう。なので私がとりあえず通訳者が来るまで二言語でやります。（*Na razie skoczę po prostu. On za chwilę będzie*. **Also ich mach das erst mal gerade zweisprachig machen, solange bis er da ist.**)」と述べて，それ以降，通訳者が来るまでの数分間，二言語を明確に分けて同じことを繰り返す話し方で続けた。

このように文単位での使用の場合，実用性が明確でない。それに対して，単語レベルでの使用は，ネットワーク内での一定の実用的意義を備えているようだ。ノヴァ・アメリカの集まりでの資料やメーリングリストで送られるファイル名には，**tages***porządek*（**Tagesordnung**＋*porządek obrad*）（議題一覧），**anmeld***szenie*（**Anmeldung**＋*zgłoszenie*）（参加申し込み）といった単語が見られる。このような合成造語が，二言語での繰り返しを避けて紙面や場所の節約にもなることは，項目の多くが合成造語で記されているノヴァ・アメリカのウェブサイト（図）からも明らかである。たとえば，***Uniwersytät***（大学）は **Universität** と *uniwersytet* の合成である。文字化によって両言語の合成が可視化されることは，「ノヴァ・アメリカ語」がめざす越境アイデンティティを示す意味もあるだろう。

Newsy Informacjonen ▾ Politika ▾ Gospodarkwirtschaft ▾ Uniwersytät ▾ Serwice ▾ Mediaen ▾ Projekte Impressum

図　ノヴァ・アメリカのトップページの項目一覧（http://www.nowa-amerika.eu/）

以上見てきたようにノヴァ・アメリカ語は形式的にも多岐にわたっており，決まった文法規則がみられるわけではない。コード混合のような形式に近いものの，繰り返しみられるパターンとして成立しているわけではなく，それぞれの語や表現が場合によって自由に組み合わされる点ではむしろコード切り替えに近い。またコード切り替えのタイプとしてはどちらかの言語を優先しない交代型を意図していることは明確であるが，例 18（szlak→szlaku），例 19–1（Rok→Roku），例 20–2（tłumacz→tłumaczowi）のようにポーランド語が文内での格に応じた変化をしていないため，事実上，提案者の第一言語であるドイツ語を基調言語とする挿入ともみなしうる。

この「言語芸術」をたわいもないことば遊びとみなすこともできよう。しかし，両言語の融合を来たるべき未来の現実として思い描いて先取りするラジカルな言語混合によって，ノヴァ・アメリカ語は，近代において追究された言語の「純粋性」に挑戦状を出し，言語混合を批判的にみるような，個別言語に刻印された国民アイデンティティの自明性を問い直そうとするのである。

まとめ

以上のように，言語混合は，路上や市場でのやりとりから，ドイツ・ポーランド協力に関する専門家会議までみられ，急場しのぎから高度な議論まで，幅広い使用可能性を示している。レベル面では，一方では，ごく初歩的な基礎段階，他方では高度な議論という熟達した言語使用までみられた。このことは，言語混合が初歩的な使用にとどまらず，高度な多言語使用の選択肢ともなりうることを示している。

異言語間コミュニケーションで言語混合を行うことは，単に「きちんと」話すことができないことの現れであるだけではなく，一つの言語だけでは表せないことを表現する機能を持ち，複数の言語を個別に用いるのとは異なる独自の実用的，また象徴的な意義がみられる。言語混合は，両言語の話者間での効率的な伝達および一体感の醸成がはかれる手段ともいえるのである。

一方，現実の使用はいずれも，「混合言語」といえるものではない。多くの場合，両言語を用いる場合も言語の境界は維持されている。ドイツの学校に通うポーランド人生徒の間でみられるような境界のあいまい化は，異言語間コミュニケーションの場ではまだほとんどみられないといえる。それは，自由な往来が行われるようになってからの期間が短いこと，および交流が日常化したとはいえ越境コミュニケーションは市民の生活においてはごく限られた場であるということの証でもある。さらに，心理的な要因も否めない。言語混合は依然として特殊視され，他の手段と同等にみられているとはいえない。筆者が参観したユーロリージョンの会議などでも，市場でみられるようなまぜこぜは好ましくないという意見が出されたことがある（20130128）。ノヴァ・アメリカの場合，参加者の間でも「混合言語」は必ずしも実践されておらず，外部からは，国民／民族のアイデンティティをないがしろにするという反発もみられる（6.2 参照）。学校教育で培われるような個別言語の境界意識は，国境地域においても堅持されているといえよう。

9.4　出会いの場をもたらすエスペラント

エスペラント史におけるドイツ・ポーランド関係

最後に，エスペラントをとりあげる。前章でみたように，国境地域において英語は影が薄いが，エスペラントはどう使われているのだろうか。本節ではまず，ドイツとポーランドの間でエスペラントがどのように使われてきたかをふりかえる。それから，現在の，特に国境地域の動向に目を向けたうえで，エスペラントという方略を用いることが持つ意味を考える。

エスペラントを提案したザメンホフは，提案の背景について次のようにふりかえっている（ザメンホフ 1997：159）。

> 私は，グロドノ県のビャリストクに生まれました。生まれ育ったこの町が，私の一生の道を決めたのです。ビャリストクには，ロシア人，ポーランド人，ドイツ人，ユダヤ人など四つの民族が住んでいました。それぞれことばも違い，互いに対立していました。

ユダヤ系のザメンホフにとって，特に心にあったのはユダヤの問題であるが，ここでは，ドイツ人とポーランド人が含まれていることに注目したい。ドイツ人とポーランド人の意思疎通と関係改善は，いわばエスペラントの原点の一部を成すといえる。実際，最初期から，エスペラント使用者（エスペランティストと呼ばれる）にはドイツ人とポーランド人が含まれていた。第一次世界大戦後のポーランド独立後は，エスペラントが生まれる背景ともなった多言語混在地域において「エスペラントで意思疎通をとるドイツ人とポーランド人に捧げる」教科書（Pankratz 1920）やドイツ人とポーランド人合同のエスペラント雑誌が出されるなど，ドイツ・ポーランド関係は，エスペラント運動のなかでも意識されていた。1927年には第19回世界エスペラント大会がドイツとポーランドの間に位置する自由都市ダンチヒ（ポーランド語名グダニスク）で開催された。ドイツ人が主導権を握る町であったが，大会組織委員会にはポーランド人も加わった。また，地域通貨論で知られる実業家・経済学者のゲゼルは，1920年代初頭の論考で，ドイツ人とポーランド人の代表的な混住地域であり，両国の領土・少数民族紛争の舞台となってきた上シレジェン／シロンスク地方を自治地域にしてエスペラントを公用語（の一つ）とすることを提案している（Alcalde 2018）。

しかし第二次世界大戦後，まさにザメンホフが危惧したとおりの，ユダヤ系の人々の抹殺をはじめとする殺戮と民族浄化の結果としてドイツ語とポーランド語の使用地域が切り分けられた。両言語の混在地域はドイツ人の追放によって大部分が消滅させられ，ポーランドに残留したドイツ系住民も言語的な同化を迫られた。こうして，同一地域内の異なる言語の話し手をつなぐというエスペラントの原点は，意味を失った。

変わって，1960年代後半以降，東西対立のなかでエスペラントは，西側の英語とも東側のロシア語とも異なる中立的な言語として，鉄のカーテンで隔てられた西ドイツとポーランドの間の市民同士の交流を行う回路の一つとして用いられた。一方，エスペラントは異なる立場を表明するためにも使用された。ドイツ・ポーランドの領土問題については，西ドイツでは戦後の国境の不当性を，ポーランドではその正当性を主張する冊子がそれぞれエスペラントで刊行された（Powszechna Agencja Reklam 1959, sen aŭtoro 1960）。東ドイツとポーランドの間では，両国の自由な行き来が可能になった1970年代以降，エスペラント話者同士の交流が盛んになり，東ドイツのエスペラント誌

(*der esperantist*)には，両国の交流や協力に関する記事がたびたびみられる。ポーランドのエスペラント使用者は，冷戦期をふりかえって，エスペラントは「私や多くの当時20代だった同年代の人にとって自由な世界を開く「隠された宝石」に見えました」と述べている[12]。このように，戦後のドイツ・ポーランド関係において，エスペラントは，公的な枠組みをこえて個人的な関係を築く手段としての価値を持っていた。東ドイツ時代からポーランドとエスペラントをとおした交流を主導してきた地域のエスペラント活動家は次のように述べる。

> 大戦の後，社会主義時代，形式的には友情がありました。形式的な友情は，本当の友情ではありません。公的な立場の人だけが会合で同席し，若いピオニール（青年団）が歌う。これは友情ではありません。友情は人々からでなければなりません。(…) エスペラントは実に直接的な回路です。私は〔ポーランド人から〕嫌がられたドイツ語ではなくエスペラントで話していたのですから。(Ni havis post la dua mondmilito la formalan amikecon dum la socialisma tempo. La formala amikeco estas ne vere, estas nur la oficialuloj, oni sidas en kunaj kunvenoj, junaj pioniroj kantas. tio ne estas amikeco. Amikeco devas esti de la bazo. (...) Esperanto estas tute rekta kanalo. Fakte mi ne parolis en la malŝatata germana lingvo sed en esperanto.)（20130601 インタビュー）

冷戦終結後，エスペラントは東西体制の間をつなぐ独自の窓口としての役割を終え，皮肉なことに，交流が自由になるなかで，エスペラントを介した両国の交流は減少した（20130807 インタビュー）。また世界的なエスペラント活動の焦点も，むしろ離れた地域の間や異なる世界観を持つ人々をつなぐことに見出され，国境も確定して落ち着いたドイツ・ポーランド関係は，注目されるテーマではなくなる。世界エスペラント協会の会長を務めたコルセッティは，かつて東西間をつなぐうえでエスペラントが持った価値をふりかえりつつ，今後はむしろ南北関係が重要になるとして，エスペランティストが世界の困難な相互関係に目を向けずに今後も「主にドイツ人とポーランド人をつなぐことに関わるならば，世界から置いていかれるだろう」と述べる

12) Jarosław Marek Parzyszek (2013) Ve, la viv'!
http://www.liberafolio.org/2013/cu-vi-babilacas-la-inglis

(Corsetti 2007: 147)。これはもちろん，隣国同士の交流が意義を失ったということではない。しかし，隣国との交流にあえてエスペラントを用いることの意味が改めて問われているといえよう。現在のエスペラントを使った両国間の交流をみたうえで，この問いに立ち返りたい。

エスペラント交流の現在

国境地域では，個々のエスペラント使用者やサークルなどの間のつながりが作られてきた。たとえばフランクフルトの北にあるノイブランデンブルク市と，姉妹都市のコシャリン市をはじめとするポーランドの国境地域のエスペラント会の間では40年以上，交流が続けられてきた。調査期間中の例としては，庭園博覧会を見学する会に，ドイツとポーランドからほぼ同数の計30人ほどが集まった。このような関係をもとに，ポーランドのEU加盟直後の2004年5月には，第81回ドイツ・エスペラント大会が，「ドイツとポーランドの架け橋」を主題に，ノイブランデンブルク市で開かれた(20130601)。

フランクフルトにおいては，毎年5月1日に国境の橋の周りで行われる「橋祭り」に両国のエスペラント使用者を招くのが恒例となっている。ドイツ・ポーランド・デンマークの合同エスペラント大会が，「ヨーロッパにおけるパートナー」という主題のもと，2012年5月にベルリンで開催された(参加者255人）際は，プログラムの一部がフランクフルト / スウビツェ両市で行われた。2020年には改めて両市でドイツ・ポーランド合同エスペラント大会が予定されていたが，コロナウイルス感染防止のために延期となった。

また1990年代の体制転換前から青年交流が行われてきたが，2009年以降，ドイツとポーランドの青年エスペラント組織がそれぞれ主催してきた合宿が一体化する形で，青年週間（Junulara E-Semajno; JES）がドイツとポーランドの青年エスペラント組織の主催で毎年，年末年始にかけて，主に両国の国境に近い地域で交互に開かれている。調査期間の2012年末から2013年始にかけてドイツ東部のナウムブルクで行われた第4回JESには34か国から約290人が参加した。不定期な交流としては，課外活動でエスペラントを学ぶ両国の生徒の交流も行われてきた。

その他の，ドイツやポーランドで開かれるエスペラントの催しにも，もう一方の国から参加者があることが常態化している。規模の大きな定期的な催しとしては，1985年から毎年9月にポーランド西部のポズナニで行われるエスペラント芸術・文化祭 ARKONES（ARtaj KONfrontoj en Esperanto；エスペラントにおける芸術の出会い）をあげることができる。ARKONES は，当初からドイツ人エスペランティストも参加し，エスペラントをとおした交流の場ともなってきた。またポーランド側では6月に，バルト海沿岸エスペラント集会（Ĉebalta Esperantista Printempo）が行われ，2012年の第34回では85人が参加した。ドイツ側では同じく恒例行事として1978年から家族のためのテント合宿（Somera Esperantista Familia Tendaro; SEFT）が行われ，2012年7月の第35回には90人が参加した。参加者はいずれも両国以外からの人を含む。

調査期間の後の2016年以降は，国境地域のポーランド側で毎年夏に行われる大規模なロックフェスティバルに，エスペラント多文化村という一画も設けられ，エスペラント話者が交流し，また関心を持つ人に情報提供を行う場となっている。

最後に，国境地域からは少し離れるが，特筆すべき例をあげる。ドイツ中部のハルツ地方に位置するヘルツベルクとポーランド西部の下シロンスク地方のグラの両市は姉妹都市交流に主にエスペラントを用いてきた。ヘルツベルク市のヴァルター市長は，こう述べる（20140227インタビュー）。

> ポーランドの姉妹都市との関係をだれかやってくれないかと思っていた。市長同士が贈りものを交換し合うだけではだめだ。人々が知りあわないと。それが平和の礎になる。それを〔市民の有志が〕エスペラントをとおしてやっている。だから支援したいと思った。

写真　ヘルツブルク駅前の，ドイツ語とエスペラントによる歓迎看板

そこで市長は，エスペラントを町おこしに使うことを思い立ち，2006年にヘルツベルクは「エスペラントの町」を名乗るようになり，一躍エスペラント界に

知られるようになった。その背景には，エスペラントによるポーランドとの交流の実績があったということになる。ヘルツベルク市内では，エスペラントの案内表示などもみられる（写真）。ヘルツベルクのエスペラント・センターは，グラとの毎年の青少年交流のほか，生涯学習の一環として中高年を対象としたエスペラントによる教育プログラム（Esperanto 55＋）を行うなど，EU の助成をも得て国際交流活動を進めている。エスペラントで町おこしをはかった例として，かつて，ドイツ・ベルギーの国境地域に 1816 年から 1919 年までの 103 年間存在した中立モレネ（Neutral-Moresnet）という中立地帯で 20 世紀初頭にエスペラントを公用語として採用して世界エスペラント協会の本部を誘致するという動きがあった（黒子 2020）。第一次世界大戦後，ベルギー領となったことでこの試みは最終的に潰えたが，別の自治体で世界で初めてエスペラントがある種の地理的な領域性を得たということになる。

なぜエスペラントか

では，両国の交流にエスペラントを使うことにはどのような意味があるのだろうか。ノイブランデンブルクのエスペラント会代表は 2004 年のドイツ・エスペラント大会のあいさつで次のように述べている（Pfennig 2004: 3）。

> 私たちの言語エスペラントは，実にさまざまな民族の人々が対等に出会う架け橋であり，ドイツとポーランドのエスペラントによる友人たちもそれをとてもうまく実践してきました。（…）2004 年 5 月 1 日，私たち両民族の間に新しい時代が始まりました。しかし最後の障壁が残っています。異なる言語です。まず私たちはみな相手の言語を学びましょう。そして第二に，みな中立な国際語を学びましょう。このようにして初めて，ポーランド人とドイツ人の対等性を保証することができるのです。

このような，エスペラントは他言語の学習にとって代わるものではなく，相手言語とエスペラントを両方学ぶことをめざすという見解は，単に個人的なものというより，エスペラント使用者の間でかなり共有されていると考えられる。ドイツ・エスペラント協会が出した言語政策の指針でも，エスペラントは他の異言語の学習や使用にとって代わることをめざすものではないという意味をこめて，多言語主義を支持することがうたわれている。そして同文書では，国境地域でポーランド語やチェコ語をあまり教えていないのは，

EUの掲げる，教育における多言語の尊重に反すると指摘している（DEB2012: 11）。

ここで二つ疑問が思い浮かぶ。一つは，相手言語を学ぶのであれば，相互関係にエスペラントはいらないではないかという疑問，そしてもう一つは，ドイツ・ポーランド関係においては英語も中立ではないかという疑問である。これらの疑問については，エスペラントの方が習得がしやすいからより使えるようになるという一般論で答えることができるかもしれない。しかし現実の交流の観察からは，異なった様子がみえる。あえてエスペラントを学ぼうとするほど言語学習の意欲がある人は，若い世代を中心に英語がかなりできることが少なくなく，ポーランド人の間ではドイツ語をも学んでいることが多い。すなわち，逆説的なことに，エスペラントを話すドイツ人とポーランド人の間では，エスペラントを使う必然性が必ずしもないことが多い。2012年末のJESでは，初心者向けにはエスペラント講座があることの説明をするとき，司会者はそこだけ英語で，「エスペラントがわからない人はだれでも，一週間後にはわかるようになっているでしょう。（Everyone who doesn't understand Esperanto, after a week you will.）」と述べたが，この発言は，英語はすでに理解されるという想定を表している。筆者が参加した地域の小規模会合でも，個人的に話しているとき，エスペラントで言えないことは英語で話してくる青年や，筆者がポーランド語がわかると知るとポーランド語で話しかけてくる人がみられた。いずれもエスペラント初心者である。

ドイツとポーランドの間で現在，エスペラントが果たす固有の役割は，言語としての中立性や学習・使用容易性といった言語的な側面というよりは，出会いの場を提供することにあるように思われる。エスペラントによる集まりや催しが繰り返し開催されることで，そこに参加するエスペラント使用者・学習者は，たびたび互いに出会うことになる。そのことによって関係が深まる可能性が生じる。これは，国境をこえた出会いと友情を育みたいというエスペラントを学ぶ大きな動機づけとも関連する。実際，これまでのエスペラントの集まりからは，多くの友情のみならず，何組ものドイツ人とポーランド人の夫婦関係が生まれている。

ここでは，筆者がJESの参加者の一部に対して行ったアンケートを紹介したい[13)]。このアンケートは，規模の小ささからも，代表性があるとはいえないが，参加者のなかにこのような意見があるということは，エスペラントの催しの特徴を考える手がかりとなる。エスペラントの集まりが，他の国際的な集まりと異なる特徴を持つと思うかという質問については，回答者27人中22人が肯定した。そのうち，7つの回答はエスペラントの言語的な特徴に関する内容であった（たとえば，「エスペラントは中立だから（特定の民族に属さない），その使用は私にとって，対等に（「同じ人間同士として」）かつよい雰囲気で出会って伝え合いたいという善意の表現です。（Pro la neŭtraleco de E-o（ne-aparteno al iu nacio）ĝia uzado estas por mi esprimo de bonvolo renkontiĝi kaj interkomunikiĝi egalrajte（"homoj inter homoj"）kaj bonetose.)」)。一方，15人が，エスペラントの催しに参加する人は異文化に開かれた姿勢を持っているといった，人間的な側面をあげた。ある回答は，そのような姿勢を次のように表現している。

> エスペラント使用者は他のエスペラント使用者を友人とみなしています。お互いに本当に知り合う前から。こういうことは他の言語ではありません。（Esperantistoj konsideras aliajn esperantistojn kiel amikoj, jam sen vere koni ilin. Tio ne ekzistas kun alia lingvo.）

さらに，しばしば，エスペラント使用者は，特に自ら選んで学んだ言語であるエスペラントという媒体自体への関心や思いの強さを共有している。エスペラント使用者の自己紹介や初対面のときの話題に必ずといってよいほど含まれるのは，エスペラントとの出会いのきっかけや学習の動機である。エスペラントへの関心や思いが語られることが多いということは，参加者にある種の一体感をもたらすと考えられる。筆者が調査期間中に参加したARKONESなどのエスペラントの文化的行事では，さまざまな言語や文化の歌を原語やエスペラント訳で，またエスペラント原作の歌を歌うクラシック，ポップ，ヒップホップ，レゲエ，ヘビーメタルなど，さまざまなジャンルのコンサートがさまざまな歌い手によって行われた。そのなかにはエスペラントを主題にする歌も含まれていた。たとえば，JESでは，ドイツのレゲエ歌手ジョニー・エム（Jonny M）が，アンコールで，Kresku Esperantujo（エスペラントを話す場が増えますように）という歌を歌った。聴衆もこのタイトルにもなった繰り返し（リフレイン）の部分を共に歌っていた。またフランス南

13）アンケートは，JESの後にベルリンで行われたJES参加者の集い（20130105）で行った。集いには約30名が参加した。

部の言語オクシタン語でも歌うことで知られるフランスの歌手ヨーモ（JoMo）は，コンサートでオクシタン語の歌を歌うときの曲紹介では，オクシタン語が「最も美しい言語」（plej bela lingvo）と述べていたが，エスペラントに関する英語の歌「セクシーエスペラント」（sexy Esperanto）をも披露した。歌の始まる前の聴衆とのやりとりは次のとおり（J: JoMo, E：聴衆）。

例 21　「セクシー・エスペラント」を歌う前の導入

J: En la tuta mondo la plej seksa lingvo estas?（世界中で一番セクシーな言語は？）

E: Esperanto!（エスペラント！）

J: Ĉu la plej seksuma lingvo en la mondo estas la franca?（世界で最もセクシーな言語はフランス語？）

E: Ne!（ちがう！）

J: La angla?（英語？）

E: Ne!（ちがう！）

J: La germana?（ドイツ語？）

E: Ne!（ちがう！）

J: La pola?（ポーランド語？）

E: Ne!（違う！）

このやりとりを本気にすれば，エスペラント優越主義とも受け取られかねないが，このような歌をあえて英語で歌うところに皮肉が効いているともいえる。他方，エスペラントで歌う歌では，「ここ〔エスペラントの集まり〕に来たのは酔っぱらうため。エスペラントなんかくそくらえだ（Tien ĉi ni venis por ebriiĝi, pri Esperanto fajfas ni）」という歌詞もみられた。いずれにせよ，これらの歌からは，エスペラント使用者としてのアイデンティティがうかがえる。このように，エスペラントの集まりでは，出身文化や自分が関心を持つ趣味や専門などの紹介も多く行われるが，それとともに，エスペラント使用者として共有する文化も生み出されている。「人類人」をうたうエスペラント使用者としての共通アイデンティティが前面に出ることについて，上記の三国合同エスペラント大会の提唱者は次のように述べた（20130725 インタビュー）。

ポーランド人かドイツ人かデンマーク人かは重要ではありません。第一に，人間同士としてみようということです。中立な言語であるエスペラントは，それを可能にします。（Ne gravas ĉu estas polo aŭ germano aŭ dano. Unue ni vidu nin kiel homo kaj homo. Esperanto kiel neŭtrala lingvo ebligas tion.）

エスペラントの場は，ドイツ人とポーランド人の交流というよりも，エスペラント使用者同士の出会いの場という側面が強いことによって，隣国に特に関心がない人をも巻き込みやすい。これはとりわけドイツ側に当てはまる。エスペラント行事でしばしばポーランドを訪れるというドイツ人エスペラント使用者は，自分を含めて，ドイツ側の多くのエスペラント使用者は特にポーランドに関心はなかったが，エスペラントをとおして縁ができたと述べた(20130610)。同様のことは，生徒の交流についても述べられた。すなわち，エスペラントによって，そうでなければ出合わなかった隣国人との出会いの場が継続的に生み出されているのである。

まとめ

エスペラントの集まりは，特定の言語による交流自体が集まる理由になっている点で，他の言語による交流とは異なっている。こうして，エスペラントは，地域におけるその他の各種の異言語間交流と切り離された独自の言語空間を形成している。他言語との関連では，エスペラントの予備教育効果（2.2参照）を生かして隣国語を学ぶことも考えられるが，隣国語を優先し，比較的学びやすいエスペラントは後から関心のある人が学ぶという考え方もみられる。

量的にみれば，国境地域においてもエスペラントの学習者は英語よりもはるかに少なく，ごく一部の人々によって学ばれ，使われているにすぎない。しかし質的には，隣国への関心の一つの入り口として，また継続的に交流を深めるうえで，独自の役割を果たしてきたことも確認できる。異文化交流に関心がある人が学ぶというエスペラントの性質上，またエスペラントを話す場に集いたいという動機づけによって，密な交流が行われているのが特徴といえよう。第一言語が異なる人々の間に新たな共通性を生み出していることも特筆すべきであろう。

コラム9 さらなる架け橋——古典語ラテン語と少数言語ソルブ語

第二部でとりあげてきた諸言語以外に，ドイツ・ポーランド国境地域で，限定された範囲ながら架け橋として独自の役割を果たす追加言語と当事者言語がある。一つは，古典語であるラテン語である。ラテン語については，ヨーロッパの文化的伝統に根ざしているうえ，母語話者がいない「民主的な」共通語であり，英語よりも正確な表現ができるとして推す声がみられるが（Barandovská-Frank 2002），実際には古典を読むことが学習の中心である。ラテン語は，現在も，ドイツでもポーランドでも，学校で学ぶことができる。ポーランドで科目名が「ラテン語と古典文化」となっていることに表れているように，その大きな目的は，ヨーロッパを形成してきた基盤の一つとしてのローマ帝国以来のラテン語の伝統に接することである。では，ラテン語はどのようにドイツとポーランドの架け橋となるのだろうか。

一つは命名である。（「ノヴァ・アメリカ」のような新創造を除けば）国境の両岸を指す共通の地域名がないため，かつてのフランクフルトの大学のラテン語の呼び名 Alma Mater Viadrina（いわばオーダー河畔の大学；オーダー川のラテン語名 Viadrus から）にちなんで，両岸にまたがる組織名に，「ヴィアドリナ」をつけることがある。代表例は，復活したヴィアドリナ・ヨーロッパ大学のほか，1993 年に発足した国境をこえた協力のためのユーロリージョン PRO EUROPA VIADRINA である。この命名は，「オーダー川沿いのヨーロッパのために」という意図がこめられていると説明される[1]。ポーランド側にあるドイツ・ポーランドの共用の大学施設 Collegium Polonicum（collegium は英語の college にあたる）や両国の生徒が共に学ぶプログラム latarnia（ランタンという意味）もラテン語の名である。

口頭使用の代表例はカトリック教会のミサである。かつてラテン語で行われていたローマ・カトリック教会のミサは，1960 年代の第二バチカン公会議を経た現在は各国語ないし地域言語が使われるが，ドイツ人とポーランド人の合同ミサでは，両国語の他にラテン語が共通語として，典礼文に使われることがある。調査期間中はたとえば，ドイツからポーランドの巡礼地への巡礼が行われた際，この 3 言語がミサで用いられた。同じく，共通の文化遺産に依拠する例として，歌があげられる。第二部で何回かとりあげた二言語演劇『シュロフェンシュタイン家』上演では，両家の対立をこえる意味で，Stabat mater

---

1）https://www.euroregion-viadrina.de/euroregion-pro-europa-viadrina/zur-geschichte/

dolorosa（悲しみの聖母）やDona nobis pacem（我らに平和を与えたまえ）が劇中，ラテン語で歌われた。このほか，大学のドイツ側の始業式で，ポーランドの学長がVivat academia, vivant profesores（大学万歳，教授万歳）と，よく知られたラテン語の歌の一節であいさつをしめくくった。以上，いずれも決まった語や文言の使用に限られるが，中立というだけではなく，共有する伝統を思い起こさせることで連帯感を喚起するのが，ラテン語ならではの意義といえよう。

一方，国境地域に住む一部の人々の言語として架け橋の役割を果たしているのがソルブ語である。ソルブ人は，フランクフルトの南，国境地域中部から南部にかけてのドイツ側の地域に住むスラヴ系の少数民族である。ソルブ語が異言語間コミュニケーションに関わるのは，スラヴ語同士の間言語理解の可能性についてである。「ソルブの口でポーランドもロシアも通り抜けられる（Ze serbskej hubu přińdźeš přez Polsku a Rusku）」というソルブのことわざがある。このことわざは，ナポレオンと同盟を結んでいたザクセン軍に入っていたソルブ兵士が，ポーランドやロシアでソルブ語がドイツ語より役立つことに気づいたことに由来すると言われる。現代史において，そのような状況が現れたのが，第二次世界大戦であった。ドイツ軍に徴兵されたソルブの兵士たちのソルブ語が東部戦線や捕虜になったときに役立ったという証言が数多く残されている。

東ドイツ時代には，東欧の社会主義友好国の大多数がスラヴ圏であることから，ソルブ語がこれらの友好国との交流に役立つものとして宣伝された。この論拠は現在，新たにヨーロッパ統合に衣替えして展開され，ソルブ語の習得によってさらなるスラヴ語の習得が容易になり，就職に有利になるということがソルブ語の実用的意義としてソルブ団体などからあげられる。この呼びかけは，ソルブの子どものみならず，地域のドイツ人にも向けられ，1999年以降，ドイツ語を家で話す子どもがソルブ語環境で教育を受けるイマージョン（没入式）教育である「ヴィタイ」プロジェクトが進められ，ヴィタイ教育のこども園や学校がソルブ地域の各地に設立されている。

実際，ソルブ人とポーランドやチェコなどのスラヴ圏の交流は盛んであり，特にポーランド語やチェコ語などの近隣のスラヴ語を多かれ少なかれ身につけているソルブ人は少なくない。その代表例としてあげられるのが，欧州議会議員を経て，EU東方拡大を前にした時期にザクセン州の欧州担当大臣などを務めたのち，2008年から2017年まで，ソルブ人として初めて同州首相を務めたスタニスワウ・ティリヒである。特定の人々の間とはいえ，ソルブ語は，ドイツ・ポーランド国境の両岸をつなぐ役割を確かに果たしている。

結論部
もう一つの言語的多様性

第10章
まとめと展望

10.1　諸方略の一般的な特徴

第一部では媒介方略をめぐるヨーロッパでの議論，第二部ではドイツ・ポーランド国境地域における実際の使われ方の様相を整理した。これらの考察をふまえて，本章では，各方略の一般的特徴と具体的な地域における使い分けのあり方をまとめるとともに，ヨーロッパ（の特定の地域）に関するこれらの考察が，異なる地域的・社会的文脈，とりわけ日本のことを考えるためにどのような意味を持つか，検討したい。

相対的な長所と短所

まず，第一部で考察した諸方略の特徴をまとめてみよう。いつでもどこでも適した万能な方略がない以上，言語の違いをこえてよい関係を作るためには，諸方略の長所と短所をおさえておくことが有意義であろう。表1は，論点としてとりあげられた主な項目ごとに諸方略の理念上の特徴を示したものである。この表は，適切な使い分けの手がかりとなることを目的とする。よって，1.2の表2にあげたⅠ～Ⅹの諸方略のうち，積極的な採用・選択の論拠がみられなかった方略Ⅴ～Ⅷおよび変異が大きく一概には評価できないⅨ，Ⅹは含めていない。Ⅰ～Ⅳを扱った第2～4章の議論をふりかえると，追加

表1　各方略の特徴

	使用可能性	学習負担	対等性	創造性	対象接近	直接性
①英語（／の後は英語自言語話者が含まれる場合。括弧内はELF論）	◎	× (△)	○／×	△ (○)	×／◎	◎
②単一の当事者言語	△	×	×	△	◎	◎
③言語的仲介（／の後は機械翻訳の場合）	○	◎	◎	○／×	×	×
④エスペラント	△	△	○	◎	×	◎
⑤自言語不使用	×	×	○	△	◎	◎
⑥受容的多言語使用（／の後は間言語使用の場合）	×／△	△／○	◎	△	○	◎

言語に関して，使用可能性，学習負担，対等性（公正性），創造性（柔軟性）が論点としてあがり，相手言語使用に関して，対象接近（相手への歩みより）が，そして自言語使用に関して，コミュニケーションの直接性が付け加わった。これらの論点ごとに整理する。1.2の表4の方略の順番に沿って，各手段を他手段と比較した相対的な優位性を◎，○，△，×の4段階で示す。①～③が主要な方略，④～⑥が対案である。

まず，使用可能性が最も高いのは，共通語として普及度が高い英語である(◎)。言語的仲介は，理屈上はどの言語間でも可能であるが，手配や機材などの前提を整える必要がある（○)。一方，二つの言語の能力を共有することが前提となる自言語不使用と受容的多言語使用は使用できる場面が最も限られる（×)。ただし，間言語理解については類縁言語を活かすことができるので，可能性がより広い（△)。相手言語（単一の当事者言語）やエスペラントを使う場合は，それぞれの言語が使われる場への参画次第である（△)。相手言語の場合は，その言語を使う相手がおおむね特定地域に集中しているのに対して，エスペラントは，使い手が広く薄く散在しているという点が異なる。

学習負担については，言語的仲介が，学習するという負担がない唯一の方略である（◎）。軽減を含む方策としては，学びやすさが売りであるエスペラントのほか，受容能力のみに特化する受容的多言語使用があげられる（△）。本格的な学習が必要ない間言語理解の場合，学習負担はさらに軽い（○）。その他の方略は異言語を習得する負担が高くなる（×）。学習機会の提供という観点からは英語は他言語よりも整っている。また学習が報われる制度（就職など）も整っている。しかし学習制度が整備されていることや結果が報われることは，学習負担が減ることを意味しない。ただし，ELF としての使用において一定の軽減が認められうるかもしれない（△）。

対等性（公正性）についてはそれぞれが自言語を用いることができる場合（言語的仲介および受容的多言語使用）が最も高く（◎），単一の当事者言語のみを用いる場合が最も低い（×）。英語を自言語とする人が含まれる場合は，英語もここに入る。学習のうえで差が出やすい追加言語（英語やエスペラント）および自言語不使用はその中間に位置づけられる（○）。

創造性（柔軟性）は，異なる背景を持つ人同士が意思疎通をはかる際に，特定の地域や社会の背景と結びついた既存の枠（規範）にとらわれずに，意思疎通に有効な言語形態や表現を創り出すことを指す。この論点については，規範がゆるいエスペラントが最も高く（◎），特定の言語文化に関連づけて理解される方略は低い（△）。一方，英語は，ELF の場合，自由度が高くなることをうたっている（○）。言語的仲介の場合，仲介者が創造的に対応する可能性がある（○）が，機械翻訳の場合は創造性が最も低い（×）。

相手に歩みよるという対象接近について最も優れているのは相手言語を学んで使う方略（単一の当事者言語および自言語不使用）であり（◎），自言語を使う受容的多言語使用は少し劣る（○）。言語的仲介や共通語では度合いが低くなる（×）。ただし英語は，英語第一言語話者が相手である場合は，相手言語としての対象接近となる（◎）。

最後に，コミュニケーションの直接性については，言語的仲介のみ間接的である（×）。

このような比較は，厳密に定式化・一般化できるものではなく，あくまでも目安にすぎない。たとえば，使用範囲は言うまでもなく言語によって大きく異なり，学習負担も何語を話せる人がどの言語を学ぶかによって異なる。しかし，どの方略も異なるプロフィールを持つことは確認できる。また，◎の数がいずれも二つになっているように，どれかの手段が特に並外れて優れた特性を持っているということはできないこともみてとれる。使用可能性の広さでは英語，学習負担では言語的仲介，対等性では自言語使用，創造性ではエスペラント，対象接近では相手言語使用，とそれぞれ強みがずれている。英語については，共通語であるとともに当事者言語でもあるという二重の位置づけに，格別な強さとそれゆえの問題点がある。

長所と短所を補い合うために

このような多角的な観点からの検討は，使用範囲の広さだけでは異言語間コミュニケーション方略を評価できないことを示している。飛行機の方が遠くまで行けるので自転車より有用である，ということができないように，使用範囲が広ければよいというものではない。諸方略は果たせる役割が異なるので，一方が他方を兼ねることはできないのである。各方略の使用価値は，どのような状況や場面でどのような基準を重視するかによる。方略の種類ごとにみると，主要方略に比べて，対案はいずれも使用可能性が小さい。エスペラントは共通語としては使用範囲が狭く，当事者言語を用いる際，相互の自言語不使用や受容的多言語使用は言語能力的な前提を満たす場合が限られる。しかしあえてそれらの方略を使うことによる効用が見込まれるのである。

上記の共通の比較項目では直接みえない，各方略固有の付加価値も忘れてはならない。英語は，政治的・経済的・文化的影響力の大きい英語圏への接近が基本的な魅力である。単一の当事者言語使用の場合は対象地域の人々との関係構築，言語的仲介については仲介者による調整，エスペラントの場合は地理的に分散しつつも密度の濃いネットワークとのつながり，自言語不使用については相互の言語学習の尊重と協力，受容的多言語使用ではそれぞれが自言語で表現することをそのまま理解できることなどがあげられる。

反面，これらの長所は，それぞれの方策に固有の短所とセットになっている。英語については，特定地域との結びつきが共通語としての適性の足かせとなる面がある。ELF 論の興隆はまさにそのことを証している。一方，より純粋な共通語であるエスペラントは，特定の地域や集団との結びつきがないゆえに普及に限界を抱えている。相手言語使用は，相手の懐にとびこむための学習負担の大きさが決定的な困難である。自言語不使用は，高い理念と裏腹に使用できる前提条件の困難と使用上の不便さが大きい。言語的仲介は，言語学習の手間を回避することによる間接性が人間関係を築くうえで障害となる。受容的多言語使用は認知的な負担のほか，異言語の学習や使用が受容にとどまる不満がありうる。

これらの諸方略の長所を生かすとともに短所を軽減するためには，第一部の各章の最後で述べたように，主要な方略と対案を関連づけることが有意義である。追加言語方略については，ELF 論がめざす学習負担の軽減と創造性に関して，エスペラントの経験を参照することができる。一方 ELF 論は，エスペラントのような共通語として存在する言語のあり方を事実上，評価するものであり，エスペラントの意義を見直すことにつながるだろう。相手言語方略については，複言語主義に自言語不使用という可能性を含めて考えることで，複言語主義の内実はより豊かになる。そして自言語不使用は特殊な提案というよりも，より大きな理念に位置づけられる。自言語方略については，受容的多言語使用の際の言語産出の工夫を，相手の言語能力に合わせる仲介活動として理解することで，受容的多言語使用を言語的仲介に組み込むことができる。また対象接近に利点を持つ受容的多言語使用を推進しつつ言語的仲介（通翻訳）で補うという相補性が提起された。

さらに，5.2 で言語混合と ELF の親和性をとりあげたように，実際の使用に際しては，異なる種類の方略が必ずしも分けられず，あわせて使われうる。音楽において，同じ曲の中で転調や異なる拍子の組み合わせが可能なように，実際の異言語間コミュニケーションにおいて，それぞれの特徴を活かして諸方略はつなげたり結びつけたりすることが可能である。

10.2　ドイツ・ポーランド国境地域における諸方略の使い分け

媒介方略の現状

前節でみたような各方略の長所と短所が実際にどのように発揮されるかは，地域的・社会的な文脈によって異なるだろう。本節では，第二部の考察をもとに，ドイツ・ポーランド国境地域における各方略の使われ方の現状を整理し，どのような使い分けの可能性があるかを検討する。

同地域では，理論的に考えうる諸方略がいずれも実際にみられた。それらは方略の種類ごとに，地域において不特定の人々によって広い範囲で用いられる主要な手段，特定の人々の間や場面でしばしばみられる代替的な手段，限定された場面で用いられうる補足的な手段に分けて，表 2 のように整理す

表2　ドイツ・ポーランド国境地域における媒介方略

	i　主要方略	ii　代替方略	iii　補足方略
I　相互に自言語	(1) ドイツ語とポーランド語：通翻訳	(5) ドイツ語とポーランド語：受容的二言語使用	(9) ソルブ語とポーランド語：間言語理解
II　単一の当事者言語	(2) ドイツ語：優勢な当事者言語	(6) ポーランド語：劣勢な当事者言語	
III　相互に相手言語			(10) ドイツ語とポーランド語：言語交換
IV　単一の追加言語	(3) 英語：覇権言語	(7) エスペラント：計画言語	(11) ラテン語：古典語
IX, X　言語混合	(4) 一方的な言語混合（IX）	(8) 相互的な言語混合（X）	

ることができる。

主要な方略として，日常生活から専門的な会議まで，分野を問わず広く使われているのが通翻訳である (1)。とりわけ両市の公的・公共的な相互関係において，二言語による情報提供は言語に関する社会基盤（インフラストラクチャー）となっているといえよう。ただし言語的仲介がいつでも利用可能であるわけではなく，また間接的なコミュニケーションにのみ頼ることは相互の関係構築にも支障をきたしかねない。そこで，より直接的なコミュニケーションを可能にする媒介方略が，優勢な当事者言語であるドイツ語を地域通用語として用いることである (2)。ドイツ語の使用は，ドイツ人にとっては快適であり，ポーランド人にとっては経済大国でもある隣国の社会生活への参入を可能にする前提となる。その意味では双方にとって利点がある。だが，ポーランド側の歩み寄りを前提とする片務的な関係が，国境地域における対等な関係づくりに望ましいとはいえないだろう。その点，中立な共通語といえるのが英語である (3)。英語は便利な意思疎通の手段となりうるが，地域社会の営みから切り離されてしまうという限界を抱えており，より緊密な関係づくりには必ずしも貢献しない。隣国の社会や文化の理解という観点からも，ヨーロッパ統合の文脈では英語のみに頼ることは望ましくないとされ，地域でも英語を両市の間の共通語に推す声はみられなかった。ELFへの言及はみられたが，総じて，英語が共通語であることを前提とするELF論を議論する状況ではないといえよう。以上の3つと異なり，公的に認知・支援されているわけではないものの，事実上，さらなる主要方略といえるのが，一方的な言語混合である（4)。これは，ポーランド人とドイツ人で異なるパターンがみられる。地域通用語としてドイツ語が強いとはいえ，ポーランド人の相手言語の学習には限界がある。そこでドイツ語とポーランド語が混ざった言語使用がみられるのである。他方，ポーランド語能力がない大多数のドイツ人は，限られたポーランド語を含めることで，象徴的な歩み寄りをはかる。

代替方略としてはまず，受容能力の方が往々にして産出能力より高いことを活かす受容的二言語使用があげられる（5)。双方が相手言語をある程度学んでいる場合，この方略は最も有効な方略ともなりうる。ドイツ人のポーランド語能力が高い場合は，ポーランド語を双方が用いることもできるが（6)，それが可能なドイツ人は限られている。エスペラントも，使える人は限られているが，出会いの機会を提供して友好関係を深めるために使われている(7)。最後に，より高い相手言語能力を持つ人の協働の場でみられる相互的な言語混合があげられる（8)。公的な場ではみられないものの，内部会合では，効率的な意思疎通を可能にする手段となっている。

補足的な方略としてあげられるソルブ語は，ポーランド語との言語的な類縁関係によって，ソルブ語話者とポーランド語話者の間言語理解に活用することができる（9)。言語交換は，ドイツ人のポーランド語使用にポーランド人からドイツ語で返答がくるという場合，必ずしも好ましいといえないが，協力関係における相互の歩み寄りの姿勢を示す場合もある（10)。命名や形式的な使用で，双方の共通の文化的基盤を指し示すのがラテン語である(11)。

使い分けの可能性

以上の諸方略は，それぞれ他の方略で置きかえることができない独自の役割や特徴を持っている。よって，相互補完的にバランスをとって用いられることが，豊かな異言語間コミュニケーションに資すると考えられる。ドイツ・ポーランド国境地域では，どれか一つの方略に頼ることができない状況で急速に相互交流を進める社会状況になったことが，多様な方略の使用をもたらした。今後は，諸方略をより自覚的に用いることが重要になってくるだろう。逆に，英語学習や機械翻訳の進展によって，これら 2 方略にのみ過度に頼ることになるならば，それは異言語間コミュニケーションによる相互関係構築の観点からは，前進ではなくむしろ後退を意味するだろう。

諸方略の特徴を活かす使い分けの可能性を提示するために，ここでは，6.1 であげたドイツ・ポーランド間の交流のピラミッドを応用する。このピラミッドでは，底辺の買い物から，頂点に位置する合同機関での協働まで，それぞれの交流形態は，その場に必要な言語能力のレベルと対応していると考えられる。すなわち，ピラミッドの上にいくほど高度な言語能力が求められる。その言語能力のレベルと使用者数の対応を示すのが図である[1)]。言語能力のレベルは，CEFR の 3 段階の分類に沿って，基礎段階の使用，自立した使用，熟達した使用に大きく分ける。幅は，それぞれの段階の使用者数を表す。ただしこれは厳密なものではなく，単純化した模式図として理解されたい。左側は主要な方略，右側は代替方略の可能性を示す。代替方略は，現状ではこの図のような広範な使用はみられないため，潜在可能性として点線で示している。

主要な方略として，ドイツ語は特に基礎段階では広く用いることができる。英語も，とりわけ若い世代や教育程度が高い層では使いうる。ただし言語使用のレベルが高くなるほど，異言語能力には限界があるため，言語的仲介の果たす役割が大きくなる。一方的な言語混合は今後も主に基礎的な段階で一定の役割を果たしうる。

これらの主要方略の弱点を補い，国境をこえたコミュニケーションを深めたりしきいを低くしたりすることに寄与することが期待されるのが，代替方略である。当事者言語の一つであるポーランド語は，異言語間コミュニケーションにおいて，より大きな役割を果たすことが望ましい。多くのドイツ人がポーランド語の高度な能力を身につけることを想定することは困難であるが，9.1 でみたように，基礎的な使用でも効果がみこめる。またお互いに基礎段階をこえて相手言語を一定程度学んでいる場合には，受容的二言語使用

1）ある社会における言語使用の質的・量的側面を，このように積み重ね（堆積）として把握する方法について，詳細は木村（2005）参照。

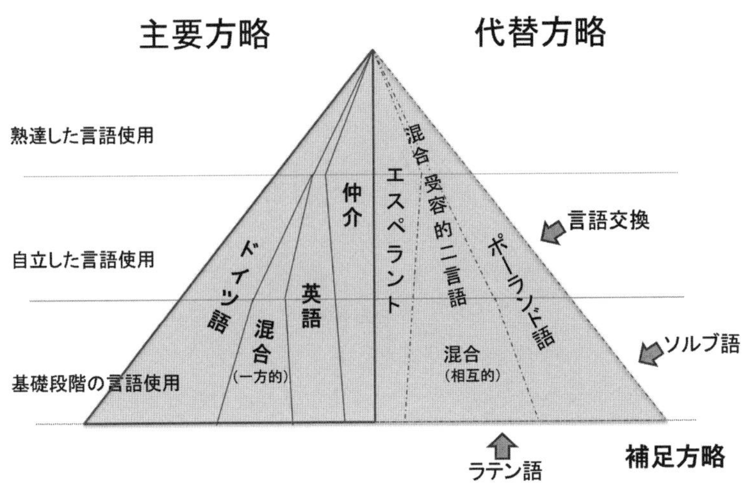

図　ドイツ・ポーランド国境地域における言語的な媒介方略の使い分けの可能性

が実用的な方略となる。他方，言語混合は，両言語の話者間での効率的な伝達および一体感の醸成がはかれる手段として，基礎段階においても高度なレベルにおいても相互に用いることができる。エスペラントは，学習すればより高度のレベルまで到達しやすいので，自立した言語使用以上のレベルでコミュニケーションをとるときに，より力を発揮するだろう。これらの代替方略はいずれも言語能力的な前提が整えばより広く使われることが想定できる。

使用の場が限られる補足方略のうち，共通の文化遺産であるラテン語は象徴的使用が可能である。ソルブ語は複雑な内容のやりとりには限界があるが，基礎段階の間言語理解，さらにはポーランド語習得を支援する役割を果たすことができる。言語交換は，受容的二言語使用と補い合って相手言語を使うことや，相互に言語能力を伸ばすために意味を持つ。

実現に向けた課題

代替・補足方略の可能性を現実化し，バランスのとれた諸方略の使い分けが行われるためには，いくつかの課題がある。最も基本的な課題は，ドイツの国境地域におけるポーランド語教育の拡大である。2018 年に国境地域の言語教育関係者が集まった会議では，地域の発展とヨーロッパ統合に寄与するために一貫した隣国語教育政策の策定が必要だとする声明が出された

(Memorandum 2018)。

そのような多言語教育は生徒にとって負担が増えるという見解に対しては，一方ではELF論に基づく英語教育の内容の適正化が，他方では，まずは受容能力に重きを置くなど焦点を絞った隣国語の目標設定が対応策となりうる(Kimura 2013a)。受容的二言語使用の可能性を認識し，慣れるためには，国境地域ならではの出会いの容易さを活用して二言語演劇をとり入れることが有意義だろう。演劇をとおして，ゆっくりはっきり話すといった談話方略も訓練できる。演劇は，やりとりを含めた受容的二言語使用の教育をいかに実現するかという問いへの一つの回答といえよう。

さらに，言語混合への寛容な態度も必要である。これは言語意識教育の課題である。1945年以前のドイツ・ポーランド国境地域でみられた言語混合の事例（現ポーランドのシロンスク地方のことばなど）を参照することも考えられる。エスペラントについても体験講座を開催し，希望者には学ぶ機会を提供・紹介することができるだろう。ソルブ地域においてはソルブ語教育を促進すること，またラテン語の教養を身につける機会を維持することも課題に含まれる。

10.3　日本にとっての意味

ヨーロッパは日本にとって参考になるか

以上みてきたように，どのような場でどのような方略が用いられるかは，異言語を用いる人同士の関係のあり方に影響を与える要素の一つといえる。マクルーハン（1987）の「メディアはメッセージ」にならって言えば，「使用方略はメッセージ」なのである。ヨーロッパでは，特定の方略のみを異言語間コミュニケーションのデフォルトとして使うことで事足れりとするのではなく，さまざまな方略の可能性が議論され，実践されている。

このようなヨーロッパの事情は，日本にとって，全く別世界の話なのだろうか。あるいは参考事例となりうるだろうか。エドワーズ（Edwards 2010: 199）は，異なる地域の言語事情の比較可能性について次のように指摘する。

> どの状況も独特であるが，それは，他のどこにも見当たらない諸要素があるからではない。諸要素はきわめて一般的である。諸要素の編成や重

みの違いによって，状況ごとの独特さが生まれるのである。

この指摘を本書の主題にあてはめると，10.1 でまとめたようなヨーロッパでの議論をとおして浮かびあがった諸方略の特徴は，第 1 章でみたような異言語間コミュニケーションの枠組みが成り立つ範囲において，ある程度一般性を持つと考えられる。と同時に，10.2 で確認したように，各方略の特徴は，調査時期のドイツ・ポーランド国境地域に固有の現れ方をし，固有の使い分けの現状および可能性をもたらしている。それらの方略の編成や重みは日本とは明らかに異なる。諸方略の特徴の一般性と，その現れ方の個別性の両面を踏まえるならば，ヨーロッパのありさまが全く参考にならないというのも，そのまま日本にあてはまるというのも極端に過ぎるといえよう。

三谷（2012：87）によれば，多言語環境を生き抜く知恵の文化を育んできた中欧の言語状況は，日本人にとっても考えるべき課題を示している。これは，1945 年以降のドイツ・ポーランド国境のように強制的に分離させられる前の，多言語が混在する中欧の言語状況を念頭においた指摘である。しかし本書第二部でとりあげたような国境による言語的な分離を乗り越えようとする現代の試行錯誤も，国民国家の枠組みが人の移動によってゆらぐ状況のもとで考えるべき課題を示していると考えられる。

日本は島国だから違う，というのはしばしば日本とヨーロッパ大陸との相違点として持ち出されるが，これは説得力の弱い言い訳にしかならない。日本を取り巻く海は，歴史上も，日本を周りの国や地域とつなぐ役割を果たしてきた。鉄道や自動車ができる前は，海路の方が陸路より行き来がしやすかったほどである。ましてや交通手段や情報技術が発達した今日，隣国を含む世界の多言語と向き合うことが必要なのは，日本もヨーロッパも変わらない。異言語空間と橋一本でつながるという本書の事例は，そのつながりがより身近であり，見やすいということにすぎない。本書で，事例として国境地域をとりあげたのは，この地域が特殊だからということではなく，多様な方略の使い分けの可能性を具体的に示すと考えたからであった。

以下では，まず，ヨーロッパの議論と日本をつなぐ手がかりとして，日本について提起された「節英」（木村 2016）という発想を，本書で検討した媒介方略の議論と接合してみたい。そのうえで今後の課題として，言語教育に言及する。

言語的媒介方略と「節英」

「節英」は，日本において異言語間コミュニケーションを過度に英語に依存してきたのではないかという問題意識から生まれたものである。「節電」が，「反電気」ではなく，電気の重要性を認識するからこそ無駄遣いすることなく大切かつ適切に使うことであるのと同じく，「節英」は，英語を排する発想とは異なり，むしろ節度をもって英語を適切に使う姿勢を指す。指針としては，次のような「節英5か条」があげられた。

第1条　何をしたいかを明確に
第2条　共通語（国際語）よりも現地語優先で
第3条　恥ずかしがらずに
第4条　他者の力を借りつつ
第5条　多様性を尊重する

この5か条を媒介方略にあてはめてみよう。第1条は，目的によってどのような方略を使うのが適切かを考えるということになる。はさみ，カッター，ナイフ，包丁，のこぎりなどを切るために使い分けるように，また徒歩，自転車，自動車，鉄道，飛行機，船など移動手段を乗り分けるように，異言語間コミュニケーションも，自分の英語力のみにこだわるのではなく，諸方略の特徴を理解して適切に使い分けることが，目的の達成のために重要になる。

第2条によれば，当事者言語（自言語，相手言語）方略を，追加言語方略よりも優先するということになる。外国人とみたら，あるいは外国に行ったらとにかく英語，という発想ではなく，可能な限り相互の言語を使うことがまず前提となる。当事者言語で意思疎通ができないとき，初めて共通語の出番となる。よい関係を築くために相手の言語をできる限り使うことや，日本では相手を日本語によって日本社会に招き入れる可能性を念頭に置く。

第3条は，自分が適切と思った方略は，まず使ってみて，うまくいくか試してみればよいということになる。特に，一般的でない代替的な方略は変わっているとみなされがちであり，使うのをためらうことがあるかもしれない。言語を混ぜることや，相手が英語で書いてきたり話してきたりするのを日本語で返すのは，はじめはちょっと気合がいるかもしれない。あるいは，英語ができないと恥ずかしいからと通訳のイヤホンをつけないことで，誤解が生じることも少なくないようだ。正確さを期するときや思考に集中したいときなど，堂々と通訳を使えばよい。

このことが第4条にもつながる。コミュニケーションにおいても助け合いが肝心である。自分の言語能力には限りがあるので，通訳や翻訳を利用する，あるいはその言語ができる他の人の力を借りる手がある。人から助けてもらうことのできる能力も重要なコミュニケーション能力である。異なる言語の異なる能力を持つ人が互いに言語的に支える社会を「言語分業社会」と呼ぶことができる（木村 2016：188)。今後は，機械翻訳を有効な場で適切に使いこなすことも，異言語間コミュニケーション能力の一部となるだろう。

第5条は，世界では多様な英語を含む多様な言語が使われていることを受け入れることを念頭においたものであったが，ここでは媒介方略の多様性の尊重を加えたい。昨今の日本企業のなかには，社内英語公用語化と言って日本語を制限する会社や，逆に機械翻訳を使うといって英語を禁止するという会社もでている。そのような単一方略主義では必ず限界がある。個人としてはできる範囲でさまざまな方略を自分のレパートリーに加えることで，また組織としてはさまざまな方略を受け入れることで，異言語間コミュニケーションが豊かになる。これまで，言語的な多様性が注目される際は，通常，地球上，あるいは特定地域に存在する言語の多様性を指してきた。しかし言語的多様性のもう一つの次元として，媒介方略の多様性をも意識する必要があるのではないだろうか。

言語教育の課題

媒介方略の考察から，日本の言語教育には次のような課題を導き出すことができる。まず，英語教育をはじめとする異言語教育にさまざまな媒介方略の観点を組み込むことである。多言語教育の観点からは，英語と他の言語や方略の役割の違いの意識化，通翻訳の観点からは，言語能力の重要な一部としての仲介能力への注目や機械翻訳の活用法，エスペラントの観点からは，使用者が協力して造りあげるという共通語観，自言語不使用の観点からは，海外の日本語学習者との相互学習支援，受容的多言語使用の観点からは，「4技能」を均等に発達させることをめざすよりも，まず読み聞く力を重点的に伸ばしていくことで異言語に接しやすくするとともに産出ややりとりといった他の能力を伸ばす前提が整うということがあげられる。ここでは，これらの点を一つ一つ掘り下げていくことはできないので，問題提起にとどめる[2)]。

より根本的なことは，英語をはじめこれまでの日本の外国語教育が，学習した言語をなるべく使うことを当然視し，使えば使うほど良いという発想に立っていたのに対して，使い方，使い分けを含めて考える言語教育に転換することである。

複数の言語や方略を使い分けるということは英語への集中よりも負担が大きく，非効率だという疑問があるかもしれない。しかし，本書でみてきたことは，時間や金銭の配分を英語に集中させるのではなく分散させることであり，全体としての負担を増やすということではない。適切な使い分けは，むしろ限られた資源を効率的に配分することになる。

このような言語教育は，より広い教育全般という観点からも，21世紀の課題に対応するものとなろう。20世紀まで，学習者の能力を開発し発揮させることが教育の大きな目標であった。しかし今や，人類は，できることをすべて発揮したら自らを破滅させることさえできる能力を持つに至った。いや，地球環境問題にみられるように，すでに自らの首を絞めるほどに能力を発揮してしまっている。遺伝子技術や人工知能などに関しても，問われているのは，何ができるかだけではなく，できることをどのように制御して社会のために用いていくかである。21世紀の教育の基本課題は，「能力制御」，「節制」と言っても過言ではない。言語教育も，グローバル化が大きく進んで多種多様な人々の関わりが増えた今日，能力を適切に制御する方向に舵を切ることが求められる。

言語教育は，教師に言われたことをやるだけではなく自分に必要な学びを自ら管理できる自律的な学習者の育成をはかる方向に進んできた。それをさらに進めて，日本語・英語・その他の言語や方略の意義を理解して学び／使い分けることができる自覚的な学習者・使用者，また「教え方」だけではなくある言語を「何のために教えるか」，すなわち（言語）教育の社会的な意義をも体得した教育者を育成することが今後の課題になると考える。本書で行ったような，媒介方略の理念や実態の調査は，そのような大きな構想の一環でもある。

2）日本の異言語教育の方向性に関する提言として，木村（準備中）参照。

あとがき

「どうしてよりによってそんなところへ!?」というのが，在外研究でフランクフルト・アン・デア・オーダーに行くと言ったときの，ドイツの知人の反応であった。ドイツからみると，この町は辺境の小都市である。ドイツにはすばらしい町がいくつもあるのに，なぜあえてこの町を滞在地に選ぶのか，いぶかしく思っても不思議ではない。社会言語学的に見ても，移民の集まる大都市でも伝統的な多言語地域でもないこの地の言語状況はこれまでまったく注目されてこなかった。

しかし，私の研究関心にとって，この町はきわめて魅力的であった。すでに予備調査で，この国境地域では理屈上考えられるすべての種類の方略が実際に使われていることがわかっていた。国民国家の辺境は異言語との出会いの最前線でもあるのだ。

学生の頃，ドイツ留学中の1994年の春休み，新設されたばかりのヴィアドリナ・ヨーロッパ大学のポーランド語講座に参加したことがある。日本国籍の私は当時，ポーランド入国にビザが必要であった。ドイツに戻ると滞在ビザが失効するというので，一度もフランクフルト側に行けずに，講座が行われたスウビツェで過ごした。ポーランド語を学ぶためにはよかったのかもしれないが，すぐ川向こうのドイツ側に行けない寂しさを味わった。

今回の滞在では，国境地域は大きく変貌していた。到着後まもなく，かつて私の自由な移動を妨げた国境検問所が取り壊される現場に立ち会うことができ，感無量であった。現地に行く前は，一本しかない橋を越えて行われる各種の異言語間コミュニケーションにできる限りすべて参加して調査を行いたいと考えていた。しかしその見込みの甘さはすぐに明らかになった。実のところ，あまりにも越境協力・交流が多く，参加するどころかその全体像すら到底把握しきれないほどであったのである。

現地滞在中の調査記録と，在外研究前後に少しずつ調べてきた言語的媒介方略に関するヨーロッパの議論を合わせてまとめたのが本書である。これまでの私の研究のなかでは，本書は，過度な英語依存から脱却する方法を探った『「節英」のすすめ』(木村2016)の続編であるとともに，ヨーロッパの言語社会に関する研究の出発点でもあった『言語にとって「人為性」とは何か』（木村2005）の姉妹編でもある。木村（2005）では，大言語（英語やドイツ語）を話すことができるのにあえて少数言語（ケルノウ〔コーンウォール〕語やソルブ語）を使おうとする動きを取り上げた。それに対して本書では，共通する言語を持たない場合のさまざまなつながり方を考察した。言語境界の形成維持と乗り越えという逆方向の社会言語的現象を扱った両書に通底する問いは，言語的な多様性がいかなる意味を持つのかということである。

この間，少数言語に関しては日本でも良書が多く出版されるようになったが，ことばの壁をこえる方法の多様性とその意義については，ほとんど意識されていないようにみえる。日本語で本書を書く動機となったのは，異言語間コミュニケーションのさまざまな可能性や実態が知られていない状況に一石を投じたいという思いであった。

本書の刊行までには，多くの力添えをいただいた。すべてをあげることは不可能なので，ここでは，直接内容に関わることに絞る。本書の内容の多くは，日本語，ドイツ語，ポーランド語，英語，エスペラントで発表する機会が与えられ，また原稿化したものに基づいている（参考文献の拙稿参照)。発表や原稿の編集・査読で貴重な指摘を多々いただいた。また勤務する上智大学では，国際言語情報研究所の媒介言語に関する共同研究で，同僚とよい意見交換ができた。調査結果をまとめる過程では，北海道大学スラブ・ユーラシア研究センターで客員教授・研究員を務める機会をいただき，発表や議論の機会を通じて境界研究の観点からの多くの刺激を受けた。

本書の諸論点に関しては，上田直輝，かどやひでのり，貞包和寛，佐野彩，高橋絹子，西島佑，西山教行，平野恵実，布川あゆみ，藤井碧，藤原康弘，山川和彦，山下仁，山田寛人の各氏から貴重な指摘を得たほか，授業で取り上げた際の学生の反応からもさまざまな気づきを与えられた。感謝して記したい。

本書を刊行することができたのは，ベテラン編集者の辻村厚氏のおかげである。同氏の在職中の最後の企画（の一つ）として，長年，同社の刊行物から多くを学んできた大修館書店から本書を出すことができたのは幸いであった。

感謝は尽きないが，紙面が尽きた。あとは読者に委ねたい。

参考文献

エーコ，ウンベルト（上村忠男／廣石正和訳）（1995）『完全言語の探求』平凡社

欧州評議会（吉島茂／大橋理恵ほか訳・編）（2004）『異言語の学習，教授，評価のためのヨーロッパ共通参照枠』朝日出版社

欧州評議会言語政策局（山本冴里訳）（2016）『言語の多様性から複言語教育へ―ヨーロッパ言語教育政策策定ガイド』くろしお出版

大谷泰照（2010）「欧州連合（EU）の言語教育政策」大谷泰照（編集代表），9–24

____（編集代表）『EU の言語教育政策』くろしお出版

大場建治編（2005）『真夏の世の夢（対訳・注解）』研究社

尾辻恵美（2016）「レパートリー，ことばの教育と市民性形成―ことばの共生をめざす市民性形成教育とは」細川英雄／尾辻恵美／マルチェッラ・マリオッティ編『市民性形成とことばの教育―母語・第二言語・外国語を超えて』くろしお出版，20–41

オプヒュルス鹿島，ライノルト（2010）「若きドイツ映画におけるヨーロッパ」『ヨーロッパ映画の現在』（上智大学ヨーロッパ研究所研究叢書 5），101–118

粕谷雄一（2017）「日本の外国語教育における「間言語理解」の意義について」『言語文化論叢』（金沢大学）21，55–81

かどや・ひでのり／ましこ・ひでのり編著（2017）『行動する社会言語学』三元社

川喜田敦子（2019）『東欧からのドイツ人の「追放」』白水社

木村護郎クリストフ（2005）『言語にとって「人為性」とはなにか―言語構築と言語イデオロギー：ケルノウ語・ソルブ語を事例として』三元社

____（2009）「異なる言語を用いる人が出会うとき―媒介言語論の射程と課題」木村／渡辺編，1–19

____（2013）「書評　英語のメガホンをとれ！：世界の英語化による公正のすすめ Philippe van Parijs, Linguistic Justice for Europe & for the World」『社会言語学』13，187–193

____（2016）『節英のすすめ―脱英語依存こそ国際化・グローバル化対応のカギ！』萬書房

____（2017a）「原発と英語―日本における普及過程，問題構造および対策の共通性」かどや／ましこ編著，153–180

____（2017b）「言語における「自然」と「人為」―説明用語から分析対象への転換」かどや／ましこ編著，47–66

____（2017c）「つながり方を探るドイツ・ポーランド国境地域」平高史也／木村護郎クリストフ（編著）『多言語主義社会に向けて』くろしお出版，194–206

____（2018a）「言語が異なる人と何語でどのように話すのか―お互いの言語を使う意義と方法について」泉水浩隆編『ことばを教える・ことばを学ぶ　複言語・複文化・ヨーロッパ言語共通参照枠（CEFR）と言語教育』行路社，87–108

____（2018b）「異言語間コミュニケーションにおける学校の可能性―ドイツ・ポーランド国境の事例から」林徹／安達真弓／新井保裕（編）『学校を通して見る移民コ

ミュニティ』(『東京大学言語学論集』別冊 2), 93–100
____ (2019)「境界研究へのアプローチとしての言語管理—中央ヨーロッパ国境地域の事例から」『境界研究』9, 47–58
____ (2020)「ヨーロッパの言語政策と言語使用—言語の多様性にどう向き合うのか」上智大学外国語学部ヨーロッパ研究コース編『新しいヨーロッパ学』上智大学出版, 190–209
____ (2021)「異言語間コミュニケーション方略としての言語混合—ドイツ・ポーランド国境地域の事例から」『境界研究』11, 1–18
____ (準備中)「日本社会を開く妨げとしての英語偏重」村田和代編著『海外からの移住者と共存にむけて』(仮題) ひつじ書房
____／泉邦寿／市之瀬敦／リサ・フェアブラザー／シモン・テュシェ (2013)「比較媒介言語論序説」『Sophia Linguistica』60, 81–103
____／リサ・フェアブラザー／シモン・テュシェ／市之瀬敦／武田加奈子 (2020)「現代世界における「国際語」の比較研究—言語社会学的観点から」『Sophia Linguistica』69, 55–72
____／渡辺克義 (編) (2009)『媒介言語論を学ぶ人のために』世界思想社
クリスタル, デイヴィッド (國弘正雄訳) (1999)『地球語としての英語』みすず書房
黒子葉子 (2020)「国際補助語としてのエスペラントと中立性：ドイツ・ベルギー国境地帯の複言語的状況の特殊性に着目して」『獨協大学ドイツ学研究』77, 35–70
ケリー, マイケル (齊藤美野訳) (2011)「ヨーロッパにおける異文化コミュニケーション研究—政策との関係」鳥飼玖美子・野田研一・平賀正子・小山亘編『異文化コミュニケーション学への招待』みすず書房, 101–120
ザメンホフ, L. L. (水野義明編訳) (1997)「エスペラントの起源」『国際共通語の思想』新泉社, 158–171
椎名佳代／平高史也 (2006)『異文化間ビジネスコミュニケーションにおける通訳者の役割』(総合政策学ワーキングペーパー 86)
ジオルダン, アンリ (佐野直子訳) (2004)「ヨーロッパにおける言語問題」『ヨーロッパの多言語主義はどこまできたか』(『ことばと社会』別冊 1) 三元社, 63–79
瀬上和典 (2019)「機械翻訳の限界と人間による翻訳の可能性」瀧田／西島編, 105–140
高橋陽太郎 (2013)『認知心理学』放送大学教育振興会
瀧田寧／西島佑編著 (2019)『機械翻訳と未来社会』社会評論社
寺島俊穂 (2015)「国際語」押村高編著『政治概念の歴史的展開 第 7 巻』晃洋書房, 223–244
バーク, ピーター (原聖訳) (2009)『近世ヨーロッパの言語と社会』岩波書店
バッジオーニ, ダニエル (今井勉訳) (2006)『ヨーロッパの言語と国民』筑摩書房
ハーバーマス, ユルゲン (三島憲一編訳) (2019)『デモクラシーか資本主義か—危機のなかのヨーロッパ』岩波書店
ファン, サウクエン (2014)「琉球諸語教育の教材を作るために」下地理則／パトリック・ハインリッヒ編『琉球諸語の保持を目指して』ココ出版, 296–327
フィリプソン, ロバート (平田雅博ほか訳) (2013)『言語帝国主義』三元社

マクルーハン，マーシャル（栗原裕／河本仲聖訳）（1987）『メディア論』みすず書房
松岡弘（2009）「ヴェクセル：多言語社会の中の第二言語学習の一風景—チェコ・モラヴィア地方と下オーストリア州の子供交換」『日本語と日本語教育』37，93-114
松岡弘（2011）「ハプスブルク朝オーストリアのミリテア・アカデミーにおける第二言語教育：主としてチェコ語教育について：多言語社会の中の第二言語学習の一風景：（その2）」『日本語と日本語教育』39，89-122
三木一彦（2008）「アルザス地方の言語問題—地域言語の展開と現状」手塚章／呉羽正昭編『ヨーロッパ統合時代のアルザスとロレーヌ』二宮書店，59-73
三谷惠子（2012）「「境界」と「媒体」—言語から見た中欧」『思想』4月号，73-91
山川智子（2016）「ヨーロッパに見る英語とのつきあい方」山本忠行／江田優子ペギー編『英語デトックス　世界は英語だけじゃない』くろしお出版，143-157
山田寛人（2001）「大言語話者による小言語学習／教育／研究の陥穽—「ありがたがられ効果」という用語の提案」『社会言語学』1，101-103
山本真弓／臼井裕之／木村護郎クリストフ（2004）『言語的近代を超えて』明石書店
リュディ，ジョルジュ（大山万容訳）（2019）「移民の複言語能力—受け入れ社会にとっての課題と利点（スイスの視点から）」西山教行／大木充編著『グローバル化のなかの異文化間教育—異文化間能力の考察と文脈化の試み』明石書店，182-199
渡辺克義（2009）「エスペラント文学の可能性」木村／渡辺（編），312-339

Alcalde, Javier (2018) Tri Esperantaj projektoj de Silvio Gesell, en: Gotoo Hitosi, José Antonio Vergara & Kimura Goro C. (Red.) *En la mondon venis nova lingvo*, Mondial, 372-391
Ammon, Ulrich (Hg.) (2000) *Sprachförderung: Schlüssel auswärtiger Kulturpolitik,* Lang
____ (2006) Language conflicts in the European Union. On finding a politically acceptable and practicable solution for EU institutions that satisfies diverging interests, *International Journal of Applied Linguistics* 16: 3, 319-228
____ (2015) *Die Stellung der deutschen Sprache in der Welt*, de Gruyter
Auer, Peter (1999) From code-switching via language mixing to fused lects: toward a dynamic typology of bilingual speech, *International Journal of Bilingualism* 3: 4, 309-332
Auswärtiges Amt (2015) Deutsch als Fremdsprache weltweit. Datenerhebung 2015, 〈https://www.goethe.de/resources/files/pdf35/Bro_Deutschlernerhebung_final.pdf〉
____ (2020) Deutsch als Fremdsprache: Sprachförderung weltweit, 〈https://www.auswaertiges-amt.de/de/aussenpolitik/themen/kulturdialog/deutschesprache/200988〉
Backus, Ad, Durk Gorter, Karlfried Knapp, Rosita Schjerve-Rindler, Jos Swanenberg, Jan D. ten Thije & Eva Vetter (2013) Inclusive Multilingualism: Concept, Modes and Implications, *European Journal of Applied Linguistics* 2/2013, 179-216
____ & J. Norman Jørgensen (2011) Code-Switching, in: Jørgensen (ed.), 25-42
____, László Marácz & Jan D. ten Thije (2011) A Toolkit for Multilingual Communication in Europe: Dealing with Linguistic Diversity, in: Jørgensen (ed.), 5-24
Bagłajewska-Miglus, E., A. Bahr & A. Grimm (Hg.) (2020) *Gelebte Mehrsprachigkeit*, Europa-Universität Viadrina
Barandovská-Frank, Vera (2002) Latein. Ein Überblick über eine moderne internationale

Sprache, *LPLP* 26 : 2, 179–192

Barbier, Jean-Claude（2018）The Myth of English as a Common Language in the European Union（EU）and Some of Its political Consequences, in : Gazzola et al.（eds.）, 209–229

Beerkens, Roos（2010）*Receptive Multilingualism as a language mode in the Dutch-German border Area*, Waxmann

Bender, Peter（2005）Normalisierung wäre schon viel, *Aus Politik und Zeitgeschichte* 5-6/2005, 3–9

Berthoud, Anne-Claude, François Grin & Georges Lüdi（2012）*The DYLAN project booklet. DYLAN project main findings*, SCIPROM

____, François Grin & Georges Lüdi（2013）Conclusion, in : Berthoud et al.（eds.）, 429–435

____, F. Grin & G. Lüdi（eds.）（2013）*Exploring the Dynamics of Multilingualism*, Benjamins

Bień-Lietz, M. & T. Vogel（Hg.）（2008）*Frühstart in die Nachbarsprache. Handbuch für den Spracherwerb in der deutsch-polnischen Grenzregion*, Europa-Universität Viadrina

Blees, Gerda J., Willem M. Mak & Jan D. ten Thije（2014）English as a lingua franca versus lingua receptiva in problem-solving conversations between Dutch and German students, *Applied Linguistics Review* 5 : 1, 173–193

Bliesener, Ulrich（2002）Mehrsprachigkeit – bloße Utopie oder doch realistische Forderung?, in : H. P. Kelz（Hg.）*Die sprachliche Zukunft Europas. Mehrsprachigkeit und Sprachenpolitik*, Nomos, 209–230

Blommaert, Jan（2010）*The Sociolinguistics of Globalization*, Cambridge UP

Bollmann, Sören（2015）*Einbruch in die halbe Stadt*, KLAK

____（2013）*Mord in der halben Stadt*, KLAK［ポーランド語版 *Morderstwo w Dwumieście*, KLAK 2016］

____ & Agnieszka Zdziabek-Bollman（2006）Balanceakte : Wie Interkulturelles Training, Coaching, zweisprachige Moderation, Kontaktvermittlung und Beratung zum Erfolg deutsch-polnischer Wirtschaftskooperation beitragen, in : D. Busch（Hg.）*Interkulturelle Mediation in der Grenzregion*, Lang, 251–277

Braunmüller, Kurt（2007）Receptive multilingualism in Northern Europe in the Middle Ages. A description of a scenario, in : ten Thije & Zeevaert（eds.）, 25–47

Brosch, Cyril & Sabine Fiedler（2017）Der spezifische Beitrag des Esperanto zum propädeutischen Effekt beim Fremdsprachenlernen, *Jahrbuch der Gesellschaft für Interlinguistik 2017*, 11–38

____ & Sabine Fiedler（2018）Esperanto and Linguistic Justice : An Empirical Response to Sceptics, in : Gazzola et al.（eds.）, 499–536

Busch, M., T. Lis & N. Teichmüller（Hg.）（2016）Bildung grenzenlos vernetzen. Transnationale Bildungs- und Partizipationslandschaften in europäischen Grenzregionen, Schloß Trebnitz Bildungs- und Begegnungszentrum e.V.

Byram, M. & A. Hu（eds.）*Routledge encyclopedia of language teaching and learning*（2nd ed.）, Routledge

Candelier, M.（coordinator）（2012）*A Framework of Reference for Pluralistic Approaches to*

Languages and Cultures, European Centre for Modern Languages / Council of Europe
Christiansen, Pia Vanting (2006) Language policy in the European Union: European / English / Elite / Equal / Esperanto Union?, *LPLP* 30: 1, 21–44
Crystal, David (2019) *The Cambridge Encyclopedia of the English Language* (3rd ed.), Cambridge UP
Cogo, Alessia (2016) English as a Lingua Franca in Europe, in: Linn (ed.), 79–89
Corsetti, Renato (2007) Malferme al la mondo kaj ne nur al ni mem, *Esperanto*, 7–8/2007, 147
Coulmas, Florian (2005) *Sociolinguistics. The study of speakers' choices*, Cambridge UP
Council of Europe (2020) *Common European Framework of Reference for Languages: Learning, teaching, assessment. Companion volume with new descriptors*, 〈http://www.coe.int/lang-cefr〉
Cybulka, Anna (2007) Sprachmittler/Dolmetscher, in: Deutsch-Polnisches Jugendwerk, 42–43
Čolić, S. (red.) (2011) *Eŭropa Unio. Lingvaj kaj kulturaj aspektoj*, elbih [Esperanto-Ligo de Bosnio kaj Hercegovino]
Damus, Sahra (2009) Polnisch als Qualifikation auf dem grenznahen Arbeitsmarkt. Sprachlernmotivationen von Schülern in Frankfurt (Oder) und Görlitz, in: Forschungsstelle Osteuropa (Hg.) *Das Ende des postsozialistischen Raums? (Ent-)Regionalisierung in Osteuropa*, 59–63, 〈http://epub.sub.uni-hamburg.de/epub/volltexte/2010/4239/pdf/fsoAP104.pdf〉
De Schutter, Helder (2018) Linguistic justice and English as a Lingua Franca, in: Kraus & Grin (eds.), 167–199
____ & D. Robichaud (eds.) (2016) *Linguistic Justice. Van Parijs and his critics*, Routledge
DEB (=Deutscher Esperanto-Bund) (2012) Sonnenberger Leitsätze zur europäischen Sprachenpolitik, 〈https://www.esperanto.de/de/enhavo/gea/positionen〉
Deutsch-Polnisches Jugendwerk (Hg.) (2005) *Polnisches abc*, Potsdam & Warszawa
____ (Hg.) (2007) *Und was machen wir heute? Aspekte einer deutsch-polnischen Jugendbewegung. Deutsch-Polnische Werkstatt Teil 2*
Dirscherl, Klaus (2004) Der Dritte Raum als Konzept der interkulturellen Kommunikation, in: J. Bolten (Hg.): *Interkulturelles Handeln in der Wirtschaft*, Wissenschaft & Praxis, 12–24
Edwards, John (2010) *Minority Languages and Group Identity*, Benjamins
____ (2012) *Multilingualism. Understanding Linguistic Diversity*, continuum
Eichinger, Ludwig M. (2010) Alte und neue Mehrsprachigkeit als Herausforderung für Europa, in: E. W. B. Hess-Lüttich, A. Czeglédy & U. H. Langanke (Hg.) *Deutsch im interkulturellen Begegenungsraum Ostmitteleuropa*, Lang, 31–43
European Commission (2008) A Rewarding Challenge: How the Multiplicity of Languages Could Strengthen Europe. Proposals from the Group of Intellectuals for Intercultural Dialogue set up at the initiative of the European Commission
____ (2010) Special Eurobarometer 337. Geographical and labour market Mobility. Summa-

ry, 〈http://data.europa.eu/88u/dataset/S803_72_5_EBS337〉
____ (2011) Lingua Franca: Chimera or Reality? (Studies on translation and multilingualism 1/2011), 〈https://translationjournal.net/e-Books/lingua-franca-chimera-or-reality.html〉
____ (2012a) Special Eurobarometer 386. Europeans and their languages, 〈https://data.europa.eu/euodp/en/data/dataset/S1049_77_1_EBS386〉
____ (2012b) Intercomprehension (Studies on translation and multilingualism 4/2012), 〈http://translationjournal.net/images/e-Books/PDF_Files/Intercomprehension.pdf〉
European Council (2019) Recommendation of 22 May 2019 on a comprehensive approach to the teaching and learning of languages, 〈https://eur-lex.europa.eu/legal-content/EN/TXT/?uri=uriserv%3AOJ.C_.2019.189.01.0015.01.ENG&toc=OJ%3AC%3A2019%3A189%3ATOC〉
European Institutions (European Parliament, Council of the European Union, European Commission, CURIA) (2019) New Technologies and Artificial Intelligence in the field of language and conference services. Host paper by the European Union Institutions for the 2019 International Annual Meeting on Language Arrangements, Documentation and Publications (IAMLADP), 27–29 May, Brussels, 〈https://ec.europa.eu/info/sites/info/files/final_host_paper_iamladp2019_en_version. pdf〉
Euroregion Pro Viadrina (2011) *Konferenzbericht. Perspektiven für die grenzübergreifende Zusammenarbeit in der Euroregion Pro Europa Viadrina, Frankfurt (Oder), 27.5.2011*
Euro-Schulen (Hg.) (2007) *Piękny polski. Polnische Redewendungen für den Alltag* [CD]
Fettes, Mark (2003) The geostrategies of interlingualism, in: J. Maurais & M. A. Morris (eds.) *Languages in a Globalising World*, Cambridge UP, 37–45
____ (2013) Esperanto, in: Byram & Hu (eds.), 228–231
Fiedler, Sabine (2006) Standardization and self-regulation in an international speech community: the case of Esperanto, *International Journal of the Sociology of Language* 177: 67–90
____ (2015) The topic of planned languages (Esperanto) in the current specialist literature, *LPLP* 39: 1, 84–104
____ & Cyril Brosch (in press) *Esperanto: Lingua franca and language community*, Benjamins
Finkenstaedt, Thomas & Konrad Schröder (1991[2] (1990)) *Sprachenschranken statt Zollschranken? Grundlegung einer Fremdsprachenpolitik für das Europa von morgen*, Stifterverbad für Deutsche Wissenschaft
Fischer, Katrin, Sonja Dünstl & Alexander Thomas (2007) *Beruflich in Polen. Trainingsprogramm für Manager, Fach- und Führungskräfte*, Vandenhoeck & Ruprecht
Flores, Nelson (2013) The unexamined relationship between neoliberalism and plurililngualism: A cautionary tale, *TESOL Quarterly* 47: 3, 500–520
Formaggio, Elisabetta Vilisics (1995) *Lingva Orientado per Esperanto*, "Esperanto" Radikala Asocio
Furmanek, David & Bärbel Lydia Wolfgramm (2020) Sprachen bewegen — viadrina sprachen gmbh, in: Bagłajewska-Miglus et al. (Hg.), 56–68
Gados, László (2011) Kial Eŭropa Unio ne povas oficiale havi komunan lingvon?, en: Čolić

(red.), 134–158

Gazzola, Michele (2014) *The Evaluation of Language Regimes. Theory and application to multilingual patent organisations*, Benjamins

____ (2016) Multilingual communication for whom? Language policy and fairness in the European Union, *European Union Politics* 17, 546–596

____ & François Grin (2013) Is ELF more effective and fair than translation? *International Journal of Applied Linguistics* 23 : 1, 93–107

____, Torsten Templin & Bengt-Arne Wickström (2018) How does foreign language teaching influence the costs of migration?, in ; Grin (gen. ed.), 44–45

____, T. Templin & B.-A. Wickström (eds.) (2018) *Language Policy and Linguistic Justice. Economic, Philosophical and Sociolinguistic Approaches*, Springer

Gerhards, Jürgen (2010) *Mehrsprachigkeit im vereinten Europa*, VS Verlag

Gnutzmann, Claus (2013) Lingua franca, in : Byram & Hu (eds.), 413–416

Gobbo, Federico & László Marácz (2021) Two Linguas Francas? Social Inclusion through English and Esperanto, *Social Inclusion* 9 : 1, 75–84

Graddol, David (2006) *English Next*, British Council, 〈https://www.teachingenglish.org.uk/sites/teacheng/files/pub_english_next.pdf〉

Grammes, Tilman (2016) Bildung für Europa : Ein deutsch-polnisches Gespräch, in : M. Busch et al. (Hg.), 87–109

Grin, François (2008) Principles of policy evaluation and their application to multilingualism in the European Union, in : X. Arzoz (ed.) *Respecting Linguistic Diversity in the European Union*, Benjamins, 73–83

____ (2013) Language policy, ideology, and attitudes, in : R. Bayley, R. Cameron & C. Lucas (eds.) *The Oxford Handbook of Sociolinguistics*, Oxford UP, 629–650

____ (2018) On some fashionable terms in multilingualism research, in : Kraus & Grin (eds.), 247–274

____ (general editor) (2018) *The MIME Vademecum*, 〈www.mime-project.org〉

Grosjean, Mireille (2011) Svislando : la arto interkompreniĝi, *Monato*, 3/2011, 23–24

Grzega, Joachim (2011) Putting English for Global Communication into Teaching Practice, in : I.-A. Busch-Lauer & S. Fiedler (Hg.) *Sprachraum Europa*, Franke & Timme, 107–141

Habermas, Jürgen (transl. Max Pensky) (2001) *The Postnational Constellation. Political Essays*, Polity

Haffner, Peter (2002) *Grenzfälle*, Eichborn

Handlungsplan, Frankfurt-Słubicer 2010–2020 [beschlossen am 29.04.2010 durch die Frankfurter und Słubicer Stadtverordnetenversammlungen]

Hoffmann, Hellmut (2000) Die Politik der Bundesregierung Deutschlands zur Förderung der deutschen Sprache im Ausland, in : Ammon (Hg.), 61–71

Hufeisen, B., D. Knorr, P. Rosenberg, C. Schroeder, A. Sopata & T. Wicherkiewicz (Hg.) (2018) *Sprachbildung und Sprachkontakt im deutsch-polnischen Kontext*, Lang

Hufeisen, Britta & Chris Merkelbach (2020) 65 Thesen für ein mehrsprachiges Europa, in : Bagłajewska-Miglus et al. (Hg.), 70–79

Hülmbauer, Cornelia (2014) A matter of reception: ELF and LaRa compared, *Applied Linguistics Review* 5: 1, 273–295

____ & Barabara Seidlhofer (2013) English as a lingua franca in European multilingualism, in: Berthoud et al. (eds.), 387–406

Ikonomu, Demeter Michael (2008) *Mehrsprachigkeit und ihre Rahmenbedingungen. Fremdsprachenkompetenz in den EU-Ländern*, Lang

Jajeśniak-Quast, Dagmara (2017) B/ORDER IN MOTION: The German-Polish Border from the System Transformation until the Present-Day European Integration, *Eurasia Border Review* 8, 31–44

Janssens, Rudi, Virginie Mamadouh & László Marácz (2011) Languages of Regional Communication (*ReLan*) in Europe, in: Jørgensen (ed.), 69–101

Jańczak, Barbara Alicja (2016) German-Polish Borderscapes: Bordering and Debordering of Communication, *Universal Journal of Educational Research* 4: 9, 2024–2031

____ (2018a) Linguistische "Grenzschaften": Kommunikationsstrategien in der deutsch-polnischen Grenzregion am Beispiel von Bewohnern der polnischen Städte Zgorzelec und Łęknica, in: Hufeisen et al. (Hg.), 189–217

____ (2018b) Borderlands as Spaces of Transition. The Communication of Polish Vendors in the German-Polish Border Region by the Example of Forms of Address, in: Jańczak (ed.), 89–103

____ (2018c) German-Polish Transborder Learining: Symmetries and Asymmetries in Language Acquisition and Bilingual Education in the Frankfurt (Oder)-Słubice "Border Twin Town", *Slavia Iaponica* 21, 7–26

____ (ed.) (2018) *Language Contact and Language Policies Across Borders: Construction and Deconstruction of Transnational and Transcultural Spaces*, Logos

Jańczak, Jarosław (2018) Cross-border urbanism on the German-Polish border. Between spatial de-boundarization and social (re-)frontierization, in: E. Boesen & G. Schnuer (eds.) *European Borderlands. Living with Barriers and Bridges*, Routledge, 47–63

____ (2020) Re-bordering in the EU under Covid-19 in the First Half of 2020: A Lesson for Northeast Asia?, *Eurasia Border Review* 11, 2–16

Jenkins, Jennifer (2007) *English as a Lingua Franca*, Oxford UP

____ (2015) Repositioning English and multilingualism in English as a Lingua Franca, *Englishes in Practice* 2: 3, 49–85

Jørgensen, N. J. (ed.) (2011) *A Toolkit for Transnational Communication in Europe*, University of Copenhagen, Faculty of Humanities

Kamusella, Tomasz & Motoki Nomachi (2014) The Long Shadow of Borders: The Cases of Kashubian and Silesian in Poland, *Eurasia Border Review* 5: 1, 35–59

Kelbling, Michael (2007) Stichwort: Sprachliche Kommunikation, in: Deutsch-Polnisches Jugendwerk (Hg.), 41

Kimura, Goro Christoph (2011) Eine Typologie interlingualer Kommunikationsmöglichkeiten, in: S. Fiedler & C. Brosch (Hg.) *Florilegium Interlinguisticum*, Lang, 29–46

____ (2012) Esperanto and minority languages, *LPLP* 36: 2, 167–181

____ (2013a): Polnisch im Kontext der Arbeitnehmerfreizügigkeit in der deutsch-polnischen Grenzregion, *Polnisch in Deutschland* 1, 35–43

____ (2013b) Strategie komunikacji językowej na polsko-niemieckim pograniczu, *Język. Komunikacja. Informacja* 8, 109–124

____ (2014) Arbeitnehmerfreizügigkeit und Sprache / Swoboda przepływu pracowników a znajomość języka, in: D. Jajeśniak-Quast, L. Kiel, M. Kłodnicki (Hg./red.) *Arbeitnehmerfreizügigkeit zwischen Deutschland und Polen / Swobodny przepływ pracowników między Polską i Niemcami*, epubli, 103–122, 249–267

____ (2015) Grundzüge interlingualer Kommunikationsstrategien — dargestellt am Beispiel der deutsch-polnischen Grenzregion, *Sophia Journal of European Studies* 7, 59–88

____ (2016) 'Deteritoriiĝo' ĉe la german-pola landlima regiono kaj ĝia signifo por la malplimulta soraba lingvo, en: M. C. Junyent (ed.) *La territorialitat lingüística*, Horsori, 113–125

____ (2017a) Interlinguale Strategien als Element der Interkulturalität: Dargestellt am Beispiel des Sprachmanagements einer deutsch-polnischen Theaterinszenierung, *Aussiger Beiträge. Germanistische Schriftenreihe aus Forschung und Lehre* 11, 141–154

____ (2017b) Signs of De-territorialization?: Linguistic Landscape at the German-Polish Border, *Eurasia Border Review* 8, 45–58

____ (2017c) Esperanto als Brückensprache zwischen Deutschen und Polen, in: F. Wollenberg (red.) *Esperanto — Sprache und Kultur in Berlin und Brandenburg*, Mondial, 316–324

____ (2018a) Alternative interlingual strategies for crossing linguistic borders: Theoretical possibilities and their realization at the German-Polish border, in: Jańczak (ed.), 73–88

____ (2018b) Rezeptive Zweisprachigkeit in der deutsch-polnischen Grenzregion, in: Hufeisen et al. (Hg.) *Sprachbildung und Sprachkontakt im deutsch-polnischen Kontext*, Lang, 219–240

____ (2019a) Interlinguale Strategien im Vergleich: allgemeine Eigenschaften und deutsch-polnische Anwendungen, *Jahrbuch der Gesellschaft für Interlinguistik 2019*, 43–57

____ (2019b) Strategie komunikacji transgranicznej: perspektywa polsko-niemiecka a sytuacja w Japonii, *Język. Komunikacja. Informacja* 14, 85–101

____ (2020a) The bridging role of the researcher between different levels of language management: The case of a research project at the German-Polish border, in: Kimura & Fairbrother (eds.), 237–253

____ (2020b) Komunikado per Esperanto en interlingva komparo, in: I. Koutny, I. Stria, M. Farris (red.): *Rolo de lingvoj en interkultura komunikado*, RYS, 31–40

____ (2020c) Sprachmischung als Strategie der Grenzüberwindung: Beispiele aus der deutsch-polnischen Grenzregion, in: Muroi, Y. (Hg.) *Einheit in der Vielfalt? Germanistik zwischen Divergenz und Konvergenz*, iudicium, 832–840

____ & Fairbrother, L. (eds.) (2020) *A language management approach to language problems: Integrating macro and micro dimensions*, Benjamins

Kooperationszentrum, Frankfurt-Słubicer (2011) *Nachbarsprache in Kitas und Schulen in Frankfurt (Oder) und Słubice*

Kraus, P. A. & F. Grin (eds.) *The Politics of Multilingualism. Europeanisation, globalization and linguistic governance*, Benjamins

Kunert, Matthias (2005) Grenzüberschreitende Elitennetzwerke für die gemeinsame Entwicklung einer geteilten Grenzstadt, in: K. Friedrich, R. Knippschild, M. Kunert, M. Meyer-Künzel & I. Neumann (Hg.) *Zwei Grenzstädte wachsen zusammen*, Oekom, 49–63

Kurzwelly, Michael (Koordinator) (2012) *Nowa Amerika 2013 (Kalenderz)*, Słubfurt e.V.

____ (2014) Gebrauchsanleitung, in: M. Kurzwelly (Red.) *Nowa Amerika. Ein Land dazwischen | Kraj pomiędzy*, Słubfurt e.V., 4–5.

Landry, Rodrigue & Richard Y. Bourhis (1997) Linguistic Landscape and Ethnolinguisitc Vitality: An Empirical Study, *Journal of Language and Social Psychology* 16: 1, 23–49

Lindstedt, Jouko (2005) Interlingva komunikado sen interlingvo: la balkania modelo, en: Christer Kiselman (ed./red.): *Simpozio pri interkultura komunikado*, KAVA-PECH, 16–24

Linn, Andrew (2016) Introduction in: Linn (ed), 1–11

____ (ed.) (2016) *Investigating English in Europe*, de Gruyter

Liszka, Józef (2009) Kinderaustausch als Methode des Fremdsprachenerwerbs, in: P. Lozoviuk (Hg.) *Grenzgebiet als Forschungsfeld*, Leipziger Universitätsverlag

Lüdi, Georges (2007) The Swiss model of plurilingual communication, in: ten Thije & Zeevaert (eds.), 159–178

MacKenzie, Ian (2014) *English as a Lingua Franca*, Routledge

Mackiewicz, Wolfgang (2009) Translation as a strategy for multilingualism, *European Journal of Language Policy* 1: 1, 65–75

Marácz, László (2018a) Why should we combine different communication strategies?, in: Grin (gen. ed.), 102–103

____ (2018b) Languages, norms and power in a globalized context, in: Kraus & Grin (eds.), 223–243

Marx, Christoph & Marek Nekula (2014) Verständigung und Sprachmanagement in deutsch-tschechischen Grenzorganisationen, in: N. Engel et al. *Grenzen der Grenzüberschreitung. Zur "Übersetzung" deutsch-tschechischer Grenzorganisationen*, transcript, 45–121

Matzdorf, Jana (2016): Aufwachsen in der Grenzregion: Transnationale Lebenswelten in der Wahrnehmung von Kindern und Jugendlichen, in: Busch et al. (Hg.), 127–146

Melo-Pfeifer, Sílvia (2018) Interkomprehension in der mehrsprachigen Interaktion, in: Melo-Pfeifer & Reimann (Hg.), 205–225

____ & D. Reimann (Hg.) (2018) *Plurale Ansätze im Fremdsprachenunterricht in Deutschland. State of the art, Implementierung des REPA und Perspektiven*, Narr Francke Attempto

Memorandum zur Nachbarsprachenbildung in den deutsch-polnischen und deutsch-tschechischen Grenzregionen. Ergebnis der Tagung "Frühes Nachbarsprachenlernen im deutsch-polnischtschechischen Grenzraum. Forschung trifft Praxis." vom 18. bis 20. November 2018 in Wulkow (Einladung: Sprachenzentrums der Europa-Universität Viadrina und der Sächsischen Landesstelle für frühe nachbarsprachige Bildung (LaNa))

Meulleman, Machteld & Alice Fiorentino (2018) How can intercomprehension be used in professional contexts?, in: Grin (gen. ed.), 158–159

Mędra, Dorota (2013) Tożsamość językowa oraz kulturowa dzieci polskich migrantów w rodzinach mono- i bilingwalnych, *Polnisch in Deutschland* 1, 94-97

Miller, Darius, Christopher Lucht, Beata Rauch & Nikolaus Teichmüller (2016) Qualitätskriterien für deutsch-polnische Jugendarbeit, in: Busch et al. (Hg.), 28-47

MWLB (=Ministerium für Wirtschaft des Landes Brandenburg) (Hg.) (2008) *Operationelles Program zur grenzüberschreitenden Zusammenarbeit — Polen (Wojewodschaft Lubuskie) — Brendenburg 2007-2013 im Rahmen der "Europäischen Territorialen Zusammenarbeit"*

Minnaja, Carlo & Giorgio Silfer (2015) *Historio de la Esperanta Literaturo*, LF-koop

Moliner, Oliviere, Ulrike Vogel & Matthias Hüning (2013) Europe's multilingualism in the context of a European Culture of standard languages, in: Berthoud et al. (eds.), 407-428

Motschenbacher, Heiko (2013) *New Perspectives on English as a European Lingua Franca*, Benjamins

Muysken, Peter (2007) Mixed codes, in: P. Auer & Li W. (eds.) *Handbook of Multilingualism and Multilingual Communication*, de Gruyter, 315-339

Nißl, Sandra (2011) *Die Sprachenfrage in der Europäischen Union*, Utz

Ollivier, Christian & Margareta Strasser (2013) *Interkomprehension in Theorie und Praxis*, Praesens

____ & Margareta Strasser (2018) Rezeptive Interkomprehension, in: Melo-Pfeifer & Reimann (Hg.), 187-203

Opiłowska, Elżbieta (2014) The Europeanization of the German-Polish Borderlands, in: K. Stokłosa & G. Besier (eds.): *European border regions in comparison*, Routledge

Ostler, Nicholas (2010) *The Last Lingua Franca: English until the Return to Babel*, Penguin Bloomsbury/Walker

Pankratz, Artur (1920) *Die Welthilfssprache Esperanto in zwei Wochen*, Bromberg [Bydgoszcz]: Selbstverlag des Verfassers

Parkvall, Mikael (2010) How European is Esperanto? A typological study, *LPLP* 34: 1, 63-79

Pennycook, Alastair (2016) Mobile times, mobile terms: The trans-super-poly-metro movement, in: Nikolas Coupland (ed.) *Sociolinguistics*, Cambridge UP, 201-216

____ & Emi Otsuji (2015) *Metrolingualism: language in the city*, Routledge

Pfennig, Werner (2004) Bonvenigo, en: *81a GEK 2004 Neubrandenburg. Kongreslibro*, 3

Phillipson, Robert (2003) *English-Only Europe?*, Routledge

____ (2012) Review. Linguistic Justice for Europe and for the World, *Journal of Contemporary European Studies*, 20: 3, 377-414

____ (2018) English, the *Lingua Nullius* of global hegemony, in: Kraus & Grin (eds.), 275-303

Piller, Ingrid (2016) *Linguistic Diversity and Social Justice*, Oxford UP

____ & Alexandra Grey (2018) General introduction, in: I. Piller & A. Grey (eds.) *Language and Globalization: critical concepts in linguistics*, Routledge, 1-19

PONTES-Agentur (2008) *Spielend lernen — Grenzen überwinden* [DVD]

Posner, Roland (2002) Der polyglotte Dialog, in: S. Pietrowski & H. Frank (Hg.) *Europas*

Sprachlosigkeit. Vom blinden Fleck der "European Studies" und seiner eurologischen Behebung, KoPäd, 186–187
Powszechna Agencja Reklam [sen jaro (1959)] *Polaj Okcidentaj kaj Nordaj Teritorioj* (拡充版 Tedeusz Derlatka & Józef Lubojański, Okcidenta Press-Agentejo 1966)
Przygoński, Krzysztof (2012) *Sociolinguistic aspects of the functioning of English in post-1989 Poland*, Lang
Raasch, Albert (1999) Grenzenlos — durch Sprachen, in: H.-J. Krumm (Hg.) *Die Sprachen unserer Nachbarn — unsere Sprachen*, EVIVA, 63–91
____ (2008) Grenzkompetenz, in: Bień-Lietz & Vogel (Hg.), 9–15
Réaume, Denise (2016) Lingua franca fever, in: De Schutter & Robichaud (eds.), 63–77
Rehbein, Jochen, Jan D. ten Thije & Anna Verschik (2012) Lingua receptiva (LaRa), *International Journal of Bilingualism* 16: 3, 248–264
Reithofer, Karin (2013) Comparing modes of communication: the effect of English as a lingua franca vs. interpreting, *Interpreting* 15: 1, 48–73
Ribbert, Anne & Jan D. ten Thije (2007) Receptive multilingualism in Dutch-German intercultural team cooperation, in: ten Thije & Zeevaert (eds.), 73–101
Rindler-Schjerve, Rosita & Eva Vetter (2007) Linguistic diversity in Habsburg Austria as a model for modern European language policy, in: ten Thije & Zeevaert (eds.), 49–70
____ & Eva Vetter (2012) *European Multilingualism*, Multilingual Matters
Rogall, Joachim (1992) Die "Hambacher Gespräche" der jungen Generation, *Jahrbuch Weichsel-Warte 1992*, 81–83
Rossi, Caroline (2019) Uses and perceptions of machine translation at the European Commission, *Journal of Specialized Translation* 31, 177–200
Schramm, Hilde (2004) ohne Titel, in: RAA Brandenburg (Hg.) *10 Jahre SPOTKANIE heißt BEGEGNUNG / 10 lat SPOTKANIE znaczy BEGEGNUNG*, 23
Schwaiger, Bernhard (2019) Ĉiuj Anglujen, *Internacia Pedagogia Revuo* 2/2019, 14–18
Scollon, Ron & Suzie Wong Scollon (2003) *Discourses in Place: Language in the Material World*, Routledge
Seidel, Astrid (2010) Lehren und Lernen in brandenburgisch-polnischen Grenzregionen, in: A. Geiger-Jaillet (Hg.) *Lehren und Lernen in deutschsprachigen Grenzregionen*, Lang, 79–103
Seidlhofer, Barbara (2011a) *Understanding English as a Lingua Franca*, Oxford UP
____ (2011b) Conceptualizing 'English' for a multilingual Europe, in: A. De Houwer, & A. Wilton (eds.) *English in Europe Today*, Benjamins, 133–146
Sen aŭtoro (1960) *La germanaj orientaj teritorioj. Eŭropa problemo*
Stadtverwaltung Frankfurt (Oder) (2013) Sozioökonomische Analyse für den grenzüberschreitenden Stadtraum Frankfurt (Oder) / Słubice
Stark, Franz (2000) Sprachförderung und Außenpolitik, in: Ammon (Hg.), 93–102
Steinkamp, Anna (2018) Knowledge of foreign languages as key competence in international expansion: a qualitative resource-based analysis of CEOs of European companies, *Sophia journal of European studies* 10, 147–171
Strobel, Georg W. (1999) Die Lindenfelser Gespräche (1964–1974): erstes Forum des

deutsch-polnischen Dialogs in der Nachkriegszeit, in J.-P. Barbian & M. Zybura (Hg.) *Erlebte Nachbarschaft*, Harrasssowitz, 76–91

Studer, Patrick & Iwar Werlen (eds.) (2012) *Linguistic Diversity in Europe*, De Gruyter

Sutton, Geoffrey (2008) *Concise Encyclopedia of the Original Literature of Esperanto*, Mondial

Šatava, Leoš (2000) *Zachowanje a rewitalizacija identity a rěče etniskich mjeńšin*, Serbski institut

Takeda, Kanako & Hiroko Aikawa (2020) Language selection in contact situations: The case of international students in an English-medium science graduate program in Japan, in: Kimura & Fairbrother (eds.), 107–131

Telus, Magdalena (2013) Die Situation der polnischen Sprache in Deutschland, *Polnisch in Deutschland* 1, 6–19

ten Thije, Jan D. (2013) Lingua Receptiva (LaRa), *International Journal of Multilingualism* 10: 2, 137–139

____, Charlotte Gooskens, Frans Daems, Leonie Cornips, Mieke Smits (2016) Lingua Receptiva. Position paper on the European Commsion's Skills Agenda, 〈https://goo.gl/YpUCnL〉

____ & Ludger Zeevaert (eds.) (2007) *Receptive Multilingualism*, Benjamins

Tišljar, Zlatko (2011) enkonduka prelego, en: Čolić (red.), 11–14

Trudgill, Peter (2010) *Investigations in Sociohistorical Linguistics*, Cambridge UP

Tytgat, Kristin (2018) Mehrsprachigkeit und Sprachbewusstheit, in: *Jahrbuch der Gesellschaft für Interlinguistik 2018*, 155–160

Unger, J. W., M. Krzyżanowski & R. Wodak (eds.) (2014) *Multilingual Encounters in Europe's Institutional Spaces*, Bloomsbury

van Els, Theo (2005) Multilingualism in the European Union, *International Journal of Applied Linguistics* 15: 3, 263–281

van Mulken, Margot & Berna Hendriks (2015) Your language or mine? or English as a lingua franca? Comparing effectiveness in English as a lingua franca and L1–L2 interactions, *Journal of Multilingual and Multicultural Development* 36: 4, 404–422

van Parijs, Philippe (2011) *Linguistic Justice for Europe & for the World.* Oxford UP

Vogel, Thomas (2010) Warum Polnisch lernen? Überlegungen aus der deutsch-polnischen Grenzregion, in: G. Mehlhorn (Hg.) *Werbestrategien für Polnisch als Fremdsprache an deutschen Schulen*, Olms, 107–121

Wandel, Amri (2015) How Many People Speak Esperanto? Esperanto on the Web, *Interdisciplinary Description of Complex Systems* 13: 2, 318–321

Werlen, Iwar (coordinator) (2010) *LINEE: Final Report. Challenges of Multilingualism in Europe: Core findings of the LINEE Network of Excellence*

Weydt, Harald (2003) The Inferiority of the Non-native Speaker and its Political Consequences?, in: P. M. Ryan & R. Terborg (eds.) *Language. Issues of Inequality*. Universidad Nacional Autónoma de México, 173–188

Wilkinson, Jane (2009) 'Die härteste Sprachgrenze Europas?' Negotiating the linguistic divides in theaters on the German-Polish border, in: J. Carl & P. Stevenson (eds.) *Language,*

discourse and identity in Central Europe, Palgrave Macmillan, 73–95
Wojciechowski, Krzysztof (2002) Der deutsch-polnische Grenzraum als Brücke nach Osten, in: D. Oppermann (Hg.) *Sprachen und Grenzräume*, Röhrig, 81–96
____ (2020) Moc języka. Collegium Polonicum jako miejsce zamagań dwóch języków, in: Bagłajewska-Miglus et al. (Hg.), 80–88
Wright, Sue (2000) *Community and Communication*, Multilingual Matters
____ (2013) Why isn't EU language policy working?, in: K. Schneider-Wiejowski, B. Kellermeier-Rehbein & J. Haselhuber (Hg.): *Vielfalt, Variation und Stellung der deutschen Sprache*, De Gruyter, 259–273
____ (2016) What is a language?, in: De Schutter & Robichaud (eds.), 27–44
Zeevaert, Ludger (2007) Receptive multilingualism and inter-Scandinavian semicommunication, in: ten Thije & Zeevaert (eds.), 103–135
Ziętkiewicz, Magda (2011) Odkrywcy Nowej Ameriki, *Pro Libris* 37: 4, 21–27
Zinkhahn Rhobodes, D. (2016) *Sprechen entlang der Oder: Der Charakter der sprachlichen Grenzen am Beispiel der deutsch-polnischen Sprachroutine*, Lang

・URL は 2021 年 6 月 24 日現在。
・その他，新聞・雑誌記事やウェブサイトは，文中および注に示した。
・略表記：*LPLP* = *Language Problems & Language Planning, MOZ* = *Märkische Oderzeitung*, UP = University Press

【著者紹介】

木村　護郎クリストフ（きむら・ごろうくりすとふ）

1974年生まれ。上智大学外国語学部ドイツ語学科教授，同大学院グローバルスタディーズ研究科国際関係論専攻教員。社会言語学，言語社会学。本書関連の著作・論文は参考文献参照。その他の最近の論考として，「『日本語による国際化』と〈やさしい日本語〉—留学生受け入れの観点から」『〈やさしい日本語〉と多文化共生』（ココ出版 2019），Language rights, in: *Routledge Handbook of Japanese Sociolinguistics*（Routledge 2019），「障害学的言語権論の展望と課題［改訂版］」『社会言語学』別冊Ⅲ（2020），「美容としての英会話」『社会言語学』20（2020），The Concept of Minority and Minority Policy in Germany, *Bulletin of the Faculty of Foreign Studies* 54（Sophia University 2020），Religion als Sprachdomäne bei den Kaschuben und Sorben, *Acta Cassubiana* 22（Instytut Kaszubski 2020）など。

異言語間コミュニケーションの方法
——媒介言語をめぐる議論と実際

NDC801／viii, 248p／21cm

初版第1刷——2021年9月10日

著者————木村護郎クリストフ
発行者———鈴木一行
発行所———株式会社 大修館書店
〒113-8541 東京都文京区湯島 2-1-1
電話 03-3868-2651（販売部） 03-3868-2294（編集部）
振替 00190-7-40504
［出版情報］https://www.taishukan.co.jp

装丁者———下川雅敏
印刷所———精興社
製本所———ブロケード

ISBN978-4-469-21385-0 Printed in Japan